조선왕실의 미용과 치장

조선왕실의 의례와 문화 6

# 조선왕실의 미용과 치장

**초판 1쇄 인쇄**  2019년 3월 29일
**초판 1쇄 발행**  2019년 4월  5일
**지은이**  이민주
**펴낸이**  이방원
**편  집**  윤원진·김명희·안효희·강윤경·정조연
**디자인**  손경화·박혜옥    **영  업**  최성수    **마케팅**  이미선
**펴낸곳**  세창출판사
**출판신고**  1990년 10월 8일 제300-1990-63호
**주소**  03735 서울시 서대문구 경기대로 88 냉천빌딩 4층
**전화**  723-8660    **팩스**  720-4579
**이메일**  edit@sechangpub.co.kr    **홈페이지**  http://www.sechangpub.co.kr

ISBN  978-89-8411-811-9 04900
      978-89-8411-639-9 (세트)

_ 이 도서의 국립중앙도서관 출판시도서목록(CIP)은 서지정보유통지원시스템 홈페이지(http://seoji.nl.go.kr)와
  국가자료공동목록시스템(http://www.nl.go.kr/kolisnet)에서 이용하실 수 있습니다. (CIP제어번호: CIP2019008972)
_ 이 도서는 2011년도 정부재원(교육과학기술부 학술연구지원사업비)의 지원에 의하여 연구되었음(AKS-2011-ABB-3101)

조선왕실의
의례와 문화

6

# 조선왕실의
# 미용과 치장

이민주

지음

세창출판사

이 책은 '조선왕실의 미용과 치장의 문화'를 밝히는 데 그 목적이 있다. 미용(美容)은 화장, 머리모양, 복식 등으로 용모를 아름답게 꾸미는 것이다. 인간을 아름답고 매력 있게 꾸미기 위한 노력은 시대를 불문하고 나타나는 인간의 욕망이지만, 그 표현방법은 시공간을 달리한다.

그중에서도 미용은 머리모양을 포함하여 얼굴을 치장하는 행위를 가리킨다. 머리를 꾸미기 위한 치장은 머리카락의 관리에서부터 시작하여 다양한 발형(髮形)으로 구현되며, 얼굴을 꾸미기 위한 치장은 피부의 손질에서부터 시작하여 화장에서 마무리된다.

머리모양은 삼국시대부터 그 양식이 다양하였다. 얹은머리, 쪽머리, 땋은머리, 묶은머리, 푼기명머리, 트레머리 등의 양식이 조선시대까지 이어졌으며, 그 위에 다양한 장식을 더함으로써 시대적 특징을 드러내었다. 화장 역시 시대에 따라 그 양식을 달리하며 발전하였다. 특히 화장은 눈썹뿐 아니라 입술, 볼, 눈 등이 시대에 따라 다르게 표현되었다. 그중에서도 눈썹의 모양은 미의식은 물론 성품을 표현하기도 한다. 아름다운 눈썹을 뜻하는 아미(蛾眉)는 아름다운 여인을 묘사할 때 즐겨 사용된다. 또 아주 급한 상황을 이야기할 때 '눈썹이 탄다'고 표현함으로써 눈썹은 단순한 미의 기준이 아닌 분위기와 느낌 등을 표현하는 데도 유효하다. 그렇다고 해서 눈썹에만 국한되는 것은 아니다. 머리의 발형은 물론 얼굴의 화장법에 이르기까지 당시의 문화가 녹아 있다.

한편 치장(治粧)은 몸을 매만져서 곱게 꾸미거나 모양을 내는 것을 말한다. 인간을 아름답고 매력 있게 꾸미는 방법은 기본적으로 몸 자체에 대한 장식과 복식을 활용한 장식으로 나눌 수 있다. 신체를 장식하는 기법에는 상흔(傷痕)·문신(文身)·채색·제거·변형 등이 있다. 복식을 활용하는 기법에는 머리치장, 몸치장, 손발치장이 있으며, 이는 각 시대별, 지역별 특색을 지닌다. 복식은 생활문화의 가장 대표적인 미의식의 산물이다. 시대나 지역을 막론하고 인간은 가장 아름답고 소중하다고 생각되는 것들로 몸을 치장한다. 그러나 전근대사회에서의 치장은 신분에 따라 소재, 색상, 크기 등에 차등을 둠으로써 신분적 제약을 두드러지게 표현하였다.

조선시대 왕실은 당대 아름다움의 정수였다. 그러므로 궁양(宮樣)이라 불린 왕실의 양식은 사대부뿐 아니라 일반 백성들까지도 따라하였으며, 미의 기준이 되었다. 물론 이러한 현상은 조선 후기에 이르러 패션을 선도하던 기생들에 의해 변화를 겪기도 하였지만 오랫동안 미를 선도한 집단이 왕실이었음은 반론의 여지가 없다. 그러나 미의 완성이라고 할 수 있는 왕실 미용과 아름다움을 극대화시킬 수 있는 왕실 치장(치례)은 아직까지도 학계의 주목을 받지 못하고 있다. 그저 복식을 연구하는 과정 속의 부산물처럼 취급되어 왔을 뿐이다. 이는 화장이나 머리모양, 장신구 등을 설명할 수 있는 자료나 연구방법론이 마련되지 못했기 때문이다.

필자는 이를 위해 첫째, 미용과 치장에 관한 자료를 조사·수집·정리하는 작업에서부터 시작하였다. 조선왕실의 기록문화를 대표하는 『조선왕조실록』, 『승정원일기』, 「궁중발기」, 『상방정례』, 『국혼정례』, 『의궤』, 『탁지정례』 등 왕실 관련 문헌자료는 물론 『한국문집총간』 등 문헌자료가 1차적인 대상이 되었다.

둘째, 미용과 치장의 문화에 대한 연구에는 눈으로 보이는 외면에 대한 것뿐 아니라 화장과 치장을 통해 아름답게 꾸미고자 하는 미의식에 대한 이해가 병행되어야 한다. 특히 '미의식'이라고 하는 것이 어느 한 시점에 정해지는 것이 아니라 오랜 세월 서서히 형성되기 때문에, 미용과 치장에 대한 미의식의 역사적 흐름을 살펴보았다. 이를 위해 화장이나 치장을 가장 직접적으로 표현해 놓은 벽화, 불화, 왕실 관련 기록화, 풍속화, 초상화, 현전하는 유물 등 시각적 자료를 2차적인 대상으로 활용하였다.

셋째, 보다 깊은 이해를 위해서는 중국과 일본의 미용과 치장을 함께 정리·분석하는 작업이 필요하다. 이는 타자와의 대비적 관계 속에서 우리 왕실의 미의식이 구체적으로 드러날 수 있기 때문이다. 특히 중국이나 일본의 문화와 교섭하면서 조선왕실의 미용과 치장은 어떠한 변화를 겪었으며, 그 미의식은 어떻게 발현되었는지를 비교·검토하는 작업은 조선시대 미의식의 정수라 할 수 있는 왕실의 미용과 치장의 문화를 밝히는 실증적인 토대가 될 것이다. 더욱이 미의식은 각 민족마다 독창적이고 고유한 방법으로 표현될 뿐 아니라 주변국가와의 교류 속에서 서로 닮아 간다. 이에 조선과 동시대인 중국의 명·청과 일본의 무로마치 시대에서 모모야마 시대를 거쳐 에도와 메이지 시대까지의 미용과 치장이 어떻게 변천하고 그들이 서로 어떻게 같고 다른지를 이해하고자 했다.

1장에서는 목욕문화를 살펴보았다. 목욕은 본격적인 화장이나 치장 및 의례를 치르기 위한 준비단계이다. 따라서 각각의 목적에 따라 피부와 머리손질이 우선적으로 행해졌으며, 의례에 따라 각기 다른 방법의 목욕문화가 진행되었다. 이 장에서는 목욕의 방법 및 목욕제구를 알아보고, 기초적인 머리손질, 피부손질에 대해 살펴보았다.

2장에서는 머리손질의 연장선상에 있는 발양(髮樣)에 대해 살펴보았다. 발양은 머리카락만으로 꾸민 머리형태이다. 아직 구체적인 장식이 더해지기 전의 상태이지만 머리카락을 어떻게 꾸밀 것인가는 여성들에게 있어 최고의 관심거리였다. 특히 조선시대에는 얼굴보다도 머리카락이 얼마나 검고, 길며, 풍성한가가 미인의 기준이 되었다. 이에 한·중·일 발양의 기원 및 종류를 살펴보고 이를 비교함으로써 조선왕조 발양에 드러난 미의식을 살펴보았다.

3장에서는 피부손질의 연장선상에 있는 화장문화를 살펴보았다. 화장은 삼국시대부터 시작되었으나 시대에 따라 화장을 통해 강조하는 부분이 달랐다. 이는 한국에 국한된 것은 아니며 중국이나 일본의 경우는 더욱 변화가 심했다. 특히 중국이나 일본의 화장이 색채화장을 강조한 반면 조선에서는 담백한 화장을 선호했다. 이에 한·중·일 화장의 기원 및 강조점을 살펴보고, 화장의 시대적 변화를 구체적으로 분석하였다. 이런 과정 속에서 화장을 통한 한·중·일 미의식의 차이는 더욱 확실히 드러날 것이며 조선왕조의 화장이 갖는 보편성과 독창성도 밝혀질 것이다.

4장에서는 얼굴의 완성이라고 할 수 있는 머리치장에 대해 살펴보았다. 여성들의 머리치장은 머리모양과 밀접한 관계를 갖는다. 크고 풍성한 머리가 유행할 때와 모자가 유행할 때의 머리치장이 달라지는 이유이다. 이에 4장에서는 각 시대에 따른 한·중·일 간 머리치장이 어떤 과정을 거쳐 어떻게 변해 가는지, 머리치장의 기원 및 종류를 살펴보았다. 이를 토대로 한·중·일 머리치장을 비교·분석하면서 조선왕실의 머리치장에 대한 독창성은 무엇이며, 동아시아 삼국에 흐르는 보편적인 미의식은 무엇인지 살펴보았다.

5장에서는 몸치장, 6장에서는 손발치장에 대해 살펴보았다. 이 둘은 모두 큰 의미의 몸치장에 해당하는 것으로, 몸치장은 몸을 단장하고 옷의 맵시를 돋보이게 하기 위한 것이므로 의복과 밀접한 관계를 갖는다. 일반적으로 장신구는 몸이나 옷에 부착하는 것이므로 무엇을 입었느냐에 따라 몸치장의 종류 및 형태가 달라진다. 특히 조선왕조의 의복은 상의와 하의가 나뉜 투피스 형식이다. 단순한 치마저고리 위에 장착된 장신구는 의복에 생동감을 불어넣는 결정적인 수단이 된다. 이에 5, 6장에서는 각 시대에 따라 한·중·

일 삼국이 몸치장을 위해 어떤 장신구를 사용하였으며, 각각의 기능은 무엇이었는지를 살펴보았다. 한·중·일 몸과 손발치장의 비교·분석을 통해 조선왕실의 몸치장에 대한 독창적인 미의식과 함께 동아시아 삼국에 흐르는 보편적인 미의식을 찾아보았다.

이상과 같이 이 책에서는 한·중·일 삼국의 미용과 치장을 통해 조선왕조의 보편적 미의식과 독창적 미의식을 살펴보았다. 이 과정에서 주변국가인 중국, 일본과의 비교를 통해 조선왕조에서 추구한 미적 가치를 구체적으로 살펴보았다.

조선왕조의 기품 있고 우아한 미용과 치장의 문화는 앞으로 세계를 선도할 문화콘텐츠이다. 더욱이 한국문화에 대한 세계적인 관심이 한류를 견인하고 있는 현시점에서 미용은 단순히 얼굴이나 머리를 아름답게 가꾸는 것에서 나아가 보다 아름답게 보이기 위한 입욕, 마사지, 미용체조 및 성형수술까지를 미용의 범주로 보고 한류의 열풍을 선도하고 있다. 이러한 시점에서 조선왕조의 미용과 치장의 문화를 구체적으로 밝히는 것과 동시에 각 나라의 미에 대한 인식의 차이를 밝혀내는 기초적인 작업은 그들이 원하는 미용과 치장의 문화에 대응할 새로운 산업으로 이어질 수 있는 원동력이 될 것이다. 다만 미의식이 여성에게만 국한되지 않았음에도 불구하고 이 책에서는 여성으로 제한하여 살펴보았다. 앞으로 남성의 미의식도 이와 같은 방법으로 연구될 필요가 있다고 생각하며 후속연구가 이어지길 기대한다.

끝으로 '조선왕실의 의례와 문화' 시리즈의 연구책임자였던 안장리 선생님을 비롯하여 10명의 공동연구원 선생님과 시각자료가 많아 편집의 어려움이 있었음에도 불구하고 꼼꼼하게 검토해 주신 편집부 여러분께 진심으로 감사드린다.

차례

# 목욕(沐浴)의 문화

조선시대 왕실에서의 목욕은 어떤 의미일까? 『조선왕조실록』에서 목욕을 검색해 본 결과 목욕은 크게 세 가지로 구분된다. 그중 하나는 의례를 위한 목욕이고, 다른 하나는 치유 및 휴식을 위한 목욕이며, 끝으로 일상적인 목욕이다.

첫째로 의례목욕은 제를 올리기 전 정성과 공경의 마음을 목욕으로 표현하는 것으로, 이를 '목욕재계(沐浴齋戒)'라 한다. 주로 남성의례에 국한된 목욕이다. 그러나 여성의 경우에도 의례목욕이 행해진다. 그중 하나는 출산을 마치고 신생아와 산모의 건강상태를 확인하는 목욕이며, 다른 하나는 사망 후 상례를 치르는 과정에서 행해지는 목욕이다.

둘째는, 병을 치료하거나 휴식을 취하기 위하여 행해지는 목욕이다. 이를 위해서는 궁궐 안에서 목욕을 하는 경우도 있지만 온천을 찾아가는 경우도 많다.

그렇다면 일상적인 미용을 위한 목욕은 없었을까? 『주례(周禮)』에는 옛날 부인이 갖추어야 할 네 가지 덕성으로 부덕(婦德), 부언(婦言), 부용(婦容), 부공(婦功)을 꼽았다.[1] 부덕이라 함은 여자로서의 곧고 유순한 덕을 말하며, 부언은 온순한 말씨이고, 부용은 공순한 몸가짐을 일컫는다. 그리고 부공은 길쌈과 음식 조리 등 부인의 역할을 말한다.

---

1    『周禮』, 天官冢宰, 九嬪.

그중 부용이 뜻하는 공순한 몸가짐은『동국이상국전집』에서 왕씨가 태후에게 사은하는 표에서 알 수 있듯이, 거동이 예법에 익숙하지 못함을 꼬집을 때 쓴 말이다.

삼가 생각하건대, 첩은 나면서부터 용렬한 자질로 본래 현숙한 자태가 없었습니다. 나이 겨우 비녀 꽂을 때가 되어 비록 후저(候邸)에 시집은 왔사오나 거동이 예법에 익숙하지 못하여 부용이 부족합니다. 다만 건즐의 직분을 맡아 규중의 법도를 지킬 뿐이옵더니 높으신 돌보심으로 잔약한 자질을 기억해 주시와 특히 온후한 말씀으로 융숭한 은전을 내리실 줄을 어찌 생각했겠습니까.[2]

즉 부인이 갖추어야 할 부용은 용모가 아니라 바른 몸가짐으로 행동거지에서 나오는 전체적인 이미지였다. 그렇다면 이미지는 어디에서부터 완성되는 것일까? 그것은 무엇보다 가장 기초적인 관리라고 할 수 있는 목욕에서부터 시작된다고 보고, 이 장에서는 화장이나 치장을 하기 전 목욕의 종류 및 제구(諸具), 목욕의 의미를 살펴보고자 한다.

---

2  『동국이상국집』 권 30, 王氏謝大后殿表, … 伏念妾生賦庸質. 本無淑姿. 年甫及於首笄. 雖歸侯邸. 儀未閑於步玉. 動缺婦容. ….

# 1 목욕의 종류

목욕에는 크게 전신욕(全身浴)과 부분욕(部分浴)이 있다. 조선시대에는 전신욕보다는 부분욕을 많이 했다. 왕실에서 목욕을 하는 가장 대표적인 예는 의례와 관련된 경우이거나 치유나 휴식을 위한 경우이다. 물론 일상적인 경우에도 목욕을 했다.

## 1) 출산의례로서의 목욕

왕실에서는 출산 후 3일째 되는 날 산모와 신생아가 첫 목욕을 한다. 이를 '세욕(洗浴)'이라고 한다. 출산 후 3일째 행하는 세욕은 부정함을 '물'로 씻어 냄으로써 정화시키는 작용을 한다. 출산 직후의 부정함은 3일째 산모와 신생아가 함께 세욕을 함으로써 사라지게 된다. 조선왕실의 출산지침서인 『임산예지법』을 보면 해산 후 3일째 되는 날 세욕을 하는데 이때 세욕하는 방법은 다음과 같다.

먼저 내의원이 끓인 물을 가지고 온다. 그러면 수건에 뜨거운 물을 약간씩 묻히면서 몸을 씻는다. 이때 주의할 점은 오래 씻지 않는 것인데 이는 출산으로 인해 허약해진 몸에 무리가 갈까 염려하기 때문이다. 따라서 출산 후 땀 등으로 인하여 오염된 피부를 씻어 내는 정도로 간단하게 씻으며, 나흘째 되는 날부터는 쓸개즙을 조금씩 뜨거운 물에 넣어 씻는다.[3]

쓸개즙은 타박상이나 상처로 생기는 어혈을 녹이고, 피로를 풀어 주는 데 효과가 있다. 영조가 태어날 당시 세욕을 위해 준비한 물목을 살펴보자.

최숙의 방 세욕에 필요한 쑥탕을 담은 소라 2, 묵은 쑥 1편, 수건으로 쓸 백 저포·백정포 각 3자, 백마미사 1부, 아기씨 세욕에 필요한 매화나무 뿌리, 복숭아나무 뿌리, 오얏나무 뿌리와 호랑이 머리뼈를 넣고 달인 물에 돼지 쓸 개 1부를 타서 담은 도두모 1좌, 표자 1개, 술 1병, 남주 1자, 유지 1장을 모두 의녀 2인이 들였습니다.[4]

영조의 어머니 숙빈 최씨의 호산청에 진배한 물목을 보면, 산모의 목욕물 과 아기씨의 목욕물에 차이가 있다. 산모는 쑥을 달인 쑥탕에 몸을 씻었으 며, 아기씨는 산모보다는 다양한 약재를 넣은 약물로 세욕을 했다. 아기씨 의 목욕물에 많은 약재를 넣은 것은 그렇게 함으로써 아기씨의 피부가 튼튼 해지고 만병을 예방할 수 있다고 믿었기 때문이다.[5]

그러나 이렇게 좋은 약재를 넣어서 만든 약물이라고 하여도 날씨가 좋지 않으면 입욕을 시키지 않고 편의에 따라 수건에 물을 적셔 닦아 주었다. 이 는 출산으로 인해 약해진 산모와 신생아를 보호하기 위한 방법이었다.

## 2) 상례절차 속 목욕

상례에서 행해지는 목욕은 촉광 뒤에 이루어진다. 임종을 확인한 후 목욕

---

3    「임산예지법」, 洗浴.
4    「崔淑儀房護産廳日記」, 한국학중앙연구원. 호산청은 조선시대 빈궁이나 궁인의 분만에 관한 일을 맡 아 보는 임시 관아이다. 왕비나 세자빈의 경우에는 산실청이 설치된다.
5    김지영, 「조선 왕실의 출산문화 연구―역사인류학적 접근」, 한국학중앙연구원 박사학위논문, 2010, 157~158쪽.

을 시키기 위해 내시가 먼저 세수를 한다. 공조에서는 새로 만든 분(盆), 반(槃), 선(鐥)의 기물을 바치고 상의원에서는 명의와 수건, 빗을 바친다. 목욕할 준비가 되면, 먼저 여관이 기장 뜨물, 쌀뜨물과 단향(檀香)을 달인 탕(湯)을 각각 분, 반, 선에 담는다. 이제 본격적으로 목욕을 시킬 때가 되면 뜨물로 머리를 감기고 빗질한 다음 수건으로 머리카락을 싸서 묶는다. 다음에는 네 사람이 시신 위에 덮어 놓은 이불을 들고 두 사람이 탕으로 몸을 씻기고 수건으로 몸을 닦되 윗몸과 아랫몸을 각각 다른 수건으로 닦는다.[6]

### 3) 치유 및 휴식을 위한 목욕

조선왕실의 여성들은 깊은 궁중에 살며, 외출도 자주 하지 않기 때문에 기운이 막혀 종기나 부종이 많이 생겼다. 이에 궁궐이 아닌 온양이나 평산, 이천 등으로 온천을 가는 경우가 많았다. 한편 치유를 위한 목욕에서는 물속에 약재를 넣어 그 효과를 증대시키고자 하였다.

복숭아나무 지엽 10냥, 백지 3냥, 백엽 5냥을 골고루 찧고 체로 쳐내어 산을 만들고는 매양 3냥을 가져다가 탕(湯)을 끓여 목욕을 하면 극히 좋다. … 또 방문으로는 한때 돌아가는 여역에는 매달 보름날 동쪽으로 뻗은 복숭아 나뭇가지를 잘게 썰어 넣고 물을 끓여 목욕한다.[7]

또한 목욕하는 방법에 따라 효과도 다르다고 했다. 하루 목욕하면 3일을 휴식하고, 이틀 목욕하면 6일을 휴식하여야 효험을 기약할 수 있다고 함

---

6 『세종실록』 오례의, 흉례의식, 목욕.
7 『세종실록』 세종 16년 6월 5일(경술).

으로써 목욕 후 충분한 휴식을 취하는 것이 유리함을 지적하였다.[8] 1629년 (인조 7) 자전이 목욕 후 조용히 휴식을 취할 수 있도록 별도의 처소를 마련하였다.

자전께서 인경궁(仁慶宮)에 있는 초정(椒井)에서 목욕하시는 일에 대해 신이 직접 선상의 하교를 받들었습니다. 한 번 목욕을 친히 행하시는 것은 막중한 거조인데 단지 관수(盥手)만 하신다면 비록 효험을 보고자 해도 필시 대단한 효험은 없을 것이고 혹 두부(頭部)를 목욕하시다가 만일 옥체에 손상을 입는 근심이 있기라도 하면 어찌 매우 두려운 일이 아니겠습니까. 그리고 무릇 목욕한 뒤에는 반드시 며칠 동안 조용히 조섭해야만 뒤탈 없이 그 효험을 볼 수 있습니다. 이번 거둥이 만일 효험을 보시려는 목적이라면 하루나 이틀로 그쳐서는 안 되니 경숙할 처소를 미리 수리하도록 해사에 분부하여 속히 거행하도록 하는 것이 어떻습니까?[9]

치유를 위한 목욕에서는 오히려 목욕 후 충분한 휴식을 취하는 것이 더 중요한 치료법이었다. 광해군이 인경궁 안에 초정을 만든 이유도 충분한 휴식을 위한 것이었다. 이곳에서 자전은 목욕을 하고 휴식을 취했다. 임금은 승지를 보내 문안을 하곤 했다.[10]

더욱이 흥미로운 것은 초정이 노천탕일 확률이 높다는 것이다. 어느 날 자전이 초정에서 목욕을 하기 위해 인경궁으로 행행하는 도중에 모화관의 강무에 친림하는 임금의 행차와 우연히 마주쳤다. 그런데 초정의 담장이 성과 가까이 있고 성 밖을 내려다볼 수 있었기 때문에 자전이 내전 및 여러 비

---

8  『세조실록』 세조 14년 2월 2일(계사).
9  『승정원일기』 인조 7년 7월 12일(을미).
10 『인조실록』 인조 7년 7월 27일(경술).

빈들과 함께 성 위에 나와 구경을 했다는 것으로 보아[11] 막힌 실내 목욕탕이 아니라 밖을 볼 수 있는 정도의 목욕탕이었던 것으로 보인다.

또한 왕대비가 인경궁에서 목욕할 계획을 세우자 임금은 숲을 포위하여 금수가 갑자기 나타날 것을 대비하라는 하교를 내린 적도 있다.[12] 이것으로 보아도 인경궁의 초정은 노천탕이었을 확률이 높다.

1656년(효종 7)에도 자전이 초정에서 요양하고자 할 때 임금은 내전과 세자빈이 같이 가서 며칠 머물도록 했다. 당시 인경궁의 침전은 모두 철거된 상태이지만 초정에서 목욕은 할 수 있었던 것 같다. 이에 임금은 내전과 세자빈이 자전을 모시고 목욕하도록 인정을 베풀었다.[13] 자전이 인경궁의 초정에 행차를 할 때에는 상과 중전, 세자와 빈궁이 모시고 나아갔다. 상과 세자는 이날 저녁에 궁궐로 돌아왔으며, 자전을 비롯한 중전과 빈궁은 함께 초정에서 묵었다.[14] 이후 현종도 인경궁에 거둥하여 초정에서 자주 목욕을 했다는 것으로 보아 초정은 궁궐 안에서 목욕을 하고 휴식을 취할 수 있는 장소였음을 알 수 있다.


### 4) 일상적인 목욕

목욕이 꼭 의례를 준비하기 위한 것만은 아니었다. 평상시에도 목욕문화가 이루어졌다. 1405년(태종 5) 이궁이 완성되었을 때 탕자세수간(湯子洗手間)은 내전(內殿)에 속하였으며, 양전의 수라간·사옹방·탕자세수간 등 총 118간[15]이 잡간각(雜間閣) 안에 있었던 것으로 보아 목욕을 할 수 있는 공간이

---

11 『인조실록』 인조 8년 3월 16일(병신).
12 『효종실록』 효종 3년 7월 20일(기축).
13 『효종실록』 효종 7년 7월 21일(정묘).
14 『효종실록』 효종 7년 8월 16일(신묘).
15 『태종실록』 태종 5년 10월 19일(신사).

침전 가까이 있었음을 알 수 있다.

또한 대궐 안에는 탕수탁반(湯水托飯) 4명, 탕수증색(湯水蒸色) 10명, 탕수수공(湯水水工) 2명, 탕수공(湯水工) 좌우 2명[16]이 소속되어 있었다. 이처럼 대궐 안에 물 끓이는 노자를 두어 목욕을 하거나 세수를 할 때 물을 준비시켰으며 탕수를 끓일 때에는 난초를 넣어서 난탕을 만들기도 하고 향을 넣은 향탕을 끓이기도 하였다. 모두 세정과 미용을 위한 준비물이었다.

일상적으로 하는 목욕은 청결은 물론 피부를 희고 윤택하게 하거나 발이 트는 것을 방지할 뿐 아니라 머리카락을 윤택하게 하기 위한 것이었다. 특히 왕실에서는 미용효과를 극대화시키기 위해 향을 탕 속에 넣는 것 외에도 여러 가지 약재를 첨가하였는데, 궁중에서 가장 즐겨 했던 것은 인삼과 인삼 잎을 달여 넣은 인삼탕이다. 인삼즙을 따스한 물에 타서 목욕을 하면 그토록 소망하던 백옥 같은 피부가 된다. 그런데 인삼은 값이 비싼 관계로 양반이나 왕족들만이 사용했으며 서민들은 인삼의 잎을 달여 몸을 씻고 머리를 감았다. 인삼에는 피부의 노화현상을 지연시키고 피부를 연화시키는 성분이 들어 있다.

또 다른 방법으로는 마늘탕이 있다. 껍질 벗긴 찐 마늘을 목면주머니에 담아 목욕물에 넣고 초를 약간 타면 피부를 윤기 있게 하고 여드름을 치료하고 동상을 예방하는 효과가 있었다. 이 외에도 계절에 따라 등장하는 식물들이 미용에 효과가 좋았다. 늦봄의 창포탕, 여름철의 복숭아탕, 겨울철의 유자탕 등이 대표적인 미용탕이다.[17]

그러나 왕실에서 목욕을 얼마나 자주 하였는지는 알 수 없다. 다만 실록에는 옥에 가둔 죄인들의 건강을 관리하기 위한 차원에서 임금이 옥의 관리들에게 유시한 내용이 있다. 한 달에 한 번 원하는 자에게 머리를 감도록 하

16  『세종실록』 세종 5년 2월 10일(신유).
17  조효순, 「우리나라 목욕의 풍속사적 연구」, 『복식』 16, 1991, 73쪽.

제1장  목욕(沐浴)의 문화

였으며, 5월에서 7월 10일까지는 한 차례 원하는 사람에게는 목욕을 허락했다. 즉 죄인들은 한 달에 한 번은 머리를 감았으며 몸을 씻는 것은 여름에만 허락되었다.[18] 이것으로 미루어 보아 왕실에서는 더 자주, 원하는 때에 목욕을 했을 것으로 이해된다.

---

18 『세종실록』 세종 30년 8월 25일(무인).

## 2  목욕제구

왕실에서는 여러 가지 목욕제구를 사용하였다. 소재로는 나무로 만든 것과 놋으로 만든 것이 있으며, 용기의 크기와 깊이에 따라 용도를 달리했다. 왕실에서 목욕을 할 때 사용한 대표적 용기로는 손을 씻을 때 사용하는 관이(盥匜)가 있으며 그 받침으로 사용하는 관반(盥盤)이 있다(〈그림 1-1, 1-2〉).

그림 1-1  盥匜 ―『세종실록』오례의, 흉례 서례, 명기.

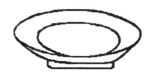

그림 1-2  盥槃 ―『세종실록』오례의, 흉례 서례, 명기.

다음으로 얼굴을 씻을 때에는 관이보다 깊이가 더 깊고 큰 관분(盥盆)을 사용했다(〈그림 1-3〉). 1505년(연산군 11) 호조에 전교하여 취홍원에게 관분 1개를 지급하라고 한 기록[19]으로 보아 세숫대야는 개인용으로 사용하였던 것으로 보인다.

이 외에 목욕을 할 때에는 전신을 담을 수 있는 통을 사용하기도 했다. 연산군은 놋으로 만든 목욕통 4개를 들이라고 하여,[20] 욕조로 사용했다. 이는 깊이가 있는 통으로 입욕을 할 수 있는 정도의 크기였을 것으로 보인다.

19 『연산군일기』연산군 11년 1월 3일(기축).
20 『연산군일기』연산군 10년 5월 26일(을묘).

그림 1-3　盤盆 －『진연의궤』도식, 의장도.

　1468년(세조 14) 밀성군 이침이 온천에 갈 때 세조는 충청도 관찰사에게 명하여 '어욕통'을 사용하도록 했다.[21] 이는 밀성군을 융숭하게 대접하라는 의미였을 것이다. 따라서 통은 관분이나 관이와는 달리 깊이가 있는 것으로 몸을 담을 수 있는 욕조이며, 주로 왕실에서 사용하였다. 특히 온천에 갈 때에는 호조에서 통나무의 속을 파서 만든 '대함지박(大咸之朴)'과 오동나무로 만든 작은 바가지인 '오동표자(梧桐瓢子)' 등 목욕제구를 새로 만들었다.[22]

21　『세조실록』세조 14년 3월 17일(정축).
22　한국학중앙연구원,『상방정례』, 2007, 199~200쪽.

## 3  피부손질

    우리나라는 전통적으로 색조화장을 한 얼굴보다는 희고 깨끗한 피부를 더 선호하였다. 더욱이 조선시대에 색조화장은 주로 기생이나 궁녀와 같은 특수 여성들에게 인기가 있었던 것으로, 그들과 구분되고자 했던 일반 여성들은 한 듯 안 한 듯한 피부미인을 선호하였으며 백옥 같은 하얀 피부에 대한 로망이 있었다. 따라서 옅은 화장인 담장(淡粧)이 발달하였으며, 이를 위한 피부손질의 기본은 세수였다.

    『청장관전서』를 보면 세수할 때에는 입과 코에서 소리가 나지 않게 하며, 자리에 물을 흘리지도 말고, 벽에 물을 뿌리지 말고 얼굴을 예쁘게 하기 위해 더디게 하지도 말라고 하였다.[23] 이는 세수할 때의 주의사항으로, 실제 어떻게 하면 맑고 깨끗한 피부를 만들 수 있는지에 대한 설명은 아니다.

    한편 손진인은 신체를 보전하기 위한 방법으로 머리를 많이 빗고, 손으로 얼굴을 많이 문지르며 이는 자주 마주치고, 침은 늘 삼켜야 한다고 하였다.[24] 이는 머리카락과 피부, 이가 건강해질 수 있는 방법으로, 아름다움의 시작은 건강이었음을 알 수 있다.

    과거에는 건강하고 아름다운 피부를 위하여 과연 어떠한 관리를 하였을까? 어떻게 하면 청결한 피부, 탱탱하고 윤기 나는 백옥 같은 피부를 가질 수 있었을까? 왕실의 기록이 없어 빙허각 이씨의 『규합총서』를 중심으로 살펴보고자 한다. 일반 사대부의 집안에서 피부관리를 이 정도로 하였다면 왕실

---

23   이덕무, 『청장관전서』, 사소절 2, 動止.
24   『산림경제』권 1, 攝生, 신체를 보전함.

                                     제1장  목욕(沐浴)의 문화

에서는 더욱 피부관리에 신경을 썼을 것이다.

## 1) 청결 제일주의, 세정제

한국인들이 가장 아름답다고 한 얼굴은 백옥 같은 피부에 그 핵심이 있었다. 백옥 같은 피부를 갖기 위해서 무엇보다 청결을 중요하게 생각했다. 더욱이 조선시대에는 얼굴을 하얗게 하기 위해 바르는 분이 기녀들의 전유물처럼 여겨졌기 때문에 일반 여성들은 자신이 기녀로 보일까 두려워 진한 화장을 하지 않았으므로 백옥 같은 피부가 더 돋보였다.

물론 손님을 맞이하거나 나들이할 때는 화장을 하였다. 이때에도 색조화장보다는 피부손질에 더욱 신경을 썼으며, 얼굴을 부드럽고 윤기 있게 하는 면지법이나 세안법을 통해 근본적인 피부관리에 관심을 가졌다. 여기에서는 피부를 깨끗하게 관리하기 위한 방법에 대해 살펴보자.

### (1) 조두

조두는 녹두와 팥 등을 갈아서 만든 일종의 비누이다. 세정뿐 아니라 미백효과가 뛰어났다. 특히 정월 초하룻날에 조두로 세수하면 얼굴이 희어진다는 속설이 있을 정도다. 날팥을 맷돌에 갈아 껍질을 벗긴 후 다시 곱게 갈아 체에 쳐낸 다음 얼굴에 물을 칠한 후 손바닥에 팥가루를 묻혀 문지르면 때가 빠지고 살결이 부드러워진다. 콩도 역시 가루를 내서 얼굴에 문질러 얼굴의 때를 벗길 때 사용하고, 남은 콩깍지는 몸을 씻는 세제로 사용했다. 녹두 역시 좋은 세정제였다.

『동의보감』에는 녹두를 물에 담갔다가 갈아서 체에 받친 후 윗물을 따라 버리고 말려서 가루를 낸 다음 사용한다고 하였다. 녹두가루는 기를 보호하고 열독을 없애는 데 효과가 있어 큰 종기나 헌데를 치료하는 데에도 효과가 있고 술독과 식중독에도 좋다고 하였다.[25]

그런데 조두로 만든 세정제는 날것 특유의 비린내가 나는 단점이 있었다. 이에 왕실에서는 향을 넣어 사용했다.

특히 각전과 궁에 빠지지 않고 달마다 올리는 축삭진상 물목을 보면, 얼굴을 깨끗하게 하기 위한 비누와 윤기 나게 하기 위한 꿀 그리고 얼굴을 하얗게 해 주는 쌀가루 등이 포함되어 있다. 『탁지정례』에 기록된 축삭 물종을 정리하면 〈표 1-1〉과 같다.

표 1-1  **축삭진상 물종**

| 번호 | 각전과 궁 | 물목 | 물량 | 공급처 |
|---|---|---|---|---|
| 1 | 대전 | 분강갱미(粉糠粳米)<br>황밀<br>비누소두 | 3두<br>17근 13량<br>1두 1승 | 사도시<br>의영고<br>내섬시 |
| 2 | 중궁전 | 분강갱미<br>황밀<br>발유차(髮油次) 진유(眞油)<br>비누소두<br>양치소입목적 | 3두<br>10근<br>1승 첨 1홉<br>1두 1승<br>5량 | 사도시<br>의영고<br>내섬시<br>내섬시<br>선공감 |
| 3 | 세자궁 | 분강갱미<br>황밀<br>비누소두 | 2두<br>4근 14량<br>1두 1승 | 사도시<br>의영고<br>내섬시 |
| 4 | 빈궁 | 분강갱미<br>황밀<br>발유차 진유<br>비누소두<br>양치소입목적 | 2두<br>4근 14량<br>1승 첨 1홉<br>1두 1승<br>5량 | 사도시<br>의영고<br>내섬시<br>내섬시<br>선공감 |

25  허준, 『동의보감』, 녹두.

| 번호 | 각전과 궁 | 물목 | 물량 | 공급처 |
|---|---|---|---|---|
| 5 | 원자궁 | 분강갱미<br>황밀<br>비누소두<br>양치소입목적 | 1두 5승<br>4근<br>1두<br>5량 | 사도시<br>의영고<br>내섬시<br>선공감 |
| 6 | 원자빈궁 | 분강갱미<br>황밀<br>발유차 진유<br>비누소두<br>양치소입목적 | 1두 5승<br>4근<br>1승 첨 1홉<br>1두<br>5량 | 사도시<br>의영고<br>내섬시<br>내섬시<br>선공감 |
| 7 | 세손궁 | 분강갱미<br>황밀<br>비누소두<br>양치소입목적 | 2두<br>4근 14량<br>1두 1승<br>5량 | 사도시<br>의영고<br>내섬시<br>선공감 |
| 8 | 세손빈궁 | 분강갱미<br>황밀<br>발유차 진유<br>비누소두<br>양치소입목적 | 2두<br>4근 14량<br>1승 첨 1홉<br>1두 1승<br>5량 | 사도시<br>의영고<br>내섬시<br>내섬시<br>선공감 |
| 9 | 원손궁 | | | |
| 10 | 원손빈궁 | 유두 | 화소첩 | 내자시 |
| 11 | 재궐대군왕자례<br>(在闕大君王子例) | 비누소두 | 유모 1인 보모 1인<br>2합 7석<br>삼일에 한 번 진배 | 내섬시 |
| 12 | 대군왕자부인재궐례<br>(大君王子夫人在闕例) | | | |
| 13 | 재궐공옹주례<br>(在闕公翁主例) | 비누소두 | 유모 1인 보모 1인<br>2합 6석<br>삼일에 한 번 진배 | 내섬시 |
| 14 | 재궐군현주례<br>(在闕郡縣主例) | | | |
| 15 | 제빈방지숙원방례<br>(諸嬪房至淑媛房例) | 축삭진배 | 비누소두 5승 | 내섬시 |
| 16 | 양제방지소훈방례<br>(良娣房至昭訓房例) | 축삭진배 | 비누소두 5승 | 내섬시 |
| 17 | 봉보부인례 | 비누소두 | 2승 5합 | 내섬시 |

건륭 14년 9월 일예각활자인(日藝閣活字印)

### (2) 쌀겨, 밀기울, 콩깍지

쌀겨와 밀기울도 좋은 세정제이다. 쌀겨를 베나 무명주머니에 넣어 몸에 문지르면 살결도 희어지고 때도 잘 벗겨진다. 이것을 겨 비누라고 한다. 돼지날[上亥日]에 얼굴이 검거나 피부색이 검은 사람이 쌀겨나 콩깍지로 문지르면 살결이 희어지고 고와진다고 전한다.

또 곡식을 씻은 물도 좋은 세정제가 되는데 그중에 으뜸은 쌀뜨물이다. 쌀뜨물로 얼굴을 씻기도 하며 머리를 감기도 한다. 특히 쌀뜨물을 받아 3, 4일 두면 시큼하게 쉰 냄새가 나는데 이것을 끓여서 찬물을 섞어 머리를 감으면 머리카락에 윤기가 나며 서캐와 이도 빠지고 비듬이나 기름도 쏙 빠진다고 하였다.


## 2) 수분공급, 미안수

미안수는 세수를 하고 난 후 얼굴과 목, 손, 팔 등에 발라서 살갗을 부드럽게 하는 동시에 화장을 잘 받게 한다. 피부를 윤택하게 보이기 위한 가장 효과적인 방법 중 하나는 수분공급이다. 충분한 수분을 수시로 공급해 줘야 윤기 있는 피부를 유지할 수 있다. 그렇기 때문에 미안수는 세수를 하고 난 다음 바르기도 하지만 화장을 마친 후 마무리를 위해 바르기도 한다. 그러나 안타깝게도 그 구체적인 제조법에 대한 기록은 없다. 다만 손쉽게 구할 수 있는 미안수는 많았다.

첫째, 박을 들 수 있다. 박을 거둔 다음 뿌리에 가까운 줄기를 잘라 병에 꽂고 즙을 받으면 최고의 미안수가 된다. 박에는 미끈미끈한 성분이 있어 미안효과까지 얻을 수 있다.

둘째, 수세미즙도 좋은 미안수가 된다. 수세미를 잘라 솥에 넣고 삶으면 즙이 만들어진다. 이 즙 역시 끈적거리는 성분이 있어 살결을 곱고 부드럽게 하며 윤이 나게 해 준다. 여기에 박하잎의 즙을 짜 넣어 향을 추가한다.

셋째, 오이에서는 다양한 방법으로 미안수를 추출해 냈다. 오이 속을 삶아서 걸러 내기도 하고, 삶을 때 증기를 받아 내기도 한다. 또는 간단하게 오이를 얇게 썬 다음 액을 짜내 이용하기도 한다.

넷째, 유자도 좋은 미안수이다. 유자 껍질을 벗겨서 물을 붓고 푹 끓인 물이나 유자를 껍질째 정종에 담가 1개월 정도 두면 '유자 로션'이 된다. 이것을 피부에 바르면 겨울철에도 매끈한 피부를 유지할 수 있다. 또 유자와 물, 술을 동량으로 넣고 푹 끓여 삼베로 걸러서 화장수로 쓰기도 하는데 이는 영양화장수로 민간에서도 쉽게 제조해서 발랐다. 동짓날 유자씨를 절구에 찧어 달인 물로 세수하는 방법도 자주 이용되었다.

이 밖에도 수박, 토마토, 당귀, 창포, 복숭아잎 등이 얼굴의 윤택함을 증가시키는 데 중요한 재료로 사용되었다.


### 3) 영양공급, 면지

미안수가 피부에 수분을 공급해 주었다면 면지는 얼굴에 영양분을 공급해 주었다. 얼굴이 터서 피가 날 때 사용하면 효과가 좋아 면약(面藥)이라고도 한다. 『규합총서』에 면지법에 대한 기록이 있어 살펴보면 다음과 같다.

동월의 머피 조녈 ㅎ눈듸 계란 삼미 술의 담가 결거치 아니케 듯거니 봉ㅎ여 ㅅ칠일 두엇다가 ㄴ치 발로면 트지 아니코 검ㅎ여 윤틱ㅎ고 옥곳ㅎ 여디 ㄴ니라
ㅎ나 솟니 터 피나거든 졔지 졔육발 기름이 괴회를 셧겨 붓치면 나으리라[26]

---

26  빙허각 이씨, 『규합총서』, 면지법.

겨울에 피부가 거칠어지면 계란을 술에 담가 두었다가 바르면 트지 않을 뿐 아니라 윤기가 나고 옥같이 반들반들해진다고 하였다. 또는 돼지 발기름을 괴화에 섞어 바르면 낫는다고 하였다. 계란에는 레시틴, 콜레스테롤, 비타민 등 우수한 영양소가 다량 들어 있는데 특히 계란 노른자에 있는 레시틴 성분은 피부를 촉촉하게 가꾸어 줄 뿐 아니라 잔주름을 제거해 주는 효과가 뛰어나며, 계란 흰자는 세정력이 있어 피지를 제거하는 데 뛰어난 효과가 있다.

계란 이외에도 『동의보감』에는 곰의 기름이 기미와 검은 반점을 없애고 얼굴을 윤택하게 한다고 하였으며, 식물기름도 얼굴의 윤기를 내는 데에는 효과가 있다고 했다.[27]

고본기름은 새살을 돌아나게 하고 주근깨와 여드름을 없애는 효과가 있으며, 참기름은 피부의 신진대사를 활발하게 해서 기미를 없애고 촉촉한 피부를 만들어 준다. 참깨, 들깨, 살구씨, 목화씨, 쌀, 보리에서 추출한 기름들도 피부를 희고 부드럽게 하는 미백제로 널리 사용되었다.

27  허준, 『동의보감』, 돼지기름.

## 4  머리손질

우리나라 사람들은 검고 윤기 나는 머릿결을 가꾸는 것이 미인이 되기 위한 제일 조건이라고 인식했다. 일반적으로 머리카락은 인종에 따라 다른 형태를 가지고 태어난다. 따라서 머리모양은 지역, 기후, 생활양식, 종교, 성별과 신분을 표시할 수 있는 단서가 된다. 또한 머리에 대한 존두사상(尊頭思想)이 있어 머리를 소중하게 다루었으며, 머리카락을 가다듬는 수발은 의복이나 장신구보다도 더 먼저 행해졌다. 이는 머리가 기본적인 신체보호의 기능 외에 주술적이며 심미적인 기능을 지닌 인간의 종합적 표현수단으로서의 역할을 했기 때문이다.[28]

특히 조선왕실에서 관즐(盥櫛)을 받든다는 것은 왕족을 좌우에서 가까이 모시는 측근임을 알리는 것이다. 내관의 직제를 보면 5품인 상복은 복용(服用)·채장(采章)의 수량을 공급하는 임무를 맡는다. 이들은 사의(司衣)와 전식(典飾)을 통솔하는데 사의는 의복(衣服)과 수식(首飾)을 맡고 전식은 고목(膏沐)과 건즐(巾櫛)을 맡는다[29]고 하였으니 매일 머리 감고 기름을 발라 치장하며, 수건과 빗을 담당하는 관리의 역할은 중요했다. 그러나 이들보다 더 중요한 사람은 건즐을 직접 받드는 사람으로 처첩 사이에서도 등위를 구분하였다.[30] 머리손질이 얼마나 중요한 일이었는가를 알 수 있는 대목이다.

『규합총서』에 머리를 검고 윤기 나게 하는 방법으로 기름 두 되에 무르익

---

28   김용문, 「벽화에 나타난 고구려의 머리모양과 화장문화」, 『고구려발해연구』 17, 2004, 85쪽.
29   『세종실록』 세종 10년 3월 8일(경인).
30   『단종실록』 단종 1년 9월 25일(무인).

은 오디 한 되를 병에 넣어 볕 안 쬐는 처마에 달아 두었다가 석 달 후에 바르면 검게 칠한 듯하고, 푸른 깻잎과 호도(胡桃)의 푸른 껍데기[靑皮]를 한데 달여 감으면 머리카락이 길고 검어진다고 하였다.[31] 당시 여인들이 머리를 검고 윤 나게 하기 위해 어떤 노력을 하였는지 살펴보자.

### 1) 머리 감기

조선시대의 머리 감기는 대개 한 달에 한 번씩 행해진 것으로 생각된다. 조선 사람들의 머리는 장발인 데다 머리손질이 까다로워 한번 머리를 감으려면 많은 시간과 노력이 필요했으므로 자주 감을 수가 없었기 때문이다. 그렇다면 언제 머리를 감았을까?

그 대표적인 날은 정월 초하루와 2월 한식, 3월 삼짓날, 4월 초팔일, 5월 단오, 6월 유두, 7월 칠석, 8월 추석, 9월 중양절, 12월 동지 등이다. 이러한 날들은 모두 절일(節日)에 해당하는 것으로 속절다례(俗節茶禮)와 관련이 있었던 것으로 생각된다. 다례를 올리기 전에 목욕을 하였으며, 특히 머리에 윤기를 내기 위해서는 각 절일에 구하기 쉬운 약초를 사용하였다.

정월에 있는 큰 절일로는 정월 초하루와 정월 대보름을 들 수 있다. 3월에는 눈앞에 닥친 수난을 씻고 앞으로의 재앙을 막는다는 삼짓날이 있다. 특히 이날은 동쪽으로 흐르는 냇가에 나가 몸을 씻으며 머리를 감으면 머리카락이 물이 흐르듯이 소담하고 윤기가 난다고 하여 물맞이를 하였다.

단오는 5월 5일이다. 양기가 성한 날로 궁중에서도 가장 큰 명절 중의 하나였다. 『상방정례』를 보면, 본원원공 물목에 창포말(菖蒲末) 삼두(參斗)를 올리는데 그 가격이 두마다 쌀 6두 6승 7석으로, 합하여 쌀 1석 4두 8승 2합

---

31   빙허각 이씨, 『규합총서』, 黑髮長潤法.

1석이 들어간다고 하였으며,[32] 『만기요람(萬機要覽)』에도 상의원에서 창포말을 바친다고 하였다.[33] 단오 역시 양의 기운이 꽉 찬 날로 생명의 기운이 충만한 날이다. 특히 단오에 베어서 말려 둔 쑥은 약쑥이라고 하여 민간의료에서 좋은 약재로 사용하였다.[34]

유두는 6월 15일이다. 동쪽으로 흐르는 물에 목욕을 하여 더위를 쫓는다는 실제적인 의미와 상서롭지 못함을 막는다는 속신이 있다. 유두는 "옛날 고려의 환관들이 동천에서 더위를 피해 머리를 풀고는 물에 떴다 잠겼다를 하면서 술을 마셨으므로 유두라 했다"고 한다. 이때는 더위가 한창이므로 '물맞이'를 하는 것은 몸을 식히며 더위를 달래는 데 그 의의가 있으며, 물은 모든 액과 불상(不祥)을 씻어 버리는 정화력이 있어 더위로 건강을 잃지 않게 하려는 숨은 뜻이 있다.[35]

7월 칠석에 하는 목욕은 땀띠, 부스럼 등 피부병에 효험이 있다. 또 집을 멀리 떠날 수 없는 여인들은 참깻잎을 우려내어 머리를 감았는데 식물성 지방이 풍부한 깻잎을 물에 띄워 두 시간 정도 두었다가 머리를 감으면 윤기가 나고 비듬도 없어진다. 노인들이 칠석날에 머리를 감으면 까마귀나 까치와 같이 검은 머리카락을 갖는다 하여 칠석에 머리를 감았다.[36]

중양절은 음력 9월 9일로 양(陽)이 중첩되는 동시에 국화꽃이 만발하는 때이다. 국화는 선비의 지조와 절개의 상징인 사군자의 하나이다. 특히 『초사(楚辭)』를 보면 "봄에는 난, 가을에는 국화로 제사를 지내어 예전부터 내려오는 도(道)를 끊어지지 않게 한다"고 설명하고 있다.

국화는 『신농본초』에 의하면 두풍(頭風), 두현(頭眩), 종통(腫痛)을 치료하고

---

32 『상방정례』 본원원공, 창포발삼두.
33 『만기요람』, 재용편, 각공.
34 김재호, 「물맞이 세시풍속과 물의 생명성」, 『비교민속학』 36, 2008, 378쪽.
35 조효순, 「우리나라 목욕의 풍속사적 연구」, 『복식』 16, 1991, 72쪽.
36 정주미 외 3인, 「전통목욕풍속과 목욕제에 관한 고찰」, 『한국미용학회지』 13(3), 2007, 1288쪽.

눈이 빠지려고 하며 눈물이 나오는 증상을 치료해 준다고 하였다. 또한 피부의 죽은 살과 지독한 풍습비(風濕痺)를 치료하여 오래 먹으면 혈기를 이롭게 하고 몸이 가벼워지고, 노화를 억제하고 오래 살 수 있다고 하였다.[37] 또한 흰 국화는 머리를 희지 않게 하고 수염을 검게 하며, 검은 참깨, 복령 등과 같이 밀환을 만들어 먹으면 풍현을 없애 백발노인이 늙지 않고 안색이 좋아진다고 하였다.[38]

동지는 태양이 죽음으로부터 부활하는 날이다. 중국 주나라에서 동지를 설로 삼은 것은 이날로부터 생명력과 광명이 부활한다고 생각했기 때문이다. 조선왕실에서는 동짓날에 천지신과 조상의 영에 제사하고 신하의 조하를 받고 군신의 연례(宴禮)를 받기도 하였다. 동짓날에는 팥죽을 먹는데 팥은 색이 붉어 양색이므로 음귀를 쫓는 데 효과가 있다고 믿었으며, 전염병이 유행할 때에는 우물에 팥을 넣으면 물이 맑아지고 질병이 없어진다고 하여 악귀를 쫓았다.[39]

동지로부터 세 번째 술일(戌日)을 납일(臘日)이라 한다. 이날 내린 눈을 납설이라 하고 그 눈 녹은 물을 '납설수'라고 한다. 이 물로 머리를 감으면 윤택이 더하다고 하여 특히 기녀들에게 인기가 있었다. 『보한집』에는 눈 녹은 물을 화장수로도 사용했으며 분을 개거나 미안수를 만들 때에도 사용하였다[40]는 기록이 있다.

## 2) 빗질하기

머리를 감은 후에는 과연 머리를 어떻게 손질하였을까? 인류의 머리모양

---

37  김종덕, 「국화의 품성과 효능에 대한 문헌연구」, 『농업사연구』 9(2), 2010, 48쪽.
38  이시진, 『본초강목』, 菊.
39  한국학중앙연구원, 『한국민족문화대백과사전』, 동지.
40  정주미 외 3인, 「전통목욕풍속과 목욕제에 관한 고찰」, 『한국미용학회지』 13(3), 2007, 1289쪽.

은 기본적으로 긴 머리를 늘어뜨리는 피발(被髮)에서부터 출발하였으며, 이후 사회의 발전과 인지의 발달에 따라 변발(辮髮), 수발(修髮), 속발(束髮) 등의 형태로 발전하였다. 이는 머리를 치장하는 방법의 차이일 뿐 머리를 손질하고 빗질하는 데 있어서는 크게 다르지 않았다.

조선왕실에서는 잠자리에서 일어나면 먼저 세수하고 머리를 빗었다. '관즐'이라고 하는 것이 바로 세수하고 머리를 빗는 것이다. 『탁지정례』를 보면 절일진상 물종으로 화소첩을 올렸다. 내자시에서 화각으로 장식한 빗을 대전을 비롯하여 각 전과 궁에 올렸다.[41] 기본적으로는 남자와 여자가 머리를 빗질하는 데 있어서는 차이가 없다. 다만 긴 머리를 검고 풍성하게 하기 위해서는 남성들보다 여성들이 더 많은 노력을 기울였다. 여성에 있어 머리카락의 길이가 짧다는 것은 자색이 없다는 것과 일맥상통했기 때문이다.

### 3) 기름칠하기

조선시대 머리손질에서 빠질 수 없는 것 중 하나가 기름이다. 먼저 머리를 감은 다음 빗질을 한다. 그리고 머리를 가지런히 마무리하는 단계에서 머릿기름을 발라 정리한다. 머릿기름은 동물과 식물의 기름에서 추출한다. 우리나라는 머릿결을 검고 윤기 나게 하는 데 주력하였으므로 수유, 동백, 아주까리 등 다양한 머릿기름을 발랐다.

동백기름은 전라도의 대표적인 방물이다. 그러나 1454년(단종 2)에는 승정원에 전지하기를, 동백기름을 진상하지 말라고 하였으며,[42] 또 1509년(중종 4)에도 상고(廂庫)에 납입하는 지방의 동백유를 견감하라고 한 것[43]으로 보아

---

41 『탁지정례』, 유두 진상.
42 『단종실록』 단종 2년 7월 10일(기미).
43 『중종실록』 중종 4년 11월 23일(신사).

왕실에서도 동백기름을 사용했음을 알 수 있다. 동백기름은 자연산 기름으로 포화지방산, 올레인산, 리놀산이 포함되어 있어 머리카락이 빠지고 갈라지는 것을 방지하는 데 효과가 크다. 특히 동백기름은 접착성이 강하고 윤택하며 건조하지 않을 뿐 아니라, 머리 냄새를 없애 주는 데에도 탁월한 효과가 있다.[44]

아주까리는 피마자(皮麻子)라고 하는 것으로 여기에서 짜낸 기름을 피마유 또는 피마자유라고 한다. 이 역시 머릿기름으로 사용하였다. 아주까리는 동백에 비해 비용이 저렴하여 아낙네들이 많이 사용하였다. 강원도 아리랑의 가사를 보면 "열라는 콩밭은 왜 아니 열고 아주까리 동백만 피었는가"라는 탄식이 담겨 있는데, 이는 동백과 아주까리 씨앗에서 추출한 기름으로 여인네들이 치장을 하면 바람이 난다고 생각하기 때문이었다.

그러나 왕실의 머릿기름은 여기에서 그치지 않았다. 앞의 〈표 1-1〉에서 보는 바와 같이 『탁지정례』를 보면 매달 올리는 진상 물목에 발유차(髮油次) 진유(眞油)가 들어 있다. 진유는 왕실여성의 머릿결을 정리하는 데 사용된 참기름이다.


### 4) 머리손질 도구

머리를 손질하는 데 있어 가장 중요한 물목은 빗이다. 『경국대전(經國大典)』 공전조에는 경공장 소속의 장인이 기록되어 있는데 그중에서 빗과 관련된 장인은 공조(工曹)와 상의원에 소속되어 있다. 공조에 소속된 장인은 목소장(木梳匠)·소성장(梳省匠)·죽소장(竹梳匠)으로 각각 2명씩 소속되어 있었으며, 상의원에는 목소장과 죽소장이 각각 2명씩 소속되어 있다.[45] 이들이 만

---

44  류은주, 「한국 고대 전통 피부관리 및 화장문화에 관한 연구」, 『한국미용학회지』 1(1), 1995, 77쪽.
45  『經國大典』, 工典, 京工匠.

들어 낸 빗의 종류는 진소(眞梳), 죽소(竹梳), 목소(木梳), 화각진소(畵角眞梳), 상아소(象牙梳), 면소(面梳), 음양소(陰陽梳) 등이다. 빗은 그 형태에 있어 차이가 없으나 남녀가 통용하지는 않는다고 했다.

> 이불·베개·요·요강은 보로 덮어서 남의 눈에 보이지 않게 하고, 수건과 빗
> 집도 은벽한 곳에 두며, 족집게·참빗·솔·귀이개 등은 남녀가 통용하지 말
> 것이다.[46]

이는 남녀를 구분하고자 하는 의도도 있겠으나 깨끗하게 관리되지 않았을 경우 보기에 불쾌할 뿐 아니라 어려서부터 개인 물건에 대한 관리를 철저히 하도록 하여 내측(內則)으로서 경계심을 일깨우고자 하는 의도가 있었던 것으로 이해된다. 각각을 구체적으로 살펴보자.

### (1) 진소(眞梳)

진소는 비(篦)라고도 하며, 참빗을 말한다. 참빗의 형태는 중앙에 넓적한 대쪽을 앞뒤로 붙이고 좌우에 촘촘하게 살을 박은 것으로 빗살을 아주 가늘고 촘촘하게 만든다. 진소의 주된 재료는 대나무이며, 대모(玳瑁)로 만든 것도 있다.

특히 진소는 진상용으로도 사용되었다. 또한 가례 시 재간택과 삼간택의 대상이 된 처자들의 물목에 들어 있었으며, 길례와는 그 수량에 차이를 두었다. 얼레빗보다는 고급이다.[47]

또한 참빗은 먼저 얼레빗으로 솰솰 빗고 난 후 주로 귀밑머리를 빗어 넘기는 데 사용하였다. 참빗은 빗살이 촘촘한 관계로 깊은 골짜기와 높은 산

---

46  이덕무, 『청장관전서』, 복식.
47  한국학중앙연구원, 『고문서집성』 12, 1994, 271쪽.

표 1-2 간택 처자에게 하사한 빗 종류

| 의례 | 물목 | 가례 시 | 길례 시 | 진소의 유무 |
|---|---|---|---|---|
| 초간택<br>(初揀擇) | 설면자(雪綿子) | 5근 | 3근 | 초간택 시<br>진소 없음 |
| | 단목(丹木) | 15근 | 10근 | |
| | 인도(引刀) | 2개 | 2개 | |
| | 호초(胡椒) | 5승 | 3승 | |
| | 월소(月梳) | 5개 | 3개 | |
| | 소성(梳省) | 2개 | 2개 | |
| | 백반(白礬) | 5량 | 4량 | |
| 재간택<br>(再揀擇) | 의차(衣次) | 4건 | | 재간택 시, 가례 시에는<br>10개가 있으나<br>길례 시에는 5개로 차등이 있음 |
| | 설면자 | 5근 | 3근 | |
| | 단목 | 15근 | 10근 | |
| | 인도 | 2개 | 2개 | |
| | 호초 | 5승 | 3승 | |
| | 월소 | 5개 | 3개 | |
| | 진소 | 10개 | 5개 | |
| | 소성 | 2개 | 2개 | |
| | 침척(針尺) | 1개 | 1개 | |
| 삼간택<br>(三揀擇) | 의차 | 2건 | 의차 | 삼간택 시에도<br>가례 시와 길례 시에는<br>진소의 개수에 차등이 있음 |
| | 패물(佩物) | 소삼작 | 소삼작 | |
| | 설면자 | 7근 | 5근 | |
| | 단목 | 20근 | 15근 | |
| | 인도 | 2개 | 2개 | |
| | 호초 | 1두 | 6승 | |
| | 월소 | 5개 | 3개 | |
| | 진소 | 10개 | 5개 | |
| | 소성 | 2개 | 2개 | |
| | 침척 | 1개 | 1개 | |

그림1-4  화각참빗, 국립고궁박물관 소장.

그림1-5  음양소, 국립고궁박물관 소장.

꼭대기에 숨어 있는 이상한 사람이나 적군을 색출할 때 "참빗 훑듯이 한다"[48]
고 한 것으로 보아도 그 빗살의 촘촘함을 가히 짐작할 수 있다.

『여용국전』에서도 머리에 생긴 이와 서캐를 모두 없애는 데 사용된 것이
참빗이라고 한 것을 보면 빗살의 촘촘함은 머리의 위생을 담당하는 역할을
하였다. 〈그림 1-4〉는 현재 국립고궁박물관에 소장되어 있는 영친왕 일가
의 유물로, 대나무로 만든 화각참빗이며, 〈그림 1-5〉는 한쪽은 빗살이 성글
고 다른 쪽은 촘촘하게 만들어 용도를 다르게 한 음양소이다. 형태는 사각
형이며 등대에 꽃문양을 그리고, 화각을 붙여 장식하였다.[49]

(2) 목소(木梳)

목소는 나무로 만든 얼레빗으로 월소(月梳)라고도 한다. 목소는 빗살이 굵
고 성긴 반원형의 큰 빗으로 한쪽으로만 빗살이 성기게 나 있어 엉킨 머리를
가지런히 할 때 사용한다.

나무는 주로 박달나무, 도장나무, 대나무, 대추나무, 소나무 등이 사용되
며, 제주도에서 나는 산유자로 만든 빗이 가장 아름답다고 한다. 그러나 왕
실에서는 목소를 만드는 데 싸리홰[杻炬]를 선호했다. 1503년(연산군 9) 목소
장 이춘산을 가두는 일이 생겼다. 이는 공조에서 싸리홰를 들이지 않아서

48  『정조실록』 정조 9년 3월 23일(임신).
49  국립고궁박물관, 『영친왕 일가 복식』, 2010, 198쪽.

담당자를 가둔 사건이었다. 결국 싸리홰가 없어 일을 못한 목소장이 감옥에 갇히게 된 것이다.

목소는 왕실에서 상이 났을 때 목욕을 시키기 위해 들이는 물건이었다.[50] 이때 죽소와 함께 목소가 각각 1개씩 진상되었으며, 천전의(遷奠儀)를 거행할 때 나전소함에 죽소와 목소를 들여보냈다.[51]

### (3) 면소(面梳)

면소는 머리를 결 맞추어 땋을 때 흐트러진 머리카락이 없도록 가다듬어 넘기는 빗이다. 얼레빗과 재료와 모양은 같으나 크기에 있어서 모두가 한 둘레 작고 발도 촘촘하고 곱다. 현전하는 면소는 화각면소와 주칠면소가 있으며, 재료는 대나무와 피나무 등으로 만든다. 화각면소는 화각을 덧붙여 장식한 것으로 반원형의 끝부분과 빗의 양옆은 검정색 안료를 칠해 주칠면소보다 고급스럽게 만들었다.[52]

특히 면소는 장서각의 발기자료에서도 그 소재가 확인된다. 면소는 왜칠한 작은 장의 상층에 넣어 두었는데 대·중·소 30죽이 화각궤에 들어 있었다.[53] 면소는 얼레빗, 참빗과 함께 일반적으로 사용되었다. 면소가 얼레빗에 비해 크기가 작았으므로 소지하는 데에도 이점이 있었을 것이며, 머리를 빗는 데에도 간편했던 것으로 이해된다.

『하재일기』에는 면경(面鏡) 1개를 2냥, 면소 1개를 1냥, 패도(佩刀) 1개를 14냥에 샀다는 기록[54]이 있는 것으로 보아 면소의 이용가치가 높았던 것으로

---

50  『세종실록』 오례의, 흉례의식, 목욕.
51  『단종실록』 단종 즉위년 9월 1일(경인).
52  국립고궁박물관, 『영친왕 일가 복식』, 2010, 200쪽.
53  한국학중앙연구원, 『고문서집성』 12, 1994, 256쪽.
54  지규식(池圭植), 『하재일기(荷齋日記)』 4, 1895년 2월 6일, 朝微雪午晴 景賓相玉下去分院 面鏡一介二兩 面梳一介一兩 佩刀一件十四兩買得 金允台張景喜上來 益俊 以感崇大痛. 『하재일기』는 궁궐과 관청에 각종 그릇을 납품했던 공인(貢人) 지규식이 쓴 일기이다.

그림 1-6　면소, 국립고궁박
물관 소장.

보인다. 현재 국립고궁박물관에 소장되어 있는 면소는 〈그림 1-6〉과 같다.

### (4) 소성(梳省)

소성은 빗솔을 일컫는다. 성(省)은 솔을 의미하는 것으로 쇄자(刷子)라고
하는데, 더러운 것을 문질러서 없애는 데 사용한다.[55] 소성은 뼈로 빗솔의 몸
체를 만들고 말총으로 그 머리 부분을 꾸며 빗의 때를 제거할 수 있도록 하
였다. 또 소쇄(梳刷)라고 하는 빗솔은 말총으로 만들었는데 모양이 과쇄(鍋刷)
와 비슷하며 가늘고 길다. 자루는 골각(骨角)으로 만들기도 하고 나무로 만들
기도 하였으며 채색말총으로 꾸몄다(〈그림 1-7〉).[56]

쇄자는 중국 명나라의 후궁으로 간 한씨가 고국을 그리워하며 고국에 가
거든 꼭 구해 달라고 요청하였던 물목으로도 유명하다. 한씨는 고국의 토산
물을 보면 고국을 보는 것과 같다고 하였고, 태감 김여가 통사 장자효를 불
러 한씨가 요구한 편간을 전하였다. 한비가 요구한 물목은 다음과 같다.

각색명주낭아(各色綿紬囊兒), 호아아(虎牙兒), 장아아(獐牙兒), 청과아(靑瓜兒),
침가아(針家兒), 호로아(葫蘆兒), 회합(回蛤), 세합(細蛤), 반합(斑蛤), 중삼도자
(中三刀子), 죽소(竹梳), 목소(木梳), 저모쇄자(猪毛刷子), 두발(頭髮), 세죽선(細竹
扇), 소죽선(小竹扇).

55　『芝山集』, 가례고증 권 1, 祠堂, 刷子.
56　한국정신문화연구원, 『역주 경국대전』주석편, 1986, 784~785쪽.

이에 1477년(성종 8) 서릉군 한치례를 경사에 보낼 때 저모성 200개, 참빗 1000개, 나무빗 50개, 다리 50개를 보냈다.[57] 머리를 손질하는 데 필요한 죽소, 목소, 저모쇄자, 두발 등은 고국의 향수를 달래 주는 필수품으로, 한비는 말총이 아닌 돼지털로 만든 쇄자를 더 선호하였다.

소성은 그 값도 빗에 비해 훨씬 비싸다.『만기요람』재용편을 보면, 목소가 2두, 죽소가 1두 3승인 것에 비해 소성은 7두 5승으로 각공에서 바치는 물목에 들어 있다.[58]

### (5) 빗치개

빗치개는 빗과 함께 머리를 손질하는 데 꼭 필요한 도구 중 하나이다. 빗치개는 '비(篦)' 또는 '비아(篦兒)'라고 하는데 이는 나무, 대모, 금, 은 등으로 만든다. 빗치개는 〈그림 1-8〉과 같이 한쪽 끝은 둥글고 얇아서 빗을 치는 데 사용하고 다른 한쪽은 가늘고 뾰족하여 가르마를 타는 데 사용한다.

『가례집람』에 의하면 관례를 치르기 위해 진설하는 물목에 옷과 대, 신발,

그림 1-7 남자 경대와 빗, 소성, 풍잠, 동곳, 온양 민속박물관 소장.

그림 1-8 빗치개, 온양민속박물관 소장.

57 『성종실록』성종 8년 8월 17일(신해).
58 『만기요람』, 재용편, 宣惠廳五十七頁.

제1장 목욕(沐浴)의 문화

빗, 빗치개, 망건 등을 상자에 담는다고 하였으며, 계례를 올릴 때에도 찬자가 빗과 빗치개 따위를 가져다가 자리 왼쪽에 놓는다고 하였으므로,[59] 빗치개는 남녀 모두에게 필요한 머리손질 도구였다.

59  『家禮輯覽』, 冠禮.

제 2 장

# 발양(髮樣)의 문화

발양은 머리카락만을 가지고 꾸민 머리형태를 의미한다. 아직 구체적인 장식이 더해지기 전의 상태이지만 머리카락을 어떻게 꾸밀 것인가는 여성들에게 있어 최고의 관심거리였다.

머리모양을 어떻게 만들 것인가의 문제는 기본적으로 머리카락의 길이와 밀접한 관계가 있다. 길게 풀어 놓을 수도 있지만 한 번 또는 두 번 이상을 묶을 수도 있다. 또는 머리를 땋아서 가지런히 묶을 수도 있는데 이때에도 한쪽으로만 땋을 수도 있고 양쪽으로 땋을 수도 있다. 또 한편으로는 머리를 내려뜨릴 수도 있지만 정수리 위로 높게 틀어 올릴 수도 있다. 머리카락을 꾸미는 방법에 있어서도 본래의 머리카락만을 이용하는 경우와 체발(髢髮)을 이용하는 경우가 있다.

이 장에서는 한·중·일 발양의 기원 및 종류를 살펴보고 이를 비교함으로써 조선왕조 발양에 드러난 미의식을 살펴보고자 한다. 이제부터 발양의 기원 및 종류를 통해 구체적인 변화를 살펴보자.

# 1 발양의 기원 및 종류

우리나라 가발이 전 세계적으로 명성을 날리는 것이 근대에 이루어진 일이 아니다. 과거에도 이미 중국에까지 우리나라 가체의 아름다움이 알려져 있었다. 우리나라 사람들의 머리카락은 녹색이 날 정도로 검고, 부드럽고 가늘면서도 극히 길었기 때문에 사신이 올 때에는 늘 다리를 요구하였다. 1425년(세종 7) 명나라 사신이 미체(美髢)를 구하니 국고의 미두로 다량 무역하여 시일에 맞게 올려 보내라고 하였으며,[1] 미리미리 마련해 둘 것을 하교하였다.

한편 우리나라에서도 가례를 올릴 때 다리를 사용하였으므로 그 수는 늘 부족했다. 1502년(연산군 8) 공주의 길례가 있었다. 거기에 드는 다리의 수량이 150개였다. 각 고을에 2월 그믐날까지 다리를 바치라는 전교가 있었다.[2] 또 1503년에는 중국 사신에게 줄 체자 600개와 공주가 출합할 때 쓸 체발 200개를 각 도에 배정했다.[3] 그러니 체발이 부족했던 것은 불을 보듯 뻔한 일이었다. 발양은 조선시대뿐 아니라 삼국시대부터 여인들의 관심사항이었을 뿐만 아니라 중국과 일본 역시 발양에 대한 관심이 높았다. 각국의 발양을 통해 조선왕조 발양의 특징을 살펴보자.

---

1 『세종실록』 세종 7년 2월 2일(임인).
2 『연산군일기』 연산군 8년 1월 14일(정해).
3 『연산군일기』 연산군 9년 1월 23일(신묘).

## 1) 한국의 발양

### (1) 삼국시대

고구려·백제·신라는 풍속·형정(刑政)·의복이 대략 비슷했다.[4] 먼저 문헌자료를 살펴보면, 고구려의 머리모양에 대해 『수서(隋書)』에서는 부인들은 머리를 땋아 뒤로 감는데, 여러 비단과 구슬로 장식한다고 하였으며,[5] 『구당서』에는 부인은 머리를 뒤로 감고 다양한 채색의 진주로 수식하였는데, 그 머리가 매우 아름답고 길다고 했다.[6] 또한 『신당서』에는 아름다운 두발을 머리에 두르고 다양한 채색의 진주로 장식하였다고 한 것으로 보아 고구려의 대표적인 발양은 긴 머리에 진주장식이었음을 알 수 있다.[7] 또한 백제에서는 머리를 땋아 뒤에 드리웠는데 출가하면 두 갈래로 나누어 머리 위에 얹는다고 하였으며,[8] 『주서』에도 미혼녀는 발을 머리 뒤에 한 갈래로 내려 수식하며, 부인은 두 갈래로 나눈다고 한 것[9]으로 보아 백제 역시 머리를 길게 늘어뜨리고 있음을 알 수 있다. 여기에서는 구체적인 시각자료를 통해 삼국의 발양을 살펴보자.

고구려의 대표적인 발양은 고계이다. 고계는 안악 3호분 부인의 머리에서 확인되는바 머리를 높게 틀어 올려 붉은색의 끈으로 묶고 나머지 머리카락으로 환을 만들어 장식한 스타일이다(〈그림 2-1, 2-2〉). 그런데 여기서 별도의 환을 사용한 것인지 아니면 머리를 묶고 남은 머리카락으로 둥근 테를 만든 것인지는 확인되지 않는다. 다만 남은 머리카락으로 환을 만들었다면 그

4  『북사』권 94, 열전 제83, 신라.
5  『수서』권 81, 열전 제46, 동이, 신라.
6  『舊唐書』권 199, 列傳 제149, 東夷, 新羅.
7  『新唐書』권 220, 列傳 제145, 東夷, 新羅.
8  『북사』권 94, 열전 제82, 백제.
9  『周書』권 49, 列傳 제41, 異域上 百濟.

그림 2-1  안악 3호분 부인상          그림 2-2  안악 3호분 시녀상          그림 2-3  덕흥리 고분벽화의
                                                                          견우직녀(牽牛織女)상

그림 2-4  묶은머리의 여러 가지 스타일

머리를 고정시키기 위하여 별도의 도구를 이용하였을 것으로 판단되며, 그때 사용할 수 있는 것이 나무나 돌 등으로 만들어진 비녀였을 것이다. 이렇게 생각할 수 있는 이유는 환의 끝으로 갈라져 내려온 머리카락 때문이다. 특히 〈그림 2-2〉에서는 붉은색의 가지가 여러 개 꽂혀 있는 것이 확인되어 이것이 머리를 고정시키기 위해 사용한 비녀가 아니었을까 생각한다.

한편 〈그림 2-1, 2-2, 2-3〉에서 확인되는 바와 같이 주인부인과 시녀의 발양이 그 형태에 있어서는 차이가 없다. 다만 환의 크기가 조금 달라 보이고 얼굴에 그린 화전에 차이가 있으며 환 아래로 내려뜨린 장식이 다르다. 〈그림 2-3〉의 덕흥리 무덤에 그려진 견우직녀상에서는 머리 가운데를 틀어 올려 고계를 만들고 환을 3~4개 정도 만들고 나머지의 머리를 몇 가닥 늘어뜨린 모습이 확인된다. 이러한 머리스타일은 고구려시대부터 이미 보이기

그림 2-5　얹은머리의 여러 가지 스타일

그림 2-6　여러 가지 머리스타일

시작하고 있으며, 여기에 잠을 꽂아 장식한 모습이 확인된다. 이 외에도 묶은머리, 얹은머리 등 다양한 머리스타일이 있었다(〈그림 2-4, 2-5, 2-6〉).

　백제에서는 머리카락을 뒤에 늘어뜨리는데, 출가하면 양쪽으로 나누어 머리 위에서 둥글게 튼다고 하였다.

　신라의 대표적인 머리스타일도 고계이다. 고계는 머리를 올려 정수리에 동그랗게 말아 올린 머리스타일이다. 그런데 〈그림 2-7〉을 자세히 보면, 정수리에 고계를 만들고 있으며, 양옆으로 삼각형 모양으로 된 머리장식을 하고 있어 당나라 때 유행했던 타마계(墮馬髻)와 비슷한 양식이다. 이는 중국과의 교류를 통해 새롭게 등장한 발양으로 보인다.

### (2) 고려시대

고려시대 여성들의 머리스타일도 삼국시대의 기본적인 발양과는 차이가 없다. 대표적인 머리스타일은 높이 얹은 머리, 낮게 묶은 머리, 상투를 여러 개 틀어 올린 머리, 어깨까지 내려오는 머리 등으로 구분할 수 있다.

왕실의 여성들에 있어서는 머리를 높이 틀어 올리고 붉은색 끈으로 묶고 진주장식이나 꽃이 그려진 천으로 묶어 장식하고 있는 모습을 확인할 수 있다. 그런데 고려시대에는 그림상으로 잠이나 계, 채 등의 장식보다는 진주 등의 장식물이 등장하고 있음을 알 수 있다(〈그림 2-8, 2-9, 2-10〉).

### (3) 조선시대

조선시대 발양도 삼국이나 고려시대와 기본적으로는 크게 다르지 않다. 그러나 조선 후기로 갈수록 체발을 넣어 머리를 꾸미는 가체가 발달하고 있음을 알 수 있다. 여기에서는 현전하는 그림자료를 시대순으로 정리하여 그 변화를 살펴보고자 한다. 16세기 이전의 자료가 거의 없으므로 16세기 자료부터 검토해 보기로 한다.

1533년경의 〈중묘조서연관사연도〉의 춤추는 여인들은 모두 머리를 틀어 올려 뒤통수에 쌍상투와 같이 묶고 나머지는 늘어뜨린 모습이다(〈그림 2-11〉). 그러나 1550년경의 〈호조낭관계회도〉의 여성 중 한 명은 머리를 어

① ② ③

그림 2-8   고려시대 여성들의 머리스타일

① 머리를 높이 올리고 붉은색 끈으로 묶고 장식을 한 머리스타일 － 〈수월관음도〉, 견본채색, 227.9×
125.8cm, 일본 교토 대덕사 소장.

② 머리를 높이 올리고 붉은색 끈으로 묶고 장식을 한 머리스타일 － 〈미륵하생경변상도〉, 견본채색,
171.8×92.1cm, 일본 지온인(知恩院) 소장.

③ 머리를 높이 올리고 붉은색 끈으로 묶고 장식을 한 머리스타일 － 〈안락국태자경변상도〉, 견본채색,
105.8×56.8cm, 일본 고치켄아오야마분코 소장.

그림 2-9   머리를 목 뒤
나 뒤통수에서 묶은 머
리스타일 － 〈미륵하생
경변상도〉, 견본채색,
171.8×92.1cm, 일본
지온인 소장.

① ② ③ ④

그림 2-10   머리를 자연스럽게 늘어뜨리거나 정수리 부분으로 올린 머리스타일

①〈변상도〉부분  ② 방배동 출토 목용  ③ 거창 둔마리 벽화 부분  ④ 박익묘 벽화 부분

그림 2-11　〈중묘조서연관사연도〉, 1553년경, 지
본담채, 42.7×57.5cm, 홍익대학교박물관 소장.

그림 2-12　〈호조낭관계회도〉, 1550년경, 견본담
채, 121×59cm, 국립중앙박물관 소장.

그림 2-13　〈선조조기영회
도〉, 1585년, 견본채색,
40.3×59.2cm, 서울대학
교박물관 소장.

깨보다 긴 길이로 늘어뜨렸으며, 다른 한 명은 목덜미까지 늘어뜨리고 나머
지 머리카락을 옆으로 말아 옆을 풍성하게 보이도록 했다(〈그림 2-12〉). 또한
1585년 〈선조조기영회도〉는 〈중묘조서연관사연도〉와 같이 정수리 위에 쌍
상투와 같이 올리고 나머지는 목 있는 데까지 내려오도록 하였다. 그리고
그 머리에 진주로 보이는 하얀 장신구들을 달았다(〈그림 2-13〉).

　여기서 〈선조조기영회도〉의 여인들을 좀 더 부각시켜 살펴보면, 높이 틀
어 올린 머리 위에 붉은색의 끈이 보이고 있어 고계를 하고 묶었음을 알 수
있다. 다음으로 상투 주변을 흰색의 진주로 장식하고 있음이 확인된다. 춤
을 추고 있는 여인은 머리 후두부에 머리 뒤통수를 덮을 수 있을 정도의 장
식을 드리우고 있는 반면, 앉아 있는 여인들은 고계에서 늘어뜨린 머리 위로
진주장식을 세로로 길게 붙이고 있다.

대부인                          차부인

음식을 나르는 부인                        구경꾼

그림 2-14  〈선묘조제재경수연도〉, 1605년, 지본채색, 34.0×125.4cm, 고려대학교박물관 소장.

다음은 1605년(선조 38) 재신(宰臣)들이 노모를 위해 개최한 경수연의 모습을 그린 〈선묘조제재경수연도(宣廟朝諸宰慶壽宴圖)〉이다(〈그림 2-14〉). 그림 뒤에는 경수연 절목, 이날의 주인공들인 10명의 대부인좌차, 차부인좌차, 13명의 계원, 8명의 입시자제 및 19명의 집사자제, 1605년 4월 9일 자의 예조계사, 이경석(1595~1671)이 쓴 백세채대부인경수연도서(百歲蔡大夫人慶壽宴圖序), 허목(1595~1682)이 1655년(효종 6) 5월에 쓴 경수연도서가 차례로 수록되어 있다. 1603년(선조 36) 9월에 예조참의 이거(1532~1608)가 모친이 100세 된 것을 축하하는 경수연을 열었다. 이를 계기로 1605년 70세 이상 된 노모를 모시고 있는 13명의 계원들이 봉노계(奉老契)를 결성하여 자신들의 노모를 위해 개최한 경수연의 광경을 그린 것이다. 여기에는 다양한 인물들이 등장하는데 집사자제들의 대부인에 대한 헌수, 대부인과 차부인들을 위한 연회 등의 장면으로 구성되어 있어 부인들의 머리양식을 살펴보는 데 중요한 자료가 된다.[10]

대부인과 차부인은 정수리 위에 쌍환을 만들고 나머지는 길게 늘어뜨렸다. 또한 음식을 나르는 부인들은 모두 정수리에 둥근 형태의 머리를 올리고 있으며, 목덜미 둘레에도 둥근 머리모양을 하고 있어 쪽을 찐 형태임을 알 수 있다. 지붕 위에 올라가 잔치를 구경하는 여인들의 머리모양도 음식을 나르는 여인들과 크게 다르지 않다. 다만 구경꾼으로 보이는 젊은 여인은 머리를 길게 땋고 있어 미혼녀와 출가녀의 차이를 드러낸다. 여기에서 보이는 바와 같이 머리가 엉덩이보다 길게 내려와 있어 이 머리를 틀어 올리고 나머지는 늘어뜨리거나 쪽을 찐다면 풍성한 머리를 만드는 데 어려움이 없었을 것으로 보인다.

다음은 〈그림 2-15〉의 〈임오사마방회도첩(壬午司馬榜會圖帖)〉이다. 1582년(선조 15) 소과에 합격한 급제자들이 48년 후인 1630년에 회동하여 방회를 개최한 사실을 기록한 화첩이다. 음식을 장만하는 부인과 음식을 나르는 여인으로 대별된다. 음식을 나르는 여인은 붉은색 치마에 녹색 저고리를 입고 있으며, 머리를 길게 땋고 있다. 음식을 장만하는 여인들은 앉아 있는데, 이들의 머리길이는 어깨 정도이며, 정수리 부분에 반(盤)을 올려놓은 것처럼 보인다. 이러한 머리스타일은 〈그림 2-12〉의 〈호조낭관계회도〉 여인들의 머리모양과 비슷하여 16세기 말부터 17세기에 유행했던 머리모양인 것으로 이해된다.

그림 2-15 〈임오사마방회도첩〉, 1630년, 견본담채, 46×30cm, 고려대학교박물관 소장.

10  고려대학교박물관, 『조선시대 기록화의 세계』, 2001, 15쪽.

제2장  발양(髮樣)의 문화

그림 2-16 〈이경석사궤장연회도〉, 1668년, 견본채색, 55.6×36.7cm, 고려대학교 박물관 소장.

또 다른 17세기 연회도첩으로 〈이경석사궤장연회도(李景奭賜几杖宴會圖)〉가 있다(〈그림 2-16〉). 1668년(현종 9) 영중추부사 이경석이 궤장을 하사받은 사실을 기념하여 제작된 도첩이다. 이 그림에서 여인들의 발양을 살펴볼 수 있다.

그림에서 보면, 여인들은 붉은색 혹은 푸른색 치마에 옅은 홍색, 남색, 녹색 등의 저고리를 입고 있으며, 머리는 모두 늘어뜨린 것 없이 위로 올리고 있다. 이들의 신분이 모두 같은지는 알 수 없으나 악공 앞에 앉아 있는 여인들은 기생들로 보인다. 그러나 장막 차양 뒤에 서 있는 여인들이 기생인지는 알 수 없다. 다만 그들의 옷이나 머리모양이 같아 신분에 따라 복식이 크게 다르지 않음을 알 수 있다.

이 여인들은 모두 정수리에 올려놓거나 빙 둘러 넓은 환을 만들고 있다. 특히 기생으로 보이는 여인은 조선 후기 궁녀들의 머리라고 하는 '새앙머리'를 하고 있는 것으로 보인다. 즉 머리를 땋아 일정한 길이로 말아 가운데를 끈으로 묶고 있다.

〈만력기유사마방회도첩(萬曆己酉司馬榜繪圖帖)〉은 1609년(광해군 1) 사마시에서 급제한 사람들이 급제 60주년을 맞아 1669년(현종 10)에 회방연을 개최한 사실을 기록한

그림 2-17 〈만력기유사마방회도첩〉, 1669년, 견본채색, 고려대학교박물관 소장.

화첩이다(〈그림 2-17〉).

　여기서는 두 가지 종류의 머리모양이 보인다. 하나는 뒤통수에서 하나로 크게 상투를 튼 다음 묶었으며, 또 다른 하나는 악기를 다루고 있는 여인들의 머리로 모두 고계를 만들고 나머지 머리는 늘어뜨려 어깨 근처에 내려오도록 하였다.

　다음으로 〈그림 2-18〉의 〈빈풍칠월도(豳風七月圖)〉에 보이는 여인들은 〈중묘조서연관사연도〉와 〈선조조기영회도〉에 보이는 여인들의 모습과 크게 다르지 않다. 이들은 반가 내지는 일반 백성들로 보이며, 머리양식은 기생으로 보이는 〈그림 2-11〉의 여인들과 같이 발양으로 신분을 구별하지는 않았던 것으로 확인된다. 다만 기생들과 달리 치장이 단순하고 장신구를 부착하지 않았음에도 불구하고 높이 틀어 올린 후 나머지를 아래로 늘어뜨린 머리는 다소 화려한 느낌을 준다.

　빈풍이란 『시경(詩經)』의 「빈풍칠월편(豳風七月篇)」에 나오는 것으로 주(周)의 국풍을 의미한다. 이는 빈나라(주의 옛 이름) 농민들이 농업과 잠업에 종사하는 장면과 자연을 노래한 일종의 월령가로서 주공이 성왕에게 농사의 어려움을 일깨워 주기 위해 지은 것이다. 그러므로 이를 도시한 그림은 자연히 산수를 배경으로 한 농경과 양잠 등 농경생활의 모습을 담고 있어 풍속화적인 성격을 강하게 띤다. 우리나라에서는 조선 초기부터 중기에 걸쳐 빈풍

　　　　　　　　　　　　　　　　　　제2장　발양(髮樣)의 문화

주인공          첫 줄에 앉은 부인       둘째 줄에 앉은 부인       구경 온 부인

**그림 2-19**  〈회혼례도〉, 견본채색, 37.9×24.8cm, 국립중앙박물관 소장.

도가 자주 그려져[11] 당시 여인의 머리양식을 보여 준다.

다음은 18세기에 그려진 것으로 확인되는 〈그림 2-19〉의 〈회혼례도(回婚禮圖)〉이다. 여기서는 큰 대청마루 안쪽에 주인공 노부부가 좌정해 있고 그 좌우에 각기 2열로 남녀가 나누어 서열순에 의해 자리 잡고 앉아 독상(獨床)을 받고 있다. 마루에 깐 긴 돗자리며 방석, 상, 식기, 술그릇 등이 명망 있는 집안의 회혼례임을 시사한다.[12]

특히 이 〈회혼례도〉에서 흥미로운 것은 다양한 머리치장을 볼 수 있다는 점이다. 주인공인 할머니는 머리에 쪽을 찌고 있다. 오른쪽에서 왼쪽을 향해 꽂은 비녀가 확인된다. 어깨로 두 가닥의 끈이 보이고 있어 먼저 머리를 댕기로 묶은 다음 땋아 머리 둘레를 향해 돌렸으며, 그 위에 둥근 원형의 장식물을 얹어 놓았다. 이 원형의 장식물을 '족두리'라고 보는 견해[13]도 있다.

다음으로 첫 줄에 있는 부인은 자주색의 댕기가 보이고 쪽을 찐 것과 같이 뒤통수 부분이 튀어나와 있다. 그리고 나머지 머리를 머리 둘레에 돌려 가장자리를 풍성하게 하였음을 알 수 있다. 또 이 여인은 머리에 꽃을 꽂고

11  안휘준, 「한국풍속화의 발달」, 『풍속화』, 중앙일보, 1996, 173쪽.
12  안휘준, 앞의 책, 222쪽.
13  박성실·조효숙·이은주, 『조선시대 여인의 멋과 차림새』, 단국대학교출판부, 2005, 126쪽.

있다. 그다음 줄에 있는 여인 역시 녹색의 삼회장저고리에 소색 치마를 입고 있으며, 머리는 첫 번째 줄에 있는 여인과 같은 스타일이나 꽃은 꽂지 않았다. 또 둘째 줄에 앉아 있는 부인은 머리 뒷부분에 부채꼴의 뒤꽂이를 꽂고 있으며, 진주장식이 보이는 것으로 뒤꽂이가 좀 더 화려해지고 있음을 알 수 있다. 다음으로 마지막에 서 있는 부인은 구경 온 사람으로, 이 여인은 머리를 틀어 올려 머리 둘레에 감고 있으며, 댕기의 모습이 보인다. 여기서 한 가지 주목되는 점은 여전히 신분의 귀천과 머리스타일은 큰 관련이 없다는 것이다. 다만 수식을 얼마나 많이 하는가가 귀천을 구분하는 기준이 되는 것으로 보인다.

이후 조선 후기의 발양은 풍속화에서 살펴볼 수 있는데, 특히 우리나라 풍속화는 조선왕조 후기에 이르러 그 절정을 이루었다. 단원 김홍도와 혜원 신윤복의 그림에서 조선 후기 여인들의 발양이 어떻게 만들어지는지를 살펴보자.

먼저 머리카락을 어떻게 관리했을까 하는 부분이다. 〈그림 2-20 ①〉과 같이 먼저 머리를 양 갈래로 나누어 땋기 시작하여 부족한 부분에는 다리를 넣어 더욱 풍성하게 만든다. 〈그림 2-20 ②〉는 양쪽 갈래로 나누어 땋은 머리를 가운데에서 붉은색 댕기로 묶어 긴 타원형을 만든다. 〈그림 2-20 ③〉은 이를 뒤통수에서부터 말기 시작하여 머리 둘레에 돌려 둥그렇게 만들어 올리면, 〈그림 2-20 ④〉와 같이 풍성한 머리가 만들어진다.

이렇게 체발을 가지고 만든 기본적인 머리스타일은 약간씩 변화를 보이는데, 이는 개인적인 취향으로 보인다. 동시대 기생들의 모습에서도 다양한 양식이 확인되기 때문이다. 그 예를 찾아보면, 〈그림 2-20 ⑤〉와 같이 가운데가 솟도록 머리스타일을 만들며, 〈그림 2-20 ⑥〉과 같이 양옆으로 풍성해 보이도록 만드는 경우도 있으며, 〈그림 2-20 ⑦〉과 같이 앞뒤로 풍성해지도록 틀어 올리는 경우도 있다. 이는 기생들의 머리모양이므로 더욱 과장

그림 2-20  기생의 체발을 관리하는 모습과 가체가 완성된 모습

① 다리를 끼워 넣는 모습—신윤복, 〈계변가화(溪邊佳話)〉, 18세기, 지본채색, 28.2×35.6cm, 간송미술관 소장.

② 양 갈래를 하나로 묶는 모습—신윤복, 〈단오풍정(端午風情)〉, 18세기, 지본채색, 28.2×35.6cm, 간송미술관 소장.

③ 머리를 뒤통수에서부터 말아 감는 모습—유운홍, 〈기방도〉, 지본채색, 23.9×36.2cm, 개인 소장.

④ 가체가 완성된 모습—신윤복, 〈청금상련(聽琴賞蓮)〉, 18세기, 수묵채색, 35.3×28.2cm, 간송미술관 소장.

⑤ 정수리 부분이 높아지도록 머리를 감은 모습—유운홍, 〈기방도〉, 지본채색, 23.9×36.2cm, 개인 소장.

⑥ 좌우의 머리가 풍성해지도록 감은 모습—송수거사, 〈미인도〉, 지본채색, 121.5×65.5cm, 온양민속박물관 소장.

⑦ 앞뒤가 풍성해 보이도록 감은 모습—작자미상, 〈미인도〉, 18세기, 117×49cm, 고산윤선도유물전시관 소장.

된 모습으로 생각할 수도 있으나 일반 반가의 여인이나 서민들의 모습에서
도 체발을 이용한 수식이 확인되는 관계로 체발양식이 우리나라 고유의 수
식으로 자리 잡았음을 확인할 수 있다.

서민들이 체발을 관리하는 모습도 기생과 비슷하다. 다만 머리숱이 많지

① ② ③

그림 2-21   서민들의 체발을 관리하는 모습과 가체가 완성된 모습

① 김홍도, 〈빨래터〉, 18세기, 지본담채, 27.0×22.7cm, 국립중앙박물관 소장.
② 김홍도, 〈우물가〉, 18세기, 지본담채, 39.7×26.7cm, 국립중앙박물관 소장.
③ 김홍도, 〈빨래터〉, 18세기, 지본담채, 27.0×22.7cm, 국립중앙박물관 소장.

① ② ③ ④

그림 2-22   다양한 신분의 가체가 완성된 모습

① 쌍상투를 튼 모습―작자미상, 〈서당〉, 지본담채, 74.2×43.0cm, 국립중앙박물관 소장.
② 가체―윤덕희, 〈독서하는 여인〉, 17~18세기, 견본담채, 20.0×14.3cm, 서울대학교박물관 소장.
③ 가체―작자미상, 〈미인도〉, 19세기, 지본담채, 114.2×56.5cm, 도쿄국립박물관 소장.
④ 가체―작자미상, 〈조반부인초상〉, 견본채색, 88.5×70.6cm, 국립중앙박물관 소장.


않아 덜 풍성해 보일 뿐 머리를 양 갈래로 땋아 머리 주변에 둘러 트레머리
를 만드는 방법은 같다(〈그림 2-21〉). 이러한 트레머리는 일반 부녀자들의 머
리스타일에서도 볼 수 있다. 〈그림 2-22 ①〉과 같이 정수리에서 쌍상투를

튼 경우도 있으며, 〈그림 2-22 ②〉와 같이 일반 서민들보다는 좀 더 풍성한 형태로 만든 부인도 있다. 또 〈그림 2-22 ③〉과 같이 장식을 하기 위하여 빗을 꽂고 있는 모습도 보이며, 〈그림 2-22 ④〉와 같이 뒤통수를 풍성하게 만든 머리모양도 있다.

이제 다시 본론으로 돌아가 조선시대 '수식'이라는 것이 과연 어떻게 생겼는지 살펴보자.

조선왕실의 의례를 치르는 데 있어 가장 중요한 것은 체발을 이용한 머리장식으로, 이를 '수식'이라고 한다. 1602년 선조대 이후 왕비나 왕세자빈의 가례에는 모두 수식을 하였으며, 그것은 우리나라 전통방식인 체발을 이용한 머리장식이었다. 이에 따라 삼국시대부터 조선시대에 이르기까지 체발을 이용한 머리장식을 확인해 본 결과 그것은 성호 이익이 말한 계(髻)이다. 다른 사람의 머리카락을 본머리에다 입혀 머리를 빙빙 둘러서 뒤로 붙인 것을 일컫는다.

왕실 가례에서 사용하였던 체발 68단(丹) 내지 48단, 40단, 20단, 10단, 5단 등은 모두 머리를 크게 만들기 위해 넣는 다리의 수를 의미하는 것이며, 그것을 얼마나 높이 만드느냐에 따라 3개에서 5개를 올리게 된다(참고로 중국 명대에는 1개에서 3개까지 만들었다).

그런데 이렇게 높은 계를 만들기 위해서는 그것을 고정시킬 수 있는 잠(簪)이 필요했을 것이다. 잠은 비녀로, 머리를 고정시키는 데 사용할 뿐 아니라 비녀의 재료나 잠두의 모양에 따라 여러 가지 장식이 가능해진다.

『가례도감의궤』에 따르면 인조장렬후 가례 시에는 54개의 잠을 사용하였으며 영조정순후 가례 시에는 27개를 사용하였다. 그 외에는 34~36개까지 사용하였음을 알 수 있다. 여기에 목소, 죽소, 저모성, 소차개와 다양한 길이의 흑각잠을 사용하였다. 한편 왕세자빈 가례 시에는 체발은 48단에서 5단까지 사용하였으며 거기에 옥파랑칠보장금장잠, 진주장금채, 소가 사용되었으며 경종선의후 이후에는 흑각잠을 50개에서 12개로 줄였다.

## 2) 중국의 발양

### (1) 진·한~원 시대

인간의 수식 중 가장 기본적인 것은 머리카락을 그대로 늘어뜨리는 것이다. 여기에서 조금 진보된 형태가 머리를 묶거나 땋는 것이다. 머리를 그대로 늘어뜨리는 것을 피발 또는 수발이라고 하며, 머리를 묶는 것을 속발이라고 한다. 또 머리를 땋는 것을 변발(辮髮)이라고 하는데 이는 주로 중국 내 소수민족들에게서 유행하였다.

전국 시대 이후에는 피발과 변발의 모습은 보이지 않고 복잡한 유형의 발계(髮髻)가 등장한다. 발계는 두발을 잡아당겨서 묶는 것으로 어떻게 잡아당겨 묶느냐에 따라 각기 다른 모양이 만들어진다(〈그림 2-23〉).[14]

①　　　　②　　　　③

그림 2-23　피발과 변발의 모습

① 피발을 한 한족부인, 雲南 江川 李家山 西漢墓 出土 靑銅杖飾.
② 길게 땋은 머리, 雲南 晉寧 石寨山 出土 靑銅儲貝器蓋飾局部.
③ 양 갈래로 땋은 머리, 洛陽 金村 出土 銅人.

여기에는 크게 두 종류가 있는데 하나는 뒤통수에 상투를 틀듯이 머리를 묶는 방법이고 다른 하나는 정수리 부분의 머리를 빗어서 마미변(馬尾辮)을 만들고 남은 머리는 자연스럽게 아래로 늘어뜨리는 것이다. 이때 머리카락이 짧으면 말리게 되는데 이를 권발(卷髮)이라고 한다. 이 권발은 상대(商代)에 이미 유행을 했고 전국 시대에 다시 유행하였다. 이러한 종류의 발식은 이미 서한 시대부터 성행한 발식이다.

진·한 시기의 발식은 좀 더 다양하고 복잡하다. 특히 진나라에서 서한 시기의 부녀 발식의 주요한 특징은 머리를 높이 빗어 올리지 않고 머리 뒤 혹은 어깨와 등 근처에서 머리를 잡아당겨 묶고 나머지 머리카락은 그대로 노출시키는 방법이다. 이러한 종류의 빗질은 귀천이나 고저를 불문하고 부녀들에게 인기가 있었는데, 고문헌에는 이를 '타마계(墮馬髻)'라고 하였다(〈그림 2-24〉).

한편 추(椎)는 나무를 사용해서 만든 손잡이가 있는 회초리이다. 이것을 옛날 사람들은 일종의 추격용 공구로 사용하였는데 이후 발계를 모두 추계라고 했다. 이는 발계의 조형과 나무로 만든 회초리의 모양이 흡사했기 때문이다(〈그림 2-25〉).

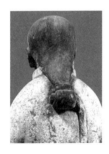

그림 2-24　타마계(墮馬髻), 湖北 江陵 鳳凰山 168號 墓 出土 彩繪木俑(좌), 山東 嘉祥 漢墓 出土 陶俑 (우).

그림 2-25　추계(椎髻), 雲南 晉寧 石寨山 甲區 1號 墓 出土 靑銅儲貝器蓋飾(좌), 雲南 晉寧 石寨山 20號墓 出土 銅俑(우).

14　周汛·高春明, 『中國歷代 婦女妝飾』, 學林出版社, 1988, 20쪽.

①

②

그림 2-26  위나라의 발식

① 위나라의 靈蛇髻 — 晉 顧愷之, 〈洛神賦圖〉.

② 위나라의 反綰髻, 江蘇 揚州 城東林莊唐墓 出土 陶俑.

그림 2-27  진(晉)나라의 盤桓髻, 安徽 毫縣 隋墓 出土 陶俑.

그림 2-28  송나라의 飛天髻, 河南 鄧縣 南北朝墓 壁畫.

그림 2-29  양나라의 동심계

　　위진남북조 시대에는 더욱 머리모양이 다양해졌다. 위나라에서는 〈그림 2-26 ①〉의 영사계(灵蛇髻), 〈그림 2-26 ②〉의 반관계(反綰髻), 백화계, 부용계, 함연계(涵烟髻)가 있었으며, 진(晉)나라에서는 힐자계(纈子髻), 왜타계(倭墮髻), 〈그림 2-27〉의 반환계(盤桓髻), 유소계(流苏髻), 취미량학계(翠眉惊鶴髻)가 있었다. 또한 송나라에는 〈그림 2-28〉의 비천계(飛天髻)가 있었으며, 양나라에는 〈그림 2-29〉의 동심계, 귀진계(归眞髻)가 있었고 진(陳)나라에는 능운계(凌雲髻), 수운계(隨云髻)가 있었다. 북제(北齊)에는 편비계(偏臂髻)와 추계(坠髻)가 있었다.

다음으로 수나라의 발식도 다양한 모습이 보이는데 반환계, 고계(高髻), 쌍각계, 쌍배계(雙环髻), 쌍배고계 등이다. 수나라 여인들의 대표적인 발식은 반환계로 이는 두발을 빗은 다음 정수리에 둥글게 눌러 쪽머리를 만드는데 마치 뱀과 같은 형상으로 만든다. 이와 같이 평평하게 펼쳐 놓은 듯한 형식의 발형은 수대의 회화나 도용에서 자주 보인다. 이렇게 만든 형태가 점차 높아지면서 고계가 된다(〈그림 2-30〉). 고계는 수나라 때부터 시작되어서 당나라에 이르면 반번계(半飜髻), 반환계, 동유계, 반순계, 추가계, 수래계, 비천계, 백합계, 쌍빈망선계(雙鬢望仙髻), 회골계(回鶻髻) 등으로 다양해진다(〈그림 2-31〉). 이러한 다양한 발식의 근거는 고계, 쌍배계, 아계(丫髻), 운빈(雲鬢) 등에서 출발한 발양이다.

당대 여인들의 발식은 처음에는 수나라 여인들의 영향을 받았으나 성당 시기가 되면서 대칭을 이루지 않는 발식이 나타났다. 즉 머리를 빗어서 한쪽으로는 봉송(蓬松)을 품은 모습이고 다른 한쪽에서는 바짝 붙인 모습이 되도록 만드는 것이다.

당대 부녀들의 발식이 갖는 특징은 성당에서 만당에 이르기까지 높고 큰 머리가 유행을 했다는 점이다. 그러면서도 한쪽에서는 긴박하게 붙이고 다른 쪽에서는 대칭이 되지 않도록 봉송을 만드는 것이다. 이러한 종류의 장식은 오대(五代) 이후가 되어 사라졌다.

이후 오대와 송대의 발식은 모두 수와 당의 발식을 답습하며 조천계, 동심계, 유소계 등으로 발전한다. 송대 부녀의 발식은 쌍계로 빗는 방법이 아주 보편적이었다. 또한 송대에서 유행하기 시작한 것은 양쪽 귀 뒤로 머리를 내리는 것이었다.

요·금 시대의 발식은 체발(剃髮) 또는 곤발(髡髮)이라고 한다. 이러한 머리 양식은 거란이나 여진족 남자머리와 비슷하다. 체발은 정수리 부분의 두발은 깎고 귀 양측에 있는 두발은 남겨 놓는다. 거란족의 여인들은 머리를 땋

그림 2-30    수나라의 발식

① 半翻髻, 唐, 湖南 長沙 咸嘉湖 出土 瓷俑.    ② 雙鬟望仙髻, 唐, 湖北 武昌 出土 陶俑.

③ 回鶻髻, 唐, 河南 洛陽 關林 第五十九號 出土 三彩俑.

그림 2-31    수·당대의 발식 변화

① 白瓷俑, 隋代, 上海博物館 소장.    ② 雲髻, 初唐―閻立本, 〈步輦圖〉.

③ 蟬鬢, 盛唐, 陝西 西安 南郊龐留村 出土 陶俑.    ④ 蟬鬢, 唐―周昉, 〈揮扇仕女圖〉.

⑤ 高髻, 唐―周昉, 〈簪花仕女圖〉.    ⑥ 晚唐, 江邊 李昇陵 出土 陶俑.

제2장    발양(髮樣)의 문화

아서 이마에서부터 후두부로 돌려 둘레머리를 하고 있으며 여진족은 머리를 양 갈래로 묶었다.

원나라의 발식은 그렇게 다양하지는 않다. 일반적으로 정수리에 둥글게 얹은머리가 유행하였는데 이는 한족 부녀의 머리가 송대를 거쳐 남아 있던 발식이라고 생각한다.

(2) 명대

명대 부녀 발계의 특징은 두정에 빗이 많다는 것이다. 어떤 빗은 두정의 중앙에 있으며, 어떤 빗은 측면에 있다. 또 발계는 한 개에서 세 개까지 만드

그림 2-32　명대의 다양한 발식

① 仇英, 〈漢宮春曉〉, 대만 국립고궁박물원 소장　② 杜菫, 〈玩古圖〉, 京都 兩足院 소장.
③ 仇英, 〈漢宮春曉〉, 대만 국립고궁박물원 소장.　④ 唐寅, 〈陶穀贈詞〉, 대만 국립고궁박물원 소장.
⑤ 仇英, 〈漢宮春曉〉, 대만 국립고궁박물원 소장.

는데 서로 같지 않으며, 그 형식도 각기 달라 변화가 다양하다.[15]

발식은 그 형태가 목단꽃을 닮은 목단형(牧丹型), 연꽃을 닮은 하화형(荷花型), 뱀이 둥글게 틀고 있는 것과 같은 반사형(盤蛇型), 사발 모양을 닮은 발우형(鉢盂型) 등이 있으며, 소나무가 흩어져 있는 것과 같은 모습도 보인다. 그래서 당시의 발식을 일와사(一窩絲), 반두사계(盤頭梜髻), 도첨정계(桃尖頂髻), 아단심계(鵝胆心髻), 타마계(墮馬髻), 항주찬(杭州攢) 등으로 이름을 붙였으며, 명말 숭정 연간에는 발계에 빗을 넣어서 높고 또 넓게 만들어 마치 소나무가 흩어진 것처럼 만들었다(〈그림 2-32〉).

명대의 발식은 당대의 발식이 계속 이어져 내려오다가 머리를 더욱 크고 넓게 부풀리기 위한 여러 가지 방식이 응용되었음을 알 수 있다.

(3) 청대

청대 부녀자의 발식은 만주족과 한족의 구별이 있어 만족 부녀의 발식을 기두(旗頭) 혹은 기계(旗髻)라고 하며 속칭 가자두(架子頭)라고 한다. 이는 우리나라의 가리마와 같이 가자를 얹은 후 꽃을 다는 것으로 기포를 입은 후 성장할 때 하는 머리장식이다.

한편 가자두는 양쪽으로 머리장식을 만드는 것인 반면, 일자두는 한쪽에

梳旗髻

一字頭, 淸, 根据,〈点石畫斋报〉

兩把頭

그림 2-33  청대 만족 부녀의 발식

15   鄭婕, 『圖說中國傳統服飾』, 世界圖書出版公社, 2008, 231쪽.

제2장  발양(髮樣)의 문화

그림 2-34  청대 한족 부녀의 발식
宮廷畫家, 〈十二美人图〉, 下棋(좌),
對鏡(우), 184×98cm.

만 없는 것을 말한다. 이 외에 양파두도 있다(〈그림 2-33〉). 한족 여인들은 명 말기의 발식을 그대로 유지하였다(〈그림 2-34〉).


### 3) 일본의 발양

(1) 고훈~나라 시대

고훈 시대 여자의 머리양식은 수발(垂髮), 이치케이(一髻), 니케이(二髻), 시마다(島田), 시요니케이(小二髻), 단파쓰(斷髮) 등의 여섯 종류가 있다. 이 중에서 시마다는 시마다마게(しまだまげ)라고 하며, 일본 여성의 대표적인 전통머리로 주로 미혼여성들이 한다. 이는 머리의 정수리 부분으로 머리카락을 평평하게 구부려서 묶는 것이다.

이후 나라 시대에는 다소간의 변화는 보이지만 근본적으로 큰 변혁은 없다. 다만 하나나 두 개의 상투를 만들고 나머지는 길게

그림 2-35  발계, 나라 시대,
三神像の內仲津姬命坐像, 藥師寺 소장.

늘어뜨리는데, 얼굴 양측에 머리를 길게 늘어뜨리고 위 방향으로 정수리에 하나의 상투를 만들어서 묶는다(〈그림 2-35〉). 이 외에도 나라 시대의 귀부인들은 좌우의 귀밑머리를 남기고 후두부를 높이 올려서 묶고 위로 쌍환을 만들기도 했다. 또한 가운데의 상투에는 상아로 된 꽃을 꽂는데 중앙과 좌우에 꽂는다. 또 머리의 중앙과 좌우에는 회양목으로 된 빗 3개를 꽂는다. 화전(花鈿)과 화자(花子) 문양을 그리기도 하였다. 이 외에도 고계와 같은 발양도 있다. 나라 시대에는 당의 영향을 받아 문화나 풍속이 변했다.

### (2) 헤이안~모모야마 시대

헤이안 시대 여성 발양의 특색을 보면, 앞머리는 부풀리지 않고 좌우의 머리카락을 위로 올려서 〈그림 2-36〉과 같이 상투를 만들고 뒤의 머리는 그대로 늘어뜨리는 것이다. 수발에는 원결괘수발(元結掛垂髮)과 대수발(大垂髮)이 있다. 그런데 이 시대에는 머리를 뒤로 늘어뜨리는 방법으로 좌우 양측에 내려진 것과 좌우와 뒤 세 부분으로 내려진 것들이 있다. 태고 이래 가장 변하지 않은 간단한 발형이라고 할 수 있다. 이처럼 얼굴 양측으로 약간의 머리카락을 남기고 나머지는 뒤로 넘겨 늘어뜨린 모습은 얼굴을 장식하는 목적도 있지만 사람을 만날 때 얼굴을 은근하게 가려 줌으로써 부채를 대신

그림 2-36  헤이안 시대―傳 岩佐又兵衛, 〈遊樂人物屛圖〉, 彦根城博物館 소장.

제2장  발양(髮樣)의 문화

그림 2-37   헤이안 시대의 시라뵤시      그림 2-38   가마쿠라 시대의 수발양식

하는 목적으로도 사용되었다.

　헤이안 시대 말기 예기(藝妓) 중에는 가문이 좋고 인격이 고매한 사람이 많았다. 이들은 후두부에서 머리를 하나로 묶고 그 위에 검은 모자를 썼다. 이를 시라뵤시(しらびょうし)라고 하는데 이는 남장을 하기 위한 것이었다(〈그림 2-37〉).

　이후 가마쿠라 시대의 부녀들도 〈그림 2-38〉과 같이 수발이 기본이지만 얼굴의 양측에 머리카락을 나누어 늘어뜨리고 짧게 잘라 양쪽으로 앞머리를 늘어뜨렸다. 긴 머리카락을 과시하는 대수발에 비해 헤이안 시대, 가마쿠라 시대에서 무로마치 시대에 이르기까지 머리카락을 짧게 하는 스타일이 한때 유행하기도 했다. 그러나 머리카락이 짧은 단수발은 신분이 낮은 사람들이 선호한 머리형태이다.

　이후 무로마치 시대에는 남북조가 분열되어 중기까지는 전란과 천재지변이 많아 서민생활이 곤란하게 되자 근로층의 부녀자들은 수발을 간단하게 후두부로 묶고 그 털을 머리 둘레에 빙글빙글 돌려서 말아 붙였다(〈그림 2-39 ①〉). 그리고 그 위에 하얀 수건을 둘러서 머리를 싸매던 방법이 새롭게 생겨났다(〈그림 2-39 ②〉). 머리카락이 일을 하는 데 방해가 되었기 때문이다.

　이후 모모야마 시대에는 가마쿠라와 무로마치를 거치면서 간단하고 소박

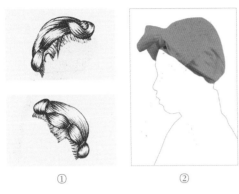

① ②

그림 2-39  무로마치 시대의 두루마리 양식        그림 2-40   모모야마 시대의 당륜

하면서 자연스럽게 내려뜨리던 모양에 미묘한 변화를 보이기 시작한다. 다이묘의 부인이나 자식, 무사의 처, 부귀한 상인의 처 등은 내려뜨린 머리의 뿌리를 흰 천으로 묶는 모습이 많이 보이지만 모모야마 시대 후기로 가면 중국이나 조선과의 왕래가 빈번해지면서 강한 대륙의 풍속을 솔선해서 수입하기 시작했다. 대표적인 발양은 '당륜(唐輪)'이라고 해서 유녀들이나 가부키 역을 하는 사람들 사이에서 유행하였다. 이는 앞머리를 좌우로 늘어뜨려 흔들리게 하고 나머지 머리카락은 정수리로 모아서 머리카락 끝으로 묶어 높게 틀어 올리는 방식이다(〈그림 2-40〉).

(3) 에도 시대

전국 시대 이후 원화(元和, 1615~1623)에 이르기까지 여전히 풍속은 혼란한 상태였고 결발(結髮)의 모양도 통일되지 않아 사람마다 각자 좋아하는 스타일을 선택했고 양식도 다양하였다. 그러나 관영(寬永, 1624~1644)경이 되면서는 조금씩 개인적인 풍속을 만들면서 점차 풍속이 하나로 모이는 통일의 시대에 접어들었다.

당시 풍속을 유행시키는 것은 유녀 외에도 배우나 찻집의 여자, 장사하는

제2장  발양(髮樣)의 문화

여자 등 여러 계급에서 나왔고 간단한 것은 민간에서도 만들어 냈다. 또 때에 따라서는 궁정이나 막부의 여관 등에게서 나온 발양이 민간에 유행하기도 했다.

에도 시대는 다른 어떤 시대보다도 세발에 관심을 가졌으며, 일본 여성의 발형은 연령, 신분, 계급, 지역뿐 아니라 기혼·미혼 등을 표시하는 것으로 누구나 보면 바로 어떤 사람인지 말할 수 있을 정도였다.[16]

에도 시대의 발형은 그 종류가 많지만 마에가미(前髪)·마게(髷)·타보(髱)·빈(鬢) 등의 부위가 주로 변하면서 유행을 만들었다.

마에가미는 앞머리이며, 마게는 머리를 정수리에서 모아 묶은 것을 뒤로 꺾었다가 다시 앞으로 꺾은 일본식 상투를 말한다. 타보는 뒤로 내민 부분을 말하며, 빈은 귀밑머리로 살쩍 부분을 일컫는다(〈그림 2-41〉).

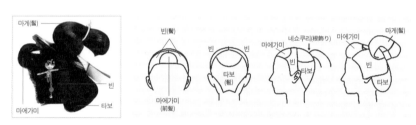

그림 2-41　에도 시대 발양

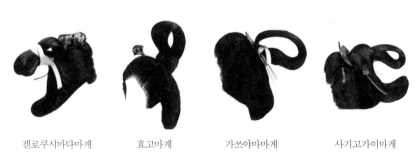

겐로쿠시마다마게　　　효고마게　　　가쓰야마마게　　　사기고가이마게

그림 2-42　다양한 종류의 마게

16　丸山伸彦, 『江戸のきものと衣生活』, 小學館, 2007, 50쪽.

에도 시대를 대표하는 발형은 겐로쿠시마다마게(元禄島田髷), 효고마게(兵庫髷), 가쓰야마마게(勝山髷), 고가이마게(笄髷) 등이 있다(〈그림 2-42〉). 이 네 가지가 기본이 되어 여성들의 발형을 만들었다고 볼 수도 있지만 시대에 따라서는 마게의 모양만으로 변하기도 하고 어떤 때에는 타보나 빈의 형태가 한 시대를 풍미하기도 했다. 에도 전기만 하더라도 아직 이 네 가지가 완전한 형태를 이루지는 못했다.

그러다가 연보(延寶, 1673~1681)경부터 타보가 조금씩 길어지더니 원록(元祿, 1688~1707)경이 되면 뒤로 돌기가 나오면서 형태가 변하였고 이것이 유행하게 되었다. 당시의 풍속화를 보면 유녀가 긴 타보를 하고 군사 곳집인 병고(兵庫)에 있는 자세가 많이 그려지고 있는데 타보의 특징을 잘 묘사하고 있다(〈그림 2-43〉).

향보(享保, 1716~1736) 말기경이 되면 '타보자(髱插)'라고 하는 작은 도구가 개발되어 기모노의 깃에 머릿기름 등이 붙지 않도록 아래로 내려왔던 타보를 위로 올라가게 했다. 〈그림 2-44〉의 타보자는 고래의 수염 등으로 만드는데 빈에 묻은 기름을 이용해서 빈의 머리카락을 길게 붙일 수 있도록 형태를 만들었다. 이를 빈쓰케아부라(びんつけあぶら)라고 하는데 명력(明暦, 1655~1658)에서부터 유녀 등이 사용하기 시작하였으며 그 후 일반 여성들도 사용하게 되었다. 이 타보자와 빈쓰케아부라를 사용하여 명화(明和, 1764~1772)와 안영(安永, 1772~1781)까지 아름다운 타보를 만들었다.

이후에는 다시 타보를 대신해서 빈이 가로로 길게 나오게 되었고 이것

이 유행하였다. 빈을 길게 나오게 한 것은
관연(寬延, 1748~1751)에서부터이다. 또 보
력(寶歷, 1751~1764) 이후에는 〈그림 2-45〉와
같은 도로빈(燈篭鬢)이 유행하였다. 도로빈
은 특히 천명(天明, 1781~1789)에서 관정(寬政,
1789~1801)에 걸쳐 한 세기를 풍미했다. 빈의
끝에서부터 고래뼈로 만든 도구인 빈삽을
넣는 것이 조금씩 보이기 시작하더니 중기
에는 방울을 붙이고 빈삽을 하는 경우도 있
었다. 이 도로빈은 머리털이 나기 시작한 가
장자리의 털을 얇게 취해서 그 털을 빈삽에
거는 것을 말하지만 다 만들어진 빈은 시원
해 보여서 당시 여성들이 좋아하는 발형이
되었다(〈그림 2-46〉). 이는 흑발의 아름다움
을 더욱 빛나게 했다.

그림 2-45　도로빈

그림 2-46　빈에 타보자를 한 모습―
喜多川歌麿 畵, 1797년, 千葉市美術
館 소장.

　이후 문화(文化, 1804~1818) 시대가 되면 그
동안 유행했던 도로빈도 그다지 인기가 없게
되고, 빈삽을 사용했던 발형도 폐지되고 다시 마게형이 유행했다. 그것은 기
본 네 가지 발형에 속하지 않은 형태로 덴진마게(てんじんまげ)라고 하는 천신
곡(天神髷), 이초마게(いちょうまげ)라고 하는 은행곡(銀杏髷), 구시마키(くしまき)
라고 하는 즐권(櫛卷)이 시민계급에서 유행했다.

　그러나 결국 마게도 서서히 그 모습이 사라지게 되었다. 에도 시대에는
소위 일본발(日本髮)이라고 하는 것이 시작되어 그 아름다움을 경쟁했던 시
대이다. 또 수발의 형태가 위로 올린 머리형태로 바뀌면서 일본발의 원형이
되었다.

## 2  한·중·일 발양의 비교

한·중·일 발양에서 가장 큰 차이는 중국은 발양을 발계(髮髻) 또는 발식(髮飾)이라고 하였으며, 일본은 발형(髮型)이라 하고, 우리나라에서는 체발(髢髮)이라고 하였다는 점이다. 이는 머리를 어떻게 치장하는가를 대변하는 용어로 중국이나 일본은 머리카락을 빗질하여 그대로 머리치장을 하는 반면 우리나라에서는 머리를 땋고 거기에 다리를 넣어 발양을 만들기 때문에 '체'라는 말에 더 비중을 두었다.

여기에서는 조선왕실의 발양을 중심에 놓고 중국의 명·청 시대와 일본의 무로마치~에도 시대의 발양을 집중적으로 비교·분석해 보고자 한다.

### 1) 조선왕실의 발양

조선왕실의 발양은 앞서 살펴본 바와 같이 '체발'하는 특징을 갖고 있다. 이때 체발이란 가계(假髻)에 해당하는 것으로 발양을 만들기 위해 별도의 머리를 넣는 것이다. 이는 남의 머리카락을 덧넣어서 머리 위에 얹는 것으로 결과적으로는 높은 머리, 즉 '고계(高髻)'를 만드는 것이다.

더욱이 조선의 체발은 그 가치가 높아 명나라 사신이 청구하는 물목에 들어 있을 정도였다. 특히 명나라에 보내는 체(髢)는 경기, 충청, 경상, 전라, 강원, 함길도와 제주도에서 나온 것 중 가장 좋은 것으로 때에 맞추어 올려 보내게 하였다.[17] 1426년(세종 8) 사신이 청구하는 체발의 상태를 보면, "녹색 빛깔이 날 정도로 검으며, 부드럽고 가늘고 아주 긴 것으로 국고의 쌀과 콩으로써 사들여 제때에 올려 보내라"[18]고 할 정도였다. 머리카락의 색은 초록빛이 도는 검정색을 최상으로 쳤으며, 머리카락은 가늘고 길며 부드러운 것이 고급이었다.

우리나라의 체발이 아름답다 보니 중국 사신들은 개인적으로도 체발을 구하고자 했다. 1457년(세조 3) 중국 사신 진감과 고윤이 등잔걸이와 제사 때 손을 씻는 유기 그릇, 요강 등을 구하면서 몰래 도감관을 쫓아가 피체(髲髢)를 요구하였다.[19] 또한 피체에 대한 중국의 요구는 1468년(세조 14)에도 이어지는 것으로 보아 피체의 상품가치가 높았음도 짐작게 한다.[20]

이러한 체는 세자빈의 납징 예물에서도 꼭 필요한 물목이었다. 1460년(세조 6) 납징 예물 중 수식의 물목만을 구체적으로 살펴보자.

> … 수식(首飾)은 독대요수사지(禿臺腰首紗只) 1개, 수파(首帕)·체장잠(髢長簪)·
> 원잠(圓簪)이고, ….

여기에서 보면 수식을 만들기 위해 필요한 것이 장식이 없는 댕기와 머리수건, 비녀 등이다. 체발에 꽂기 위한 긴 잠과 둥근 잠이 있는데 이것은 체발을 고정시키기 위한 비녀였을 것이다.

그렇다면 체발의 형태는 어떠했을까? 1481년(성종 12) 홍문관 부제학 이맹현 등이 올린 상소의 내용을 보면, 체발은 고계의 형태라고 하였다.

> 대저 서울이란 예악 문물(禮樂文物)이 나오는 곳이므로, 사방 사람들이 모두 안에서 추향(趨向)하는 것을 보고 표준으로 삼는 것입니다. 무릇 음식·의복

---

17 『세종실록』 세종 7년 2월 2일(임인).
18 『세종실록』 세종 8년 3월 15일(기유).
19 『세조실록』 세조 3년 6월 13일(을사).
20 『세조실록』 세조 14년 7월 10일(정묘).

이 반드시 서울을 닮고, 그렇게 하지 않으면 비루하게 여기며, 혼인(婚姻)·제택(第宅)이 반드시 서울을 닮고, 그렇게 하지 않으면 야비하게 여기니, 이른바 성중(城中)에서 머리를 높이 트는 것을 좋아하면 사방에서는 한 자로 높인다는 것이 이것입니다. 예전에 정치(政治)가 위에서 융성하고 풍속(風俗)이 아래에서 아름다웠던 까닭은 집집마다 가르쳐서 집마다 알게 한 것이 아니라, 능히 그 근본을 바로잡았기 때문입니다. 사방은 멀기 때문에 바른 것은 서울뿐이고, 만민은 많기 때문에 바른 것은 백관(百官)뿐이며, 백관은 이루다 다스릴 수 없기 때문에 바른 것은 자신뿐이니, 천하를 다스린다는 것은 자신을 지키는 것을 말합니다. 우리나라가 태평한 지 100년이므로, 인정이 오래 편안한 데 익숙하여 교만하고 사치한 버릇이 저절로 생겨 공경(公卿)·대부(大夫)의 온갖 하는 짓이 화려한 것을 다투어 숭상하고, 남만 못한 것을 부끄럽게 여깁니다.[21]

고계의 풍속은 성종 이후 영조대까지도 계속되었다. 1749년(영조 25)에는 궁중에서 고계를 좋아하여 사방 1척으로 높였으며 이것이 민간에까지 이어졌다. 그렇다면 고계를 위한 체발은 언제부터 시작되었을까? 이는 1456년(세조 2) 좌부승지 조석문에게 명하기를 "윤봉에게 특별히 진헌할 물건 중 자주색 명주 10필과 가늘고 긴 체발 50개를 주라"[22]고 한 것으로 보아 최소한 1456년 이후부터는 체발이 있었음을 알 수 있다.

체발은 우리말로는 '다리'라고 하는 것으로, 사람의 머리카락을 이용하여 만든 일종의 가발이다. 다리의 굵기나 길이는 사용 용도에 따라 조금씩 차이가 있겠으나 일반적으로 쪽머리를 위한 다리의 길이는 대략 90cm 내외

---

21 『성종실록』 성종 12년 6월 21일(갑자).
22 『세조실록』 세조 2년 6월 23일(신유).

제2장  발양(髮樣)의 문화

그림 2-47   다리, 온양박물관 소장.

그림 2-48   영친왕비 다리, 국립고궁박물관 소장.

그림 2-49   가체, 단국대학교 석주선기념박물관 소장.

그림 2-50   새앙머리 가체, 단국대학교 석주선기념박물관 소장.

이고 굵기는 약 10cm 내외라고 했다.[23] 〈그림 2-47〉은 온양박물관에 소장된 다리로 그 굵기에 차이가 있으며, 다리의 끝에 댕기를 맨 것도 있고 댕기 없이 마무리된 것도 있다. 영친왕비의 유물은 다리를 붉은색 천으로 싸 놓았다(〈그림 2-48〉). 다리가 귀한 물건이었음을 알 수 있다.

다리를 만드는 방법은 먼저 실로 시작 부분을 칭칭 감은 다음 머리를 땋기 시작하여 마지막에 댕기를 넣어 마무리한다. 처음 시작하는 부분은 실로 감고 다시 붉은색 천으로 감싸고 머리카락의 옆면으로 검은색 천을 덧대어 바느질한다. 위와 같이 만든 다리는 본발(本髮)에 더해 머리를 크게 만드는 역할을 하는 것으로 〈그림 2-49〉는 체발을 둥글게 말아 머리 위에 얹어 머리 둘레를 크게 만들기 위한 가체이며 〈그림 2-50〉은 쪽을 찌는 부위에 덧

23   김민정, 「덕온공주 집안 유물 중 머리양식 재현」, 『한국복식』 30, 2012, 125쪽.

대기 위해 만든 것으로 관례 전 공주, 옹주, 어린 나인 등이 사용하던 새앙머리 형태의 가체이다.

다리를 넣어 수식을 가하는 것은 연산군 때가 가장 극심했다. 1502년(연산군 8) 공주의 길례에 다리 150개를 써야 하니 바치라고 전교를 내렸으며,[24] 공주가 출합할 때에도 다리 200개를 들이도록 했다.[25] 또 1503년(연산군 9)에는 가장 긴 다리 1000개를 택하여 봉진하라고 하였는데,[26] 다리를 진상해야 하는 수량이 점점 많아졌다.[27]

이처럼 궁궐에 들이는 다리의 수가 많아지자 이때부터는 궁궐 안에 있는 의녀들도 다리를 머리치장에 사용하게 되었다. 그러다 보니 궁궐 안에서는 다리로 인한 문제가 발생했다. 1505년(연산군 11) 홍청악에 직숙하던 종, 금장을 참하라는 명이 내려졌다. 그 이유는 바로 홍청이 옥쌍환과 다리를 훔쳤기 때문이었다.[28] 홍청이가 다리를 하는 풍습이 만연해 있었다는 방증이다.

다리는 원래 제주 공물 중 하나였다. 그런데 다리를 수시로 봉진하게 하자 백성의 머리가 남아나질 않았다. 보통 한 번 머리를 깎고 나면 4~5년 동안은 다리를 만들 수 없었다. 그런데도 예조에서는 공물은 쉽사리 줄여 줄 수가 없다고 하며, 2년을 한정하여 감면하라는 명을 내렸을 뿐이다.[29] 백성의 머리카락으로 만드는 체발의 폐해가 얼마나 심했는지 알 수 있는 대목이다.

왕실에서는 여전히 의례를 치를 때 체발로 만든 수식을 더했다. 1645년(인조 23) 빈궁이 책례를 치를 때 적관을 대신하여 체발로 수식을 만들어 사용하였으며, 1623년(인조 1) 계해년의 예에 따라 가례에도 모두 체발을 사용

---

24  『연산군일기』 연산군 8년 1월 14일(정해).
25  『연산군일기』 연산군 9년 1월 23일(신묘).
26  『연산군일기』 연산군 9년 11월 29일(임진).
27  『연산군일기』 연산군 11년 2월 24일(경진).
28  『연산군일기』 연산군 11년 2월 13일(기사).
29  『명종실록』 명종 8년 5월 29일(갑술).

하라고 했다. 이후의 가례 시 발양은 모두 수식을 만들기 위한 체발이었다.[30]

그러나 체발이 사치로 흐르게 되자 1727년(영조 3)에는 체발을 함경도에만 분정하도록 하고 50속이었던 체발을 20속으로 줄였다.[31] 실제 가례도감의궤를 살펴본 결과 인조장렬후 가례 시에는 68단 5개였으나 점차 줄어 영조정순후에서 고종명성후까지의 가례 시에는 10단으로 줄였다.[32] 그런데 왕세자빈의 경우에는 소현세자빈 가례 시에는 40단이던 체발이 헌종명성후, 숙종인경후, 경종단의후, 경종선의후 가례 시에는 48단으로 잠시 늘었다가 다시 진종효순후 가례 시에는 20단으로 줄고 장조헌경후 가례 시에는 10단으로 줄었으며, 문조신정후와 순종순명후의 가례 시에는 5단으로 줄였다.[33] 왕세손빈의 가례 시에는 정조효의후 가례 시 체발 5단이었으며,[34] 황태자비인 순종순종비 가례 시에는 체발 10단이었다.[35] 결국 왕비의 가례 시 체발의 수는 영조대 『국혼정례』에 수록된 바와 같이 체발 사용을 10단[36]으로 줄였는데, 이는 정례 이전의 68단에서 1/6~1/7로 줄였으며, 왕세자빈의 경우도 최고 48단에서 5단으로 줄임으로써 가체로 인한 사치를 줄이고자 한 결과라고 할 수 있다. 이는 궁궐에만 제한을 둔 것은 아니었다. 사가에서도 가체를 한 번 하는데 몇백 금을 썼다고 함에 따라[37] 영조대에는 체발을 금지하라는 교지를 여러 번 내렸다.[38] 또한 1756년(영조 32)에는 사족 부녀의 가체를 금하고 족두리를 쓰게 하였다.

이때 문제가 된 것은 가체의 크기였다. 즉 체발을 남보다 크게 하기 위하

---

30 『인조실록』 인조 23년 7월 6일(을묘).
31 『영조실록』 영조 3년 8월 2일(을유).
32 유송옥, 『조선왕조 궁중의궤복식』, 수학사, 1991, 256쪽.
33 유송옥, 앞의 책, 308~309쪽.
34 유송옥, 앞의 책, 314쪽.
35 유송옥, 앞의 책, 318쪽.
36 최경순, 「조선조 가체 논의와 그 요인」, 『복식문화연구』 4(1), 1996, 18쪽.
37 『영조실록』 영조 32년 1월 16일(갑신).
38 『영조실록』 영조 33년 11월 1일(기축).

여 사치하는 것이 문제가 되는 것이지 다리를 하는 것이 문제가 되는 것은
아니었다. 왕의 윤음을 들어 보자.

지금의 사치는 옛날의 사치와 다른 점이 있다. 의복이나 음식은 빈부의 형
편에 따라 각자 다른 것인데 요사이는 그렇지 아니하여 한 사람이 하게 되면
백 사람이 본받으니 이름하기를 시체(時體)라고 하여 한정이 있는 재물을 가
지고 무한한 비용을 쓰는 것이다. 다리가 사치하는 것이 아니라 크게 하는
것이 사치고 홍포가 사치하는 것이 아니라 선홍색으로 하는 것이 사치이니
시체의 폐단이 이와 같다. 무늬 있는 비단을 이미 금하였는데 상방에서는
무늬 있는 비단주머니를 나누어 준다. 지금부터는 우리나라 직물에 모두 무
늬를 금지하는 것으로 중외에 알리도록 하라.[39]

즉 체발을 크게 하지 말라는 것이었다. 그런데 반가 부녀자들은 궁양을
따라 체발을 하였으므로 1757년(영조 33) 영조는 궁양을 바꾸고자 했다. 즉
다리를 얹는 대신 쪽을 만드는 것으로 궁중양식을 바꾸었다.

쪽머리를 만드는 방법은 머릿기름을 바르고 이마를 중심으로 가르마를
탄 다음 양쪽으로 머리카락을 내려 빗는다. 짧은 머리에 준비된 다리를 덧
대고 짧고 가는 끈으로 두세 바퀴 정도를 세게 감는다. 이제 본격적으로 다
리를 세 가닥 땋기 하여 맨 마지막에 붉은색 댕기를 단다. 땋은 다리를 둥글
게 감으면서 처음에 짧은 머리와 다리를 고정시키기 위해 맸던 가는 끈, 일
명 조름댕기를 제거하고 쪽을 튼다. 비녀로 쪽을 고정시키고 장식으로 뒤꽂
이를 꽂는다.

현재 덕온공주가의 유물로 내려오고 있는 조짐머리의 형태를 보면 다음

39 『영조실록』 영조 33년 12월 21일(기묘).

　　　　　　　　　　　　제2장 발양(髮樣)의 문화

그림 2-51  조짐머리, 단국대학교 석주선기념박 물관 소장.

그림 2-52  조짐머리의 부분

의 〈그림 2-51〉과 같다. 이 조짐머리는 쪽머리의 일종으로 여러 가닥의 다리로 땋아 쪽을 찌고 첩지머리와 연결시킨 형태이다. 가발처럼 되어 있어 사용 후 벗었다가 필요시 다시 쓸 수 있도록 편리하게 구성되어 있다. 머리 둘레 약 65cm인 첩지머리는 5cm의 개구리첩지가 장식되어 있으며, 쪽머리는 백동민잠과 29cm의 흑각잠으로 형태를 고정시키고 있다. 평상시에 하는 쪽머리 위에 얹어 사용하기 때문에 쪽머리보다 큰 머리를 만든 것으로, 성장할 때 착용하는 머리임을 알 수 있다.[40]

그런데 쪽도 문제가 되긴 마찬가지였다. 이에 1758년(영조 34) 모든 체계를 엄금하고 궁양을 하도록 하였는데 이때 궁양은 족두리를 말한다.[41] 족두리는 '귁(幗)'으로 여러 신하들이 불편하다고 말하였으며, 궁양과 구별이 없고 주패(珠貝)로 꾸밀 경우에는 그 비용이 체계와 같다고 하자 체계의 제도를 행하되 가체하는 것만을 금하게 함으로써 체발의 사용을 금하고자 하였다.[42]

그러나 왕실에서는 큰머리와 어여머리를 하기 위한 체발이 여전히 남아

---

40  단국대학교 석주선기념박물관,『조선 마지막 공주 덕온가의 유물』, 단국대학교출판부, 2012, 112쪽.
41  『영조실록』영조 34년 1월 13일(경자).
42  『영조실록』영조 39년 11월 9일(임술).

있었다. 현재 남아 있는 시각자료를 통해 왕실발양의 특징을 살펴보고 그 규모를 확인해 보자.

■ 대수

〈그림 2-53〉은 현재 국립고궁박물관에 소장되어 있는 것으로 1922년 순종(純宗)을 배알할 때 영친왕비가 사용했던 대수이다. 여러 개의 흑각잠으로 가체를 임시 고정시킨 상태로 가체는 나무로 된 틀에 얹어 보관하였다. 가체의 각 부분에는 길이 5.5cm, 나비 2.5cm의 붉은 종이에 장식했던 수식품들의 이름을 써서 해당 위치에 붙여 놓았는데, 이는 가체에 장식하는 수식품이 다양하고 복잡하여 실제 패용 시 혼동을 피하기 위한 것이었다.[43]

먼저 대수의 앞모습을 보면 상투와 같이 정수리 부분에서 묶고 그 아래에 머리 둘레를 다리로 두르고 있다. 옆모습에서는 다리를 'ㄴ' 자 모양으로 꺾어 잠으로 고정시키고 머리카락을 좌우로 얇게 부채처럼 펼친다. 뒷머리는 가운데 땋은 머리를 옆머리 길이까지 내려오게 한 후 다시 말고 그 양쪽으로 작은 쪽머리를 만든다.

그림 2-53　대수의 앞·옆·뒷모습, 국립고궁박물관 소장.

43　문화재청, 『조선조왕실복식』, 2007, 284~286쪽.

이 대수에 체발이 얼마나 들어갔는지 정확히 알 수는 없다. 그러나 1906년 순종순종비의 수식에 들어간 체발은 10단이며, 그 부속품으로 흑각장잠 2개, 흑각대잠 5개, 흑각중잠 5개, 흑각소잠 3개, 흑각독소잠 4개, 흑각차소잠 3개, 흑각소소잠 5개 등 총 27개의 크고 작은 잠이 들어갔다.[44]

또 영친왕비의 대수에는 장잠(長簪), 소민잠(小珉簪), 소룡잠(小龍簪), 선봉잠(先鳳簪), 옥선봉잠(玉先鳳簪), 대금잠(大金簪), 큰민잠, 원잠(圓簪), 후봉잠(後鳳簪) 2개 등 모두 10개의 잠을 꽂았다.

■ 큰머리, 거두미(擧頭美)

대체(大髢)와 위체(圍髢)는 대체로 외전의 익선관과 같다고 하였으며 원삼을 갖추어 입을 경우에는 반드시 이 장식을 한다고 한 것[45]으로 보아 대체는 거두미를, 위체는 어유미(於由味)를 대신하는 것이라 생각한다.

거두미는 조강에서 윤방이 말하기를 "등록을 보니 임인년의 대비 가례 시 그 규식을 정했는데 수식으로 적관을 얻지 못해 거두미로 행례하였다"[46]는 기록이 있어 적관 대신 거두미를 사용하였으며(경종 원년), 책례에 필요한 체발 등을 미리 왕세제궁에 진배하겠다고 책례도감이 아뢰자 임금이 전교하길, "10단으로 제한하여 들이라"고 하였다. 그러니 거두미를 만드는 데 들어가는 체발이 10단이었음을 알 수 있으며, 이는 대수에 드는 수량과 같은 것이다.

〈그림 2-54〉는 거두미를 하고 있는 상궁의 모습이다. 이 여인은 먼저 어염족두리가 있는 어여머리를 하고 다시 그 위에 나무로 만든 가체를 올림으로써 큰머리인 거두미의 발양을 하고 있다.

---

44 『순종순종비가례도감의궤』 참조.
45 『고종실록』 고종 10년 8월 29일(을사).
46 『승정원일기』 인조 3년 8월 11일(정해).

그림 2-54   거두미를 한 상궁

그림 2-55   나무로 만든 가체, 단국
대학교 석주선기념박물관 소장.

그림 2-56   다리, 국립고궁박물
관 소장.

〈그림 2-55〉의 나무로 만든 가체는 머리를 땋아 놓은 것과 같은 모양을
새겨 놓고 앞쪽에는 다리를 묶어 놓은 모습을 동그랗게 만들고 붉은색으로
점을 찍어 다리를 형상화한 모습이다. 그리고 〈그림 2-56〉에서는 다리의 마
지막 부분에 묶어 놓은 댕기의 모습을 확인할 수 있다.


■ 어유미(於由味)

어유미는 어여머리라고도 한다. 이는 어염족두리에 체발을 붙여 머리 둘
레에 두르는 발양이다. 어염족두리는 검정 공단 여덟 조각을 붙이고 속에
는 목화솜을 넣고 중앙 부분에 잔주름을 잡아 허리를 실끈으로 조여 만든
다. 양쪽이 볼록하게 둥글며, 아랫부분에는 백색 면직물을 밑받침으로 덧붙
여 촉감이 부드럽다. 표면의 중앙 정수리 부분에는 자색 비단실로 된 굵은
끈이 달려 있는데 궁중 의식 때 이 어염족두리를 머리 앞부분에 얹고 잘록한
부분에 다리로 만든 어여머리를 얹어 옥판과 화잠으로 장식한다.[47]

어여머리를 하고 있는 시각자료는 〈그림 2-57〉 고종의 비 귀인 엄씨가 원
삼에 어유미를 하고 있는 모습과 〈그림 2-58〉 순종의 비 윤비의 모습에서

---

47   문화재청, 『조선조왕실복식』, 2007, 279쪽.

그림 2-57　고종의 비 귀인 엄씨

그림 2-58　순종의 비 윤비(순정효황후)

①

②

그림 2-59　의친왕
비 김씨

확인할 수 있다. 이 외에 〈그림 2-59 ①〉 의친왕비 김씨의 모습에서도 확인
된다. 특히 〈그림 2-59 ②〉에서는 익선관처럼 생긴 위체의 모습이 명확히
드러난다.

　대체와 위체는 모두 원삼에 하는 머리라고 하였으므로 왕실에서 원삼을
착용할 때는 어염족두리에 다리를 두른 어유미를 하고 그 위에 떨잠을 꽂아
장식하였음을 확인할 수 있다.

■ 첩지(牒紙)머리

왕실에서의 평상시 발양 중 하나는 첩지머리이다. 첩지를 사용하게 된 것
은 영조 때의 가체금지 이후로 얹은머리 대신 쪽머리를 하게 하고 예장 때에
는 족두리, 화관 등을 사용하게 하면서부터 시작되었다.[48] 첩지는 장식과 형
태, 재료에 따라 신분을 나타내었으며, 예장할 때 화관이나 족두리가 흘러내
리지 않도록 고정시키는 역할도 했다. 따라서 황후는 도금한 용첩지를 사용
하였고 비빈은 도금한 봉첩지를 사용하였으며, 내외명부는 지체에 따라 도
금을 하거나 혹은 검은빛의 무소뿔로 만든 개구리첩지를 사용하였다.[49] 첩
지머리의 사용법을 보면 첩지머리는 가르마 부분에 첩지를 달고 첩지에 달
린 머리털인 가발을 쪽 있는 곳으로 잡아당겨 원래 머리와 함께 쪽을 찌는
것이다. 이 첩지는 신분에 따라 차이가 있는데 중궁전 첩지는 순금으로 된
봉을 앉혔고, 친척부인이나 상궁들은 개구리첩지를 달았다.

〈그림 2-60〉은 은봉첩지로 머리를 길게 땋은 끝부분에 자주색 댕기를 드
렸고 머리 중앙 부분에 은으로 된 봉첩지를 장식하였다.[50] 첩지는 동체만으
로 사용할 수 없기 때문에 검은색 천으로 싼 받침대에 부착한 후 받침대 좌

그림 2-60 은봉첩지머리(영친왕비 유물), 국립고궁    그림 2-61   은봉첩지, 국립고궁박물관 소장.
박물관 소장.

48  장숙환,『전통 장신구』, 대원사, 2002, 22~23쪽.
49  문화재청,『조선조왕실복식』, 2007, 283쪽.
50  문화재청, 앞의 책, 283쪽.

그림 2-62　첩지머리를 한 상궁

우에 긴 다리를 곱게 밀접하여 붙인다. 받침대 중앙에 동체를 올려놓고 받침
대 앞부분과 중앙, 꼬리 부분의 세 곳을 자주색 실로 고정시킨다(〈그림 2-61〉).

또한 같은 개구리첩지라도 친척부인들은 금으로 된 것을 썼고 상궁들은
은으로 만들고 머리와 꼬리만 금칠을 했다. 후궁봉작을 못 받았을지라도 승
은을 입은 나인은 첩지의 가운데 부분에 금칠을 해서 신분을 표시했다. 또
임금이 돌아가시면 홀로 남은 중궁전은 흑각첩지를 사용했으나, 국상이 나
도 지아비가 죽지 않았을 때는 금은첩지를 그대로 썼다. 또한 상궁이나 나
인들은 국상이 나도 은첩지를 그대로 사용하였으나 부모가 돌아가시면 왕
이 살아 계셨어도 흑각첩지를 썼다.[51] 〈그림 2-62〉는 순종 발인 때 오열하는
상궁들의 모습으로 이들의 머리는 백발이었으나 첩지를 붙인 가발은 검은
색으로 대조를 이룬다.


## 2) 명·청 시대의 발양

중국의 발양은 시대에 따라 다양한 발식이 존재하였다. 그러나 관을 착용
하는 신분이나 관이 만들어지면서부터 관 아래 들어가는 발양의 크기 및 형

---

51　김명길, 『낙선재 주변』, 중앙일보·동양방송, 1977, 115쪽.

그림 2-63  송대 황후의 봉관 ─   그림 2-64  원대 황후의 고고관 ─   그림 2-65  명대 황후의 봉관 ─
『歷代帝后像』.   『歷代帝后像』.   『歷代帝后像』.

태는 단순해지기 시작했다. 송 이전에는 귀족부녀가 행례를 할 때 관을 벗고 계를 했으며, 가장 많게는 정수리에 가계(假髻)를 얹는 것이었다.

그러나 〈그림 2-63〉에서 보는 바와 같이 송대 이후에는 관을 얹은 모습이 확인되며, 이는 요대와 명, 청까지 계속 이어졌다(〈그림 2-64, 2-65〉).

이러한 부녀의 관식 중 가장 귀중한 것은 봉관이다. 소위 봉관이라고 하는 것은 관 위에 봉황을 연결하였으며, 이로써 봉황의 기운을 받는다고 생각하였다. 이에 『송사』「여복지(輿服志)」에 의하면 송대 후비가 책봉을 받거나 조알을 하는 등 궁 안에서 중요한 의식을 치를 때 착용하였다. 송대 이후 황실에서 의식을 치를 때 관을 착용하면서 여성들의 발양은 당대에 비해 상대적으로 축소되었다.

명대에도 황실의 여성들은 관을 착용하였다. 발양보다는 관을 치장하는 데 더 많은 관심을 두었다.

(1) 명의 관식

명대 부녀는 송제를 이어받아 계속해서 봉관을 착용하였다. 이러한 봉관의 구체적인 형제(刑制)를 『명사』「여복지」에서 보면, "봉관은 둥근 모자에 비

취로 장식을 하였는데 9마
리의 용과 4마리의 봉황 장
식을 하고 대화(大花) 12그
루, 소화(小花) 12그루, 양
박빈과 12전을 올린다"[52]
고 하였다. 그 구체적인 형
상은 『역대제후상(歷代帝后
像)』의 그림에 남아 있다.

그림 2-66  명대 황후의 봉    그림 2-67  명대 비빈의 봉관
관 ―『歷代帝后像』.                ―『歷代帝后像』.

〈그림 2-66〉은 명대 황후가 봉관을 착용한 모습이다. 여기에서 보는 바와 같이
관을 얹기 위해서 머리는 거의 두피에 붙을 정도로 빗어 넘긴 모습이다. 명대
의 비빈 역시 황후를 따라 제사나 조회 시 봉관을 착용하였다. 봉관의 형제
는 황후의 것과는 다소 차이가 있다. 중요한 것은 관 위의 금룡이 아닌 9쌍
의 꿩인 휘조(翬鳥)로 대신하고 있다는 점이다. 이는 신분의 등차를 보여 주
는 것이다(〈그림 2-67〉).


(2) 청의 관식

청대에 있어서도 후비가 참가하는 의식에서는 모두 조관을 착용하였다.
이 조관 역시 일종의 봉관이다. 『대청회전』에 수록된 내용을 보면, "황후의
조관은 겨울에는 훈초(薰貂), 여름에는 청융(靑絨)으로 만들며 위에는 붉은색
의 실로 정수리에 3층을 이루게 하고 구슬을 각각 하나씩 꿰는데 모두 금봉
(金鳳)으로 연결한다고 하였다(〈그림 2-68〉).

〈그림 2-68〉은 모두 중국의 고궁박물원에 소장된 것으로 조관과 조관을
쓴 황후의 모습이다. 이는 송대의 봉관과는 차이가 있다. 그것은 검은색의

---

52  『明史』,「輿服志」.

그림 2-68  다양한 청대 황후의 조관, 중국 고궁박물원 소장.

초피나 직물로 만들어진 것으로 정수리 부분이 꺾인 부드러운 모자이다. 또한 모자의 위에는 홍위(紅緯)가 덮고 있으며 홍위의 주변에는 7쌍의 금봉황이 매달려 있다. 또한 각각의 장식은 진주로 되어 있으며 관 뒤에는 한 마리의 금으로 만든 꿩인 금적(金翟)과 꿩 꼬리에 5줄의 진주가 매달려 있어 모두 합하면 320개가 된다. 새의 중간에는 청금석과 동주(東珠) 등의 보석이 달려 있으며 맨 끝단에는 산호가 매달려 있다.[53]

여기에서 확인되는 바와 같이 관모의 화려한 장식을 돋보이게 하기 위해서는 무엇보다 머리는 간략해야만 했을 것으로 판단된다.

### 3) 무로마치~에도 시대의 발양

일본의 발양은 에도 시대에 가장 큰 변화를 겪는다. 일본의 전형적인 머리형태는 무로마치 시대까지는 길게 늘어뜨리는 수발이었다. 그 후 모모야마 시대를 거치면서 중국이나 조선의 영향을 받아 머리를 높이 올리는 형태

---

53   周汛·高春明, 『中國歷代 婦女粧飾』, 1988, 94쪽.

① 마게를 강조하는 머리양식     ② 마게에서 타보를 강조하는     ③ 타보에서 빈을 강조하는 머리
　　　　　　　　　　　　　　　　　머리양식　　　　　　　　　　　양식

④ 빈에서 다시 마게를 중시한 머리
　양식

그림 2-69   에도 시대의 다양한 발양 ©wikipedia

가 새롭게 등장하였다.

　이후 일본의 발양은 중국이나 조선의 발양을 좇지 않고 독자적인 발형을 구성하였다. 그 형태는 마게, 타보, 빈 등이 바뀌면서 발양을 주도했다.

　에도 초기에는 〈그림 2-69 ①〉과 같이 가라와마게(からわまげ)라고 하는 당륜곡(唐輪髷)이 있었는데 머리 위에 마게를 하고 있다. 아직까지 머리를 네 등분 하지 않은 상태이다. 이후 에도 중기에는 마게에서 뒷머리인 타보를 강조하는 머리형태로 변화되었다(〈그림 2-69 ②〉). 중기에서 후기에 이르면 다시 타보가 빈으로 발전하였으며, 빈은 다시 마게에 주역을 내주었다(〈그림 2-69 ③, ④〉).

　이처럼 다양한 에도 시대의 머리모양은 결국 기모노의 착장법을 바꾸는 계기가 되었다. 그 이유는 머리를 높이 틀어 올리면서 목덜미 부분이 드러났고 기모노를 입은 여성의 아름다움을 뒷모습에서 찾게 되었기 때문이다. 에도 시대에 발달한 '목덜미의 미'는 뒷모습의 아름다움을 보여 주기 위한

전형적인 예다.[54]

에도 중기에는 마게의 종류도 증가했고, 타보가 뒤에서 위로 올라가는 형태인 세키레이타보(鶺鴒髱)가 유행했다. 에도 후기에는 비치는 형태의 빈을 좋아하면서 도로빈이 인기가 많았고 에도 말기에는 다시 마게가 유행했다.

에도 시대의 발형의 기본이 된 네 가지 중에서 고가이마게 이외에는 유녀 등이 맺기 시작했던 것으로 그 후 일반 여성들로 확대되었다. 고가이(笄)는 머리카락을 쓸어 올려서 마게를 만들어 내는 장식적인 결발도구이다. 원래는 중국에서 들여온 것으로 머리가 가려울 때 머리카락을 흩트리지 않고 긁기 위한 것으로 여성의 몸차림에서 빼놓을 수 없는 장신구였다. '삼소물(三所物)'이라고 하는 일본칼의 부속물 중 하나로 칼과 함께 가지고 다녔다. 고가이마게는 무로마치 시대 궁중의 여관(女官)들에 의해 만들어졌다. 아래로 내렸던 머리카락을 비녀로 말아서 위로 올리면서 만들어 낸 새로운 스타일이다. 시마다마게는 다카시마다(高島田)·쓰부시시마다(潰し島田)·유이와타(結綿) 등으로 변화를 꾀했다(〈그림 2-70〉).

효고마게에는 요코효고(横兵庫), 다테효고(立兵庫), 무쓰비다테효고(結び立兵庫) 등이 있다(〈그림 2-71〉). 다테효고는 무로마치 시대 여성의 발형으로 신분

| 시마다마게 | 다카시마다 | 쓰부시시마다 | 유이와타 |

**그림 2-70** 에도 시대의 발형 ⓒwikipedia

54 이민주, 『치마저고리의 욕망』, 문학동네, 2013, 83쪽.

효고        요코효고        다테효고

그림 2-71   효고의 종류 ⓒwikipedia

가쓰야마마게      마루마게      료와마게      삿고

그림 2-72   마게의 종류 ⓒwikipedia

이 그렇게 높지 않은 젊은 여성, 특히 여자 가부키 역할을 하는 사람이나 유녀에게 인기가 있었다. 상류여성들은 머리를 묶지 않았으나 후에는 여기에서 파생된 것으로 요코효고가 있다.

가쓰야마마게(かつやままげ)는 대승산(大勝山)이라고 하는 것으로 시대에 따라서는 마루마게(丸髷)라고도 불렀다. 가쓰야마마게의 특징은 마게가 큰 고리로 되어 있다는 것이다. 또한 마루마게는 에도 시대부터 메이지 시대까지 가장 대표적인 기혼여성의 발형이다. 에도 전기에 유행했던 가쓰야마마게를 변형시킨 것으로 막부 말기에는 마게의 중간에 종이를 넣어 형태를 고정시켰다. 이것은 마게의 고리가 넓고 두꺼워져서 고리보다는 환(丸)으로 보였다. 마게가 클수록 연령과 신분이 높음을 표시했다.

고가이마게에서 료와마게(両輪髷), 삿고(先笄) 등 지역의 특색을 살린 형태나 명칭이 말기까지 다양하게 발전했다(〈그림 2-72〉).

이 외에도 에도 중기 명화·안영(1764~1781)경에는 마게의 종류도 증가하지만 전에는 길게 아래로 늘어진 타보의 끝이 반대로 위로 올라가는 기교한 타보를 묶기도 하고, 빈을 강조하는 발양이 유행하기도 했으며, 다시 마게가 유행하기도 하는 등 시대에 따라 다양한 발양이 등장했다.

# 3  조선왕실 발양의 미의식

조선왕조의 발양은 체발을 중심으로 하는 머리스타일이다. 조선은 앞서 살펴본 바와 같이 미인의 기준이 얼굴보다도 오히려 머리카락이 얼마나 길며 윤이 나느냐에 달려 있었다. 따라서 머리를 길고 풍성하게 하기 위하여 다른 사람의 머리카락을 이용하였으며, 이것이 사치로 흘러 왕실의 골칫거리가 되었음은 『조선왕조실록』의 기사를 통해서도 확인하였다.

조선왕실의 발양이 독자적으로 갈 수 있었던 데에는 여러 가지 이유가 있겠으나 첫째는 부녀의 수식과 복색은 중국의 제도를 따르지 말라는 예조의 건의[55]와 함께 중국의 관모인 적관이 제대로 전달되지 않은 데에도 기인한다. 1602년(선조 35) 가례도감에서 아뢰기를 중국 조정에서 내려 준 적의는 미비한 물건이 많다고 하였으며, 『오례의』에는 적의에 수식을 가한다는 문구만 있어 수식은 우리나라 풍속에 따라 마련한 것을 사용하였다는 기록[56]이 있어 중국의 제도를 모방하지 않았음을 알 수 있다.

이후부터 적관을 착용하였다는 기록은 찾을 수 없어 우리나라에서는 적관의 착용은 사실상 폐지되었다고 봐야 할 것이다. 그러나 구체적인 적관의 폐지는 1645년(인조 23) 책례도감이 계해년 이후로 비록 가례를 치르더라도 모두 적관을 사용하지 않고 체발로 수식을 만들어 예식을 치르게 한 데서 비롯되었으므로,[57] 계해년인 1623년(인조 1) 이후 체발로 수식을 만들어 착용하

---

55 『세조실록』세조 11년 7월 12일(정사).
56 『선조실록』선조 35년 7월 1일(경신).
57 『인조실록』인조 23년 7월 6일(을묘).

| 조선왕실의 체발 | 중국 명대의 관식 | 일본 에도 시대의 머리모양 |
| --- | --- | --- |

그림 2-73   대표적인 한·중·일의 발양

는 것이 공식화되었다고 볼 수 있다.

한편 왕실에서의 발양은 체발을 통한 것이 가장 일반적이었으나 이 또한 폐해가 많았는지 1727년(영조 3)에는 체발의 수를 줄여 처음에는 50속이었으나 20속으로 줄이라고 하였으며,[58] 이후 1747년(영조 23)에는 체발을 없애고자 하였다. 우의정을 비롯하여 봉조하 등 많은 신료들의 집에서도 사용하였으므로 금하기가 어려웠지만[59] 이로 인한 사치가 심해지자 다리를 없애고자 한 것이다.[60] 그러나 1779년(정조 3)까지도 여전히 체발을 금하지 못한 이유는 대체할 만한 것이 없기 때문이었다. 영의정 김상철의 보고[61]에 의해서도 확인되는 바와 같이 체발은 왕실 발양의 중추적인 역할을 담당하였다.

궁중의 체발은 비록 그 수를 줄이기는 하였지만 대수, 어여머리, 큰머리, 조짐머리, 첩지머리, 새앙머리 등의 변화를 겪으면서 조선 후기까지 계속되었다. 여기에서는 조선왕실의 체발이 갖는 미의식을 살펴보기 위하여 조선왕실의 체발과 중국 명대의 관식, 일본 에도 시대의 머리모양을 비교해 보고자 한다.

58   『영조실록』 영조 3년 8월 2일(을유).
59   『영조실록』 영조 23년 7월 29일(정사).
60   『영조실록』 영조 25년 9월 23일(무진).
61   『정조실록』 정조 3년 2월 25일(경진).

제2장   발양(髮樣)의 문화

■ 발양의 시작

중국의 대표적인 발양인 고계의 시작은 진·한 시대 이후 당대에 이르기까지 지속되었다. 그러나 송대 이후 관모를 착용하기 시작하면서부터는 오히려 발양의 크기는 줄어들고 최대한 관 속으로 머리를 붙여 넣고자 하였으므로 송대 이후 중국의 발양은 쇠퇴기를 겪게 되었다고 봐야 한다. 일본의 발양은 무로마치 시대까지는 수발이다. 단순히 길게 늘어뜨리는 머리양식에서 다양한 형태로 머리를 틀어 올린 것은 에도 시대에 접어들면서부터이다. 다만 일본의 머리양식은 에도 시대에 머리를 네 부분으로 나누면서 각각이 시대를 달리하여 변화하였고, 특히 유녀들을 중심으로 기이한 형태로 바뀌었다. 이에 반해 조선왕실의 발양은 체발을 넣어 머리를 높이 올렸는데 체발을 이용한 발양이 오래된 전통은 아니지만 조선왕실의 대표적인 머리모양을 만들어 냈다. 1788년(정조 12) 다리 없는 것을 금지하는 일에 관한 비변사의 절목을 통해서도 알 수 있듯이 아직 다리가 생긴 지 수십 년이 되지 않았으며 그 근원이 이미 중국 제도를 모방한 것이 아니라고 하여[62] 우리의 독자적인 머리양식이었음을 확인할 수 있다.


■ 발양의 규모

발양이 완성된 상태를 비교해 볼 때 그 규모의 높이나 크기에 있어 한, 중, 일 어디의 것이 더 크다고는 말할 수 없을 것 같다. 그러나 중국은 관에 붙은 각종 진주와 보석을 통해 황후로서의 위엄을 드러내고 있으며, 일본은 마게와 타보, 빈 등을 최대한 높고 넓게 벌리고 특히 빈 부분에는 최대한 얇게 비치도록 머리를 빗어 기이한 느낌을 주기까지 한다. 거기에 갖은 잠과 꽃 장식 등 과도한 장식을 얹어 화려함을 극대화시키고자 하였다. 이에 반해 조

---

62 『정조실록』 정조 12년 10월 3일(신묘).

선왕실의 여성은 발양 자체를 가장 안정적으로 얹고 있다. 이는 체발을 이용하여 땋은 머리를 얹거나 머리 둘레에 돌려 얹음으로써 안정성을 담보한다. 특히 어유미의 경우는 가운데 어염족두리를 넣어 발양의 크기를 자연스럽게 높이고 있으며, 큰머리의 경우에는 체발과 같은 모양의 나무로 만든 가체를 얹어 체발을 더 크고 높게 얹은 효과를 낸다.

■ 발양의 특징

중국은 명·청 시대에 관이 발달하였으므로 발양의 변화양상을 논하기에는 어려움이 있다. 이에 반해 일본은 머리를 빗는 방향과 방법이 중요하였으며, 이를 통해 머리를 높이기도 하고 비치게 만들기도 하는 등 독자적인 발양을 개발하였다. 조선왕실 역시 체발을 이용한 발양은 다양한 형태로 변화하는 모습을 보였다. 체발을 이용해 머리를 땋고 그 머리를 원래 머리에 덧붙여 첩지머리에서 새앙머리, 조짐머리, 큰머리, 어여머리, 대수 등으로 발전시키며 발양의 진수를 보여 주고 있다. 특히 어여머리나 큰머리를 얹고 앞에 꽂은 떨잠이나 댕기는 발양을 더욱 돋보이게 하는 미적 요소가 되어 중국이나 일본의 과도한 장식과는 달리 안정감과 함께 우아함을 제공한다.

이상으로 볼 때 조선왕실과 일본, 중국의 발양의 공통된 특징은 머리를 높이 올려 자신을 돋보이게 하고자 했던 공통된 미의식을 갖고 있다. 따라서 이는 당대 이후 이어져 온 고계의 유풍이라고 할 수 있으나 각국의 특성에 맞게 변화, 발전하면서 한·중·일 각자의 독창성을 드러내게 되었다.

제 3 장

# 화장의 문화

아름다움의 개념은 "인간의 미의식이 작용하면서 선별·선호·선택되어 온 것이다. 미의 기준에는 절대성이란 있을 수 없고 대신 상대성·계층성·시대성·주관성이 서로 혼용되어 있다. 따라서 아름다움에는 객관적 절대기준이 있다기보다는 오히려 인간주관의 보편적 일반 법칙이 있을 뿐이다."[1] 그러나 한 시대에 유행하였던 화장문화가 있었다고 하는 것은 인간의 미의식에는 보편성이 있음을 방증하는 것이다. 다만 이러한 미의식은 시대를 달리하여 변화하기 때문에 화장의 문화를 형성하는 근간이 되기도 한다.

그렇다면 조선을 대표하는 조선왕실의 화장문화는 어떠한 미의식에 의해 구현되었을까. 조선왕실의 여인들이 어떤 화장을 어떻게 했는지 그 구체적인 내용이 밝혀진 연구는 거의 없다고 보아도 과언이 아니다. 그렇다고 조선왕실의 여성이 화장을 하지 않았다고는 할 수 없다. 이는 삼국시대부터 얼굴에 분을 발랐을 뿐 아니라 연지를 찍고 눈썹을 그리고 입술에 색을 칠하는 모습이 벽화나 그림을 통해 전해지고 있기 때문이다.

이 장에서는 첫째, 한국과 중국, 일본의 화장의 기원 및 종류를 살펴보고자 한다. 일차적으로 화장의 역사를 살펴보기 위해 각국의 시대별 화장에 대한 문헌자료 및 시각자료를 수집, 정리하고자 한다. 특히 각국 여인들의 눈썹, 얼굴형, 입술, 볼 등에 어떤 색깔과 어떤 모양의 화장을 했는지 구체적

---

1    이경자·송민정,「우리나라 전통 화장문화에 관한 연구」,『복식』17, 1991, 223쪽.

인 변화를 살펴보는 과정 속에서 한국, 중국, 일본에서 주안점을 두는 화장법이 무엇이었는지 드러날 것이기 때문이다.

특히 화장을 할 때 어느 부분에 치중하였는지 살펴보는 것은 화장도구와 밀접한 관계를 갖는 동시에 화장문화를 좀 더 구체적으로 밝힐 수 있는 단서가 된다.

# 1 화장의 기원

　화장이란 선천적인 자신의 용모를 화장품과 미용술로써 수정·보완하여 아름답게 꾸미는 일을 말한다. 화장을 하게 된 배경을 살펴보면 장식설, 이성유인설, 보호설 등과 같이 복식을 착용하게 된 동기와 맞물려 있다.

　먼저 장식설을 화장의 배경으로 보는 견해는 원시사회의 생존경쟁에서 승리한 원시 투사의 신체에 남아 있는 승리의 상처와 얼룩진 피가 감탄과 존경 그리고 용맹의 상징이 된 이후 자연스럽게 표지나 장식으로 원시 지도자들에게 전이되었다는 설이다. 그 이후 아름다움에 대한 일종의 의식으로 나체상태에서 피부에 회화, 조각, 문신을 새기는 것이 오늘날 화장으로 발전하게 되었다는 설이다.

　다음은 이성유인설이다. 이는 이성에게 매력적으로 보이고 자신의 육체적 매력을 사용하여 종족보존의 본능을 충족시키기 위한 행동양식을 기초로 하여 화장이 발달되었다는 견해이다. 고대 이집트 여인들은 유두에 붉은 칠을 하여 화장하였으나 입술은 붉게 칠하지 않았는데 이는 당시의 이집트 풍속에 입맞춤이라는 애정 표시가 없었기 때문이라고 한다. 따라서 성적 매력을 드러내고 싶은 부위에 화장을 하게 되었다는 설이다.

　끝으로 보호설이다. 인간이 어떤 종류의 위험으로부터 자신을 보호, 위장, 혹은 은폐시키기 위해 화장을 하게 되었다는 견해이다. 특히 보호설은 태양으로부터 눈이나 피부를 보호하고, 곤충들로부터 피부를 보호하는 등 노출된 피부를 보호하기 위한 목적에서 시작되었다고 보는 설이다.

　이와 같은 견해는 어느 특정 나라에 국한된 것이 아니라 보편적인 요인일 것이다. 여기에서는 한국, 중국, 일본의 화장이 언제부터 시작되었으며, 어떤 종류의 화장을 했는지를 살펴봄으로써 각 시대별 화장의 특징을 분석해보고자 한다.

## 1) 한국의 화장

### (1) 삼국시대

고조선시대에는 만주지방에서 살며 고구려로 유입된 읍루인들이 돼지기름을 몸에 두텁게 발라 추위를 막으면서부터 화장이 시작되었다고 본다. 그러나 이는 피부를 부드럽게 하기 위한 방법으로 화장에서도 기초화장에 해당한다.

단군신화에서는 백색 피부를 선호하였다는 기록이 보이며, 삼한시대에는 거친 피부를 관리하기 위해 돼지기름이나 인뇨를 사용했고 남방에서는 계급사회의 영향으로 문신을 통한 장식을 하였다는 기록이 있다.

또한 『삼국사기』에는 신문대왕(재위 681~692)이 설총에게 들은 이야기 중 미인을 상징하는 말이 수록되어 있다.

신이 들으니 옛적에 화왕(花王, 모란)이 처음으로 오자, 이를 꽃동산에 심고 푸른 장막을 둘러 보호하였더니 봄철을 당하여 어여쁘게 피어 백화(百花)를 능가하여 홀로 뛰어났습니다. 이에 가까운 곳 먼 곳에서 곱고 어여쁜 꽃들이 분주히 와서 화왕을 뵈려고 애를 쓰던 차에 홀연히 한 가인(佳人)이 붉은 얼굴과 옥 같은 이에 곱게 화장하고 맵시 있는 옷을 입고 하늘거리며 와서 얌전히 앞으로 나와 말하기를 "첩(妾)은 눈같이 흰 모래밭을 밟고 거울처럼 맑은 바닷물을 대하고 봄비로 목욕하여 때를 씻고 맑은 바람을 시원타 하고 제대로 지내는데 이름은 장미(薔薇)라 합니다. 왕의 착하신 덕망을 듣고 향

그림 3-1 연지를 찍은 귀부인, 수산리 고분벽화 부인상, 5세기, 평남 강서.

그림 3-2 연지를 찍은 시녀─〈거마인물도〉, 쌍영총, 이도 동벽, 5세기 후반, 평남 용강.

그림 3-3 화전을 그린 여주인, 안악 3호분 부인상, 357년, 황해 안악.

기로운 장막 속에서 하룻밤을 모시려고 하오니 왕께서는 저를 허락하시겠습니까."[2]

삼국시대에는 아름다운 여인의 표상으로 붉은 얼굴과 옥같이 흰 이를 들었으며, 이러한 모습은 화장을 통해 이루어지고 있음을 알 수 있다. 여기에 더하여 맵시 있는 옷을 입고 하늘거리며 걷는 모습에서 걸음걸이 역시 미인의 자태를 표현하는 수단이 되었다.

고구려 고분벽화에는 〈그림 3-1, 3-2〉와 같이 연지를 찍은 여인의 모습도 보이고, 〈그림 3-3〉과 같이 화전을 그린 여인의 모습도 보인다. 구하사(久下司)의 『화장』에는 "연지가 일본에 들어온 것은 610년(推古天皇 18)이고, 고구려의 중 담징이 가지고 왔다"[3]고 한 것으로 보아 고구려는 일본보다 앞서 연지를 사용하였음을 알 수 있다.

2　『삼국사기』권 46, 열전 제6, 설총. 神文大王, 以仲夏之月, 處高明之室, 顧謂聰曰, 今日, 宿雨初歇, 薰風微涼, 雖有珍饌哀音, 不如高談善謔以舒伊鬱, 吾子必有異聞, 盍爲我陳之, 聰曰, 唯, 臣聞昔花王之始來也, 植之以香園, 護之以翠幕, 當三春而發艶, 凌百花而獨出, 於是, 自邇及遐, 艶艶之靈, 夭夭之英, 無不奔走上謁, 唯恐不及, 忽有一佳人, 朱顏玉齒, 鮮粧靚服, 伶俜而來, 綽約而前, 曰, 妾履雪白之沙汀, 對鏡淸之海, 而沐春雨以去垢, 快[抉]淸風而自適, 其名曰薔薇, 聞王之令德, 期薦枕於香帷, 王其容我乎.

3　久下司, 『化粧』, 法政大學出版局, 1970, 245쪽.

〈그림 3-1〉은 고구려 수산리 고분벽화에 그려진 귀부인이다. 이 여인의 왼쪽 뺨에는 연지를 찍은 모습이 확인되며, 〈그림 3-2〉의 쌍영총 고분벽화의 여인도 양 볼에 연지를 찍고 있다. 수산리의 여인은 귀부인이고 쌍영총의 여인은 시녀로 보인다. 따라서 고구려에서는 신분에 관계없이 연지를 찍었던 것으로 이해된다.

다만 담징이 일본에 가져온 연지는 그림을 그리기 위한 것이었으므로 고구려에서 연지가 어느 정도까지 보편화되어 있었는지는 정확하게 파악할 수 없다.

백제는 소박하고 엷은 화장을 즐겼다. 이는 『수서』에 "백제 부인은 분대하지 않고 머리를 변발하여 뒤로 늘어뜨린다"[4]고 하였으며, 『북사(北史)』에도 "부인은 분칠을 하지 않고 시집가기 전에는 머리를 땋아 뒤로 드리우고 시집을 가면 두 갈래로 나누어 틀어서 머리 위에 얹는다"[5]고 하였다. 분대하지 않았다는 것은 분화장을 하지 않고 결혼 전에는 머리를 길게 늘어뜨리다가 결혼 후에는 머리를 틀어 올려 순수하고 소박한 상태의 머리손질만이 있었음을 의미한다.

신라 역시 분을 바르지는 않았으나 머리장식은 백제에 비해 화려했다. 『신당서』에 이르기를, "분대하지 않고 미발을 머리에 두르고 주채로써 장식하였다"[6]고 하였다. 한편 신라에서는 백합의 붉은 수술가루로 색분을 만들어 사용하였다는 기록도 있어 신라의 화장이 백제보다 다양하였음을 알 수 있다.

(2) 통일신라시대

666년(문무왕 6) "부녀의 모든 복장을 당의 것과 동일하게 하라"는 고지가

---

4  『수서』 권 81, 열전 제46, 婦人不可粉黛辮髮垂後.
5  『북사』 권 94, 열전 제83, 婦人不可粉黛 女辮髮垂後以出嫁則分爲兩道盤於頭上 ….
6  『신당서』 권 20, 열전, 不粉黛率頭髮以絹以珠彩飾之.

내려졌다.[7] 이로써 통일신라시대의 화장은 당과 깊은 연관이 있는 것으로 보인다. 특히 당나라의 여인들은 진한 화장으로 시기에 따라 눈썹, 입술, 화전 등의 모양을 달리하였기 때문에 만일 당의 영향을 받았다면 우리나라의 화장 역시 화려해졌을 것이라 생각한다. 그러나 여전히 화장품에 대한 구체적인 기록이 보이지 않고 있어 얼마나 화려한 화장이 성행하였는지 단언할 수 없다. 현전하는 통일신라의 토용도 채색토용이 아니기 때문에 연지나 화전 등의 상태를 확인할 수 없다.

그러나 현재 출토되고 있는 신라시대의 화려한 장신구들이 대부분 통일신라시대에 만들어지고 사용된 것들이므로 경제적 풍요로움 속에서 화장을 했었을 것으로 판단된다.


### (3) 고려시대

『고려도경(高麗圖經)』에는, "부인의 화장은 향유(香油) 바르는 것을 좋아하지 않고 분을 바르되 연지는 칠하지 않는다. 그 위에 넓고 검은 비단으로 된 너울을 쓴다. 너울은 세 폭으로 만들었으며, 폭의 길이는 8척이고 정수리에서부터 내려뜨려 다만 얼굴과 눈만 내놓고 끝이 땅에 끌리게 한다"[8]고 기록되어 있다. 얼굴을 완전히 가린 상태에서 진한 화장은 의미가 없었을 것이다.

그러나 고려시대는 국초부터 중국 기녀제도의 영향을 받아 교방을 두는 등 기녀를 제도화함으로써 외형상 사치해졌고 내면으로는 탐미주의의 경향이 짙었다. 이에 기녀들은 짙은 화장을 했을 것으로 본다.[9] 또한 고려시대의 복식에 사용된 직물이 화려해지고 고급화되는 경향과 함께 화장 역시 신분에 따라 차등을 두었을 것으로 본다.

---

7   최정숙·라현숙, 「한국 전통분(powder) 화장 문화사 연구」, 『한국미용학회지』 7(3), 2001, 31쪽.
8   『고려도경』 권 20, 부인, 귀부.
9   이경자·송민정, 「우리나라 전통 화장문화에 관한 연구」, 『복식』 17, 1991, 223쪽.

(4) 조선시대

조선시대 여인들에게 있어 화장은 그리 큰 관심의 대상은 아니었다. 화장도구 역시 단순했다. 여기에는 사회적인 분위기가 가장 큰 원인이 되었다. 조선은 부덕이 강조되고 유학적 도덕관념이 팽배한 사회로 진한 화장이나 과도한 치장은 경계의 대상이 되었다. 다만 조선 여인들에게 있어 관심이 된 것은 백옥 같은 피부였다.

그렇다면 왜 흰 피부를 선호하였을까? 그것은 조명과 일차적으로 관계가 있다. 옛날에는 현재의 것과 같은 밝은 조명은 상상할 수 없었다. 밤에는 겨우 호롱불을 하나 켤 수 있는 정도였으니 하얀 피부는 그만큼 돋보였을 것이다. 어두운 주거형태에서 흰 피부색은 당연히 밝게 비쳐 그 밝음이 좋고 아름답다는 심리적 감정으로 연결되어[10] 하얀 피부에 대한 선호로 이어졌으며, 결국에는 분을 만들어 내게 되었다. 또 다른 이유는 가장 현실적인 데서 그 원인을 찾을 수 있다. 즉 노동으로부터 자유로운 신분임을 과시할 수 있는 것이 바로 하얀 피부이다. 따라서 흰 피부에 대한 선망은 전 시대를 걸쳐 계속되었다.

〈그림 3-4〉는 하연 부인의 초상이다. 하연(1376~1453)은 조선 전기의 문신으로 그의 부인은 얼굴에 연지와 곤지를 찍고 족두리를 쓰고 있다. 이는 평상시의 모습으로는 보이지 않으며, 얼굴도 나이가 들어 보여 결혼 후에 큰 잔치를 치르고 난 후의 모습으로 생각된다. 연지를 발라 상대적으로 피부는 더욱 하얗게 느껴진다. 〈그림 3-5〉는 운낭자라고 하는 여인의 모습이다. 느슨하게 쪽을 찌고 있으며 깨끗한 피부와 함께 붉은 입술을 그리고 있다. 〈그림 3-6〉은 기생의 모습이다. 이 여인도 반가 부녀들과 별로 다를 바 없는 화장이다. 전반적으로 하얀 피부를 선호했음을 알 수 있다.

---

10  大坊郁夫·神山進, 조기여·유태순 역, 『의복과 화장의 사회심리학』, 동서교류, 2005, 148쪽.

그림 3-4  하얀 피부—작자미상, 〈하연 부인 초상〉, 견본채색, 132×87.3cm, 경남 합천군 문중 소장.

그림 3-5  하얀 피부—작자미상, 〈미인도〉, 수묵채색, 동아대학교박물관 소장.

그림 3-6  하얀 피부의 기생—신윤복, 〈야금모행〉, 지본채색, 28.2×35.6cm, 간송미술관 소장.

## 2) 중국의 화장

이규경의 『오주연문장전산고』에 수록된 「명나라가 망하게 된 데 대한 변증설」을 보면 명나라가 망한 원인으로 화장품을 사는 데 쓰는 비용이 큰 몫을 차지한다고 했다.[11] 명나라 조정 안에서 소모되는 경비 중 궁인들을 위해 사용하는 화장품 값이 40만 냥이었고 기타 필요에 따른 물품 값을 통틀어은 100만 냥이나 되었으며, 궁인의 수가 9000명이나 되었기 때문에 이들을 위해 지급되는 비용의 과다는 결국 명을 멸망시키는 원인이 되었다는 이야기이다. 중국의 화장은 조선에 비해 지나쳤다.

1408년(태종 8) 중국의 사신 황엄(黃儼) 등이 의정부(議政府)와 더불어 경복궁(景福宮)에서 경외(京外)의 처녀를 함께 선발하였는데 처녀들의 미색(美色)이 없다고 화를 냈다. 경상도 경차 내관 박유(朴輶)를 잡아 결박하고 죄를 묻기를 "경상일도가 나라의 반이나 되는 것을 상국(上國)에서 이미 알고 있는데 어째서 미색이 없겠느냐"고 하며 "네가 감히 사의(私意)를 가지고 이와 같

---

11    이규경, 『오주연문장전산고』 경사편, 논사류 1, 논사, 「명나라가 망하게 된 데 대한 변증설」.

은 여자들을 뽑아 올린 것이 아니냐"고 하며 곤장을 치려고 하다가 그만두고 교의(交椅)에 걸터앉아 정승(政丞)을 앞에 세우고 욕을 보이고 나서 태평관(太平館)으로 돌아갔다. 이에 임금이 지신사(知申事) 황희(黃喜)를 보내어 황엄에게 이르기를 조선의 처녀들이 중국과 같은 화장을 하지 않아 미색이 없어 보이는 것이라고 하며, 중국의 사신을 달랬다.

> 이 계집아이들이 멀리 부모(父母) 곁을 떠날 것을 근심하여 먹어도 음식 맛을 알지 못해 날로 수척해진 때문이니 괴이할 것이 없소. 다시 중국(中國)의 화장을 시켜 놓고 보시오.[12]

이는 조선의 처녀들이 화장기도 없고 음식도 제대로 먹지 못하여 얼굴이 수척해져서 예뻐 보이지 않았다는 것이다. 이는 다른 말로 하면 중국식 화장을 하면 생기 있는 얼굴이 되어 곧 예뻐 보이게 된다는 것이었다. 황엄은 명나라의 사신이다. 명나라는 당나라에 비하면 화장의 정도가 많이 약했다. 그럼에도 불구하고 중국의 화장을 하면 혈색이 돌아와 예뻐 보인다고 한 것으로 화장에 따른 농담의 정도가 조선에 비해 짙었음을 알 수 있다.

중국의 화장이 처음부터 진했던 것은 아니다. 처음에는 중국에서도 연지를 찍고 분을 바르는 것이 고대 여자들의 화장법이었다. 그러나 정도의 차이는 있다 할지라도 중국 여성들은 그 지위의 고하를 막론하고 모두 연지를 찍고 분을 발랐다.

중국의 문헌기록에 의하면 일찍이 전국 시대부터 중국 여자들은 분을 발라 자기의 얼굴을 아름답게 하였다. 『전국책(戰國策)』 「조책(趙策)」의 기록에는 "정(鄭)나라의 여자들은 흰색의 분을 바르고 눈썹은 검은색으로 칠한다"고

---

12 『태종실록』 태종 8년 7월 2일(무신).

하였으며, 『초사(楚辭)』 「대초(大招)」에는 "하얀색의 분과 검정 눈썹이 온 천지에 퍼졌구나"라고 하는 등 여자들이 사용한 분에 대한 기록이 있다. 『초사』는 주말(周末) 전국(戰國)의 남방문학을 일컫는 것으로 『초사』의 기록을 통해 주나라 때부터 화장이 성행하였음을 알 수 있다.

아름답고자 하는 것은 인간의 기본적인 욕구에 해당한다. 따라서 그 기록은 주나라 말부터 보인다고 하였으나 실제 화장을 한 것은 그 이전이 될 수도 있다. 중국 화장의 역사를 구체적으로 살펴보자.

### (1) 선진 시대

중국 고대 문헌자료인 『예기(禮記)』 「왕제(王制)」를 보면 이미 장식하고자 하는 욕구가 문신을 통해 드러나고 있다.

> 중국과 오랑캐 등 오방의 백성은 모두 습성이 있으니 … 동방의 오랑캐를 이(夷)라고 하는데 피발(被髮)에 문신을 했으며 화식(火食)을 하지 않는 사람이 있다. 남방의 오랑캐를 만(蠻)이라고 하는데 이마에 먹물을 넣어 새기고 두 다리를 엇걸고 자며 화식을 하지 않는 사람들이 있다.[13]

그러나 이는 중국과 오랑캐를 구분하는 과정에서 나온 말로 문신을 하고 이마에 먹물을 넣어 새기는 것이 오랑캐의 풍습임을 강조하는 것처럼 이해될 수 있다. 그러나 동방의 오랑캐라고 하는 동이족이 세운 고대국가가 은나라이고[14] 남방의 오랑캐라고 하는 흉노족의 화장문화가 당나라에 유입되어 당나라의 화장문화를 바꿔 놓았기 때문에 화장을 오랑캐의 문화라고만은 할 수 없다.

---

13 『예기』 「왕제」.
14 스티브 길버트, 이순호 역, 『문신, 금지된 패션의 역사』, 르네상스, 2004, 348쪽.

그림 3-7　긴 눈썹을 한 목용, 楚國婦女 長眉, 河南
信陽 長台關 1號墓 出土 漆繪木俑.

그림 3-8　직선의 눈썹을 한 목용, 湖南 長沙 楚墓
出土 彩繪木俑.

〈그림 3-7〉 허난(河南)에서 출토된 옷칠한 나무인형을 보면 눈썹이 약간 구부러진 형태이지만 가늘고 길다. 또 〈그림 3-8〉 후난(湖南)에서 출토된 채회(彩繪)한 목용에서는 눈썹이 직선이며 가늘고 길다. 즉 눈썹의 곡직(曲直)에서는 다소 차이가 있으나 가늘고 길다는 점에서는 크게 다르지 않다.

또한 입술에 붉은색을 칠하고 있는 모습이 보인다. 〈그림 3-8〉에서 볼 수 있는 바와 같이 붉은 입술에 대한 표현은 송옥(宋玉)의 「신녀부(神女賦)」에 "입술의 색깔이 붉은 모래알처럼 붉고 부드러우며 선명하다"라고 하여 붉은 입술을 아름답게 여겼다.

(2) 진·한 시대

『사물기원』을 보면 진시황 때 궁중의 여인들이 모두 붉은 단장을 하고 남색과 파란색의 중간에 해당하는 취색(翠色) 눈썹을 그렸다고 한다. 15년의 짧은 역사를 가진 진나라의 뒤를 이은 한나라는 이전 시대에 비해 풍성하고 정교한 문화가 형성되었으며,[15] 화장문화 또한 다채롭게 발전하였다.

영원(伶元)의 『비연외전(飛燕外傳)』에는 한나라 여인 합덕이 화장한 모습을

---

15　황선순, 「중국 화장문화를 통해 본 현대 중국여성의 색조화장 행동」, 서울여자대학교 박사학위논문, 2008, 42쪽.

　　　　　　　　　　제3장　화장의 문화

그림 3-9 부드러운 곡선의 가는 눈썹, 湖南 長沙 馬王堆 1號 漢墓 帛畫.

그림 3-10 가는 눈썹, 陝西 西安 紅庆村 出土 彩陶俑.

그림 3-11 눈썹의 꼬리가 꺾인 눈썹, 河北 灣城 1號 漢墓 出土 銅人.

표현해 놓고 있다.

합덕은 새로 목욕하여 구곡의 심수향을 바르고 권발하여 신계라 부르고 가는 눈썹을 하여 원산대라 부르며 엷은 홍을 발라서 용래장이라 부르고 짧은 수군에 소수를 입고 이문의 버선을 신었다.

여기서는 가는 눈썹을 하고 얼굴에 엷은 홍을 발랐다고 하였는데, 선진(先秦) 시대와의 차이는 얼굴에 연지를 바른 것이다. 또한 가는 눈썹을 하였는데 선진 시대와 달리 자연스러움을 찾을 수는 없다. 이와 같은 긴 눈썹은 선진에서 동한(東漢) 말까지 유행하였다. 특히 이때에는 다양한 형태의 눈썹이 확인되는 바, 〈그림 3-9〉의 후난성 장사 마왕퇴 1호묘에서 출토된 그림을 보면, 부드럽게 곡선을 이루는 가는 눈썹을 하고 있으며, 산시성 시안 홍광촌에서 출토된 채도용(彩陶俑)에서도 가는 눈썹이 보인다(〈그림 3-10〉). 이 외에 〈그림 3-11〉에서 허베이성 만성 1호 한묘에서 출토된 도금한 동인(銅人)의 모습에서는 눈썹의 꼬리가 꺾여 있는 모습을 볼 수 있다. 이러한 눈썹은 원래의 눈썹을 밀고 다시 그려야 한다. 그렇지 않으면 이와 같이 다양한 눈

그림 3-12 작은 합 안에 있는 순지, 湖南 長沙 馬 　　그림 3-13 진·한 시대 입술 연지의 모습, 湖南
王堆 1號 漢墓 出土. 　　　　　　　　　　　長沙 馬王堆 1號 漢墓 出土 木俑.

썹의 모양이 만들어지는 것은 어려운 일이기 때문이다.

　홍장은 한나라부터 유행하였다. 후난성 장사 마왕퇴의 유물 중 작고 둥근 합 안에서 입술에 바른 것으로 보이는 순지(脣脂)가 출토되었으며(〈그림 3-12〉), 여기서 나온 목용에는 원래의 입술보다 작게 입술의 가운데 부분만 동그스름하게 순지를 바른 모습이 보인다(〈그림 3-13〉).

　(3) 위진남북조 시대

　위진남북조는 중국 역사상 고대에서 중세로의 전환기에 해당하며 정치적으로는 분란의 시기였으나 사회·사상·문화적인 면에서는 여러 민족이 섞이는 융합의 시기였다. 또한 중국사회 전반에 자유혁신의 풍조가 퍼진 시대이다.[16]

　중국의 화장문화에 있어 위진남북조는 색조화장의 성숙기라 할 수 있다. 분장(粉粧) 및 분지(粉脂)를 바르는 풍습도 이 시기에 시작되었다.[17] 이때 여자뿐 아니라 남자도 분장을 하였는데 여자들은 백분과 연지를 혼합하여 화장

16　안인희, 「중국 고대 여성화장 문화연구」, 『한국디자인문화학회지』 11(2), 2005, 69쪽.
17　황선순, 「중국 화장문화를 통해 본 현대 중국여성의 색조화장 행동」, 서울여자대학교 박사학위논문, 2008, 25쪽.

그림 3-14  액황을 한 부녀 — 작자미상, 〈北齊校書圖〉 부분, 보스턴     그림 3-15  〈北齊校書圖〉 부분 확대.
미술관 소장.

하는 홍장이 유행하였으며, 눈썹은 길게 그리는 눈썹화장이 계속해서 유행
하였다.

특히 위진남북조 시대에는 서역에서 전해진 불교가 성행하였으며 전국
각지에 사원이 크게 일어났다. 석굴이 많이 생기고 숭불의 열기가 고조되면
서 도금한 불상에서 영감을 얻은 여인들이 이마에 황색을 바르기 시작하여
'액황'이 유행하기 시작하였다. 〈그림 3-14〉의 〈북제교서도(北齊校書圖)〉를 보
면, 책이 제대로 되어 있는지를 살피고 있는 관리들과 함께 7명의 여성이 보
인다. 여성들은 모두 이마 부분에 액황을 바르고 있어 이들의 이마가 더 환
하게 보인다. 〈그림 3-15〉는 여인의 모습을 확대한 것으로 이마 전체가 환
하게 보이고 있음을 알 수 있다.


(4) 수·당 시대

수나라는 남북조를 통일시킨 강력한 나라이지만 그 역사는 오래가지 못
했다. 이후 당나라가 다시 통일 왕국을 만들면서 중국 역사상 가장 풍요로
웠던 시기가 펼쳐진다.

당은 남북조의 귀족문화를 융화하고 그 위에 서역, 인도, 페르시아 등 외
래문화를 가미하면서 귀족적이고 국제적인 문화를 만들었다. 화장문화 역

시 중국 역사상 가장 화려하고 특이하였다. 꽃, 보조개 등의 장식은 당대에 가장 화려하였으며 눈썹 색은 비취색이나 검은색을 사용했다. 굵은 것은 계수나무 잎과도 같았고 가는 것은 배추나방의 촉수와도 같았다. 얼굴에는 분을 바르고 입술에는 연지를 발랐던 것처럼 원진(元稹)은 "분을 짙게 바르고 연지를 곱게 하였다"고 기록하였다.

또한 자연스러운 화장이 아닌 왜곡된 화장법을 개발함으로써 개성이 강한 화장법이 유행하였다. 당시 미인의 조건을 보자.

첫째, 두발은 푸석하지 않고 매미 깃처럼 얇게 붙은 머리로 숱이 많고 광택과 향내가 날 것, 둘째, 탐스러운 귀밑머리가 함박송이 같은 구름과 같을 것, 셋째, 눈썹은 누에처럼 가느다랗고 구부러지고 짙은 색깔을 띨 것, 넷째, 입술은 붉고 이는 희고 고를 것, 다섯째, 손가락은 옥같이 희고 팔뚝은 살찌지 않고 흴 것, 여섯째, 맑은 눈동자를 갖고 있으면서 빤히 쳐다보지 말 것, 일곱째, 허리는 가늘고 피부는 흴 것, 여덟째, 발은 작으며 버선을 신은 발도 작을 것.[18]

위의 조건으로 볼 때 당나라의 미인상은 대체로 팔뚝 살이 찌지 않고 허리가 가늘며, 피부는 희고 입술은 빨갛고 눈썹은 가느다랗고 구부러졌으며 짙은 색을 띠고 하얀 이를 가져야 한다고 하였다. 그런데 당대 미인이라고 할 수 있는 궁인이나 부녀들의 그림을 보면 대체로 살집이 많은 풍만한 모습을 하고 있어 날씬하다는 의미가 지금과는 큰 차이가 있음을 알 수 있다. 그러나 얼굴이 희고 눈썹이 짙으며 입술이 붉은 것 등은 화장을 통한 것으로 당시 화장술이 발달했으며 다채로웠음을 알 수 있다.

18  이은혜,「한국 여성의 전통 미인상과 그 복식에 관한 연구」, 세종대학교 석사학위논문, 1997, 6쪽.

제3장  화장의 문화

당대 부녀들의 화장 순서를 보면, 첫째 연분을 칠하고, 둘째 연지를 바르고, 셋째 아황을 칠하고, 넷째 눈썹을 검게 그리고 다섯째 입술을 바르고 여섯째 면엽을 그리고 일곱째 화전을 붙이는 순으로 화장을 마무리하였다.[19]

수·당 시대 화장이 어떻게 변해 가는지 살펴보자. 먼저 〈그림 3-16〉은 백자로 만든 수나라 여인상으로, 분화장을 얼마나 하였는지 자세히 알 수 없다. 그러나 아직 당나라의 여인에 비해 그리 많은 화장이 보이는 것은 아니며 오히려 단아하고 순수한 멋을 느끼게 한다. 이는 백자가 갖는 특성 때문인지도 모르겠다.

〈그림 3-17〉은 초당 시기 부녀의 모습이다. 여기서도 역시 화전의 모습은 보이지 않는다. 다만 눈썹이 위진남북조 시기까지 이어졌던 가늘고 긴 눈썹과는 다른 모습을 보여 준다. 양 미간의 간격이 넓고 두께도 다소 넓어졌다. 어둡긴 하지만 입술은 붉게 그리고 있는 것으로 보인다. 〈그림 3-18〉은 성당 부녀의 얼굴이다. 이 여인에게서는 액황의 모습이 보이며 양 미간 사이에 화전도 보인다.

성당 부녀의 얼굴에서는 초당에 비해 화장이 짙어진 모습을 볼 수 있다. 이는 인도나 페르시아 등 서역과의 교류 일선에 있었던 신장 투르판에서 출

그림 3-16  隋代 부녀의 얼굴, 白瓷俑, 上海博物館 소장.

그림 3-17  초당 부녀의 얼굴 — 閻立本, 〈步輦圖〉.

그림 3-18  성당 부녀의 얼굴 — 張萱, 〈搗練圖〉.

19  周汎·高春明, 『中國歷代服飾』, 學林出版社, 1983, 150쪽.

그림 3-19  花鈿妝을 한 부녀, 新疆 吐魯番 出土 絹畵.

그림 3-20  花鈿妝을 한 부녀, 陝西 西安 出土 唐三彩俑.

그림 3-21  面靨妝을 한 부녀, 新疆 吐魯番 出土 泥杜牧身俑.

그림 3-22  중당 부녀의 얼굴― 周昉, 〈紈扇仕女圖〉.

그림 3-23  중·만당 여인의 얼굴― 周昉, 〈簪花仕女圖〉.

그림 3-24  만당 여인의 얼굴, 江蘇 李昇 陵 出土 陶俑.

토된 견화(〈그림 3-19〉)나 당시 수도인 산시성 시안에서 출토된 당삼채용(〈그림 3-20〉) 등에서 확인할 수 있다. 서역과의 무역이 성행한 지역에서는 화장이 더욱 화려해졌다. 〈그림 3-21〉의 부녀에게서도 역시 짙은 눈썹과 화전은 물론 사홍(斜紅)과 면엽(面靨)의 모습까지 확인된다.

다음은 중당의 부녀이다(〈그림 3-22〉). 이 여인은 비교적 수수한 화장을 하고 있다. 그러나 당나라 때 눈썹 그리기와 화장이 가장 성행하였으며, 신분의 고하를 막론하고 자신의 개성을 드러내고자 했다. 〈그림 3-23〉은 중만당의 부녀이다. 이 여인 역시 화려한 머리치장과 함께 짧고 굵은 눈썹을 그리고 있으며 귀밑머리 부근에 사홍의 흔적이 보인다. 이는 둔황(敦煌)에서 출토된 견화에 그려진 여인의 모습으로 둔황 역시 서역의 문물이 가장 먼저 도래하는 지역이었음을 확인할 수 있는 단서가 된다. 〈그림 3-24〉는 만당의 부녀이다. 이 여인은 강소(江苏) 이승(李昇) 능(陵)에서 출토된 도용(陶俑)으로 초당 이후 여전히 통통한 얼굴을 하고 있다. 이는 하얗게 분을 발라 얼굴을 더 통통하게 보이는 효과를 가져왔다. 자세한 화장의 모습을 확인할 수 없으나 만당 때에도 여전히 화려한 화장이었음을 짐작할 수 있다.

(5) 송대

당 이후 오대 십국을 거쳐 조광윤(趙匡胤)이 세운 나라가 송이다. 특히 민중의 관심 밖으로 밀려나 있었던 유교는 불교의 자극을 받고 원시유교로 되돌아가 성현의 정신을 올바로 파악하려는 새로운 기운을 싹틔웠다. 그리고 이것이 주자학으로 열매를 맺으면서 복고풍이 각 분야에서 일어났다. 복고란 옛날로 돌아간다는 뜻으로 여기서는 자연으로 돌아간다는 의미였다. 즉 꾸밈이 없는 자신의 모습으로 돌아간다는 것으로 화장문화에 있어서도 순박하고 단아한 아름다움이 반영되었다.

따라서 송대의 화장은 가늘고 굴곡진 눈썹과 함께 작고 붉은 입술화장을 하여 여성미를 돋보이게 하였다. 송대 화장에서 특징적인 면은 이마와 콧

그림 3-25  황후의 얼굴—『歷代帝后像』.

그림 3-26  송대 부녀—石恪, 〈妃子浴兒圖〉.

그림 3-27  귀부녀의 얼굴—작자미상, 〈半閑秋興圖〉.

등, 턱 부위에 흰색을 칠하는 것이었다. 이는 불교를 숭상한 당대의 문화에서 액황을 그리던 것이 송대까지 이어진 것으로 보인다.

〈그림 3-25〉는 송나라 신종황후의 얼굴이다. 가늘고 완만하게 구부러진 눈썹에, 입술에는 연지를 바르고 있다. 〈그림 3-26〉은 송대 석각의 그림으로 이마와 콧등, 턱에 현대의 화장과 같은 하이라이트를 주고 있는 모습이 보인다. 〈그림 3-27〉은 송나라 사람이 그린 〈반한추흥도(半閑秋興圖)〉로 여기에서도 얼굴에 하이라이트를 주고 있는 모습이 보인다.

### (6) 원대

송나라를 거치면서 북방의 여진족이 금나라를 세우고 거란족은 요나라를 세웠으며 몽고족은 원나라를 세웠다. 이후 원나라의 황제가 통일을 이루며 소수의 북방민족들을 통합하였다. 이미 여러 민족 간의 모순과 갈등이 있고 또 경제·문화적으로 주변국가들과 교류를 하였지만 한족의 심미관에는 영향을 주지 못하고, 당대의 화장문화가 계승되었다. 그러나 몽고족이 그들만의 독특한 일자형의 눈썹을 그렸다는 사실도 놓쳐서는 안 될 것이라 생각한다.

### (7) 명대

명(1368~1644)은 다시 한족에 의해 세워진 통일국가이다. 강력한 중앙집권제로 왕권이 강화되었고 이로 인해 정치가 안정되자 몽골의 통치에 의해 파괴된 한족의 문화를 회복하고자 하였다. 그러나 명의 복고는 송의 복고와는 다른 성격을 갖는다. 명대는 오히려 한족의 문화를 고스란히 회복하고자 하였기에 새로운 발전은 거의 없었다.

화장문화 역시 송대의 화장문화와 크게 다르지 않다. 눈썹의 끝을 아래로 그리고 눈은 작고 길게 그렸으며, 분화장을 얼굴 전체에 엷게 하고 입술을

그림 3-28　唐寅, 〈班姬團扇〉, 대만 국립고
궁박물원 소장.

그림 3-29　杜菫, 〈玩古圖〉, 京都 兩足院 소장.

작게 그렸다. 또한 송대와 마찬가지로 이마, 콧등, 턱을 하얗게 칠함으로써
입체감을 주었다. 하이라이트는 눈과 코를 작게 그리는 대신 상대적으로 볼
륨감을 주는 효과가 있었다.

〈그림 3-28〉과 〈그림 3-29〉는 명대의 대표적인 화가 당인(唐寅)과 두근(杜
菫)의 그림이다. 이들 모두 송대와 비슷한 얼굴형에 가는 눈썹을 그리고 작
은 입술에 하이라이트를 주었다.


(8) 청대

청(1636~1912)을 세운 만주족은 막강한 군사력으로 영토를 확장하였다. 특
히 만주족은 몽고족과는 달리 한족의 문화를 존중하고 잘 보존하고자 하였
으며 심지어 한족의 문화를 적극적으로 수용하고자 하였다. 따라서 만주족
의 복장이나 변발 등을 한족에게 강요하기도 했지만 대부분의 영역에서는
한족의 문화를 존중하고 잘 보존하였다.

화장문화에 있어서도 명대의 화장문화(〈그림 3-30〉)를 그대로 답습하는 정
도였으며, 여기에 청대의 나약하고 병폐적인 미인상이 자리 잡게 되었다(〈그
림 3-31〉). 이러한 현상은 분을 사용함에 있어서도 환한 느낌을 주는 것이 아
니라 오히려 창백한 느낌을 주고, 작고 엷은 입술화장은 병태적인 미를 추구

그림 3-30　명대 부녀 − 仇英, 〈六十仕女圖〉.

그림 3-31　청대 부녀, 天津 楊柳青, 淸代年畫.

했다.[20] 이는 명대와 청대의 화장문화가 같은 듯하면서도 다른 느낌을 주는 요인이다.

〈그림 3-31〉의 여인들과 같이 청대의 여성상은 모두 긴 목에 여윈 어깨, 버들잎 같은 자태와 긴 얼굴, 가는 눈, 앵두 입술의 용모를 가졌다. 그러나 청대 여성상이 여위고 병적인 모습만을 갖는 것은 아니었다. 청대 문인 장호(張糊)는 그의 저서에서 미인을 "꽃 같은 생김새, 새 같은 소리, 달 같은 표정, 버들잎 같은 자태, 옥 같은 골격, 얼음과 눈 같은 피부, 가을 물 같은 용모, 시사 같은 마음, 한묵 같은 향 등 끊임이 없다"고 표현함으로써 내외적인 아름다움을 겸비한 미인상을 추구하였다.[21]

### 3) 일본의 화장

일본에서 화장은 어떤 목적을 위해 선천적으로 타고난 얼굴이나 몸의 표면에 안료 등을 바르거나 혹은 피부, 모발, 손톱 등 몸의 일부를 변형시키거나 제거하는 행위를 말한다.

일본에서 화장이라는 단어가 처음 나온 것은 『침초자』나 『우진보물어』라

---

20　周汎·高春明, 『中國歷代婦女粧飾』, 1988, 237쪽.
21　박경미, 「중국왕조 인물화에 나타난 화장문화 비교」, 『한국생활과학회지』 18(3), 2009, 802쪽.

는 책에서 보인다. 그러나 한자로 표기를 할 때에는 꼭 화장이라고 하지 않고 『진자이세물어』에는 '화상(化相)'이라고 기록되어 있으며, 에도 시대에는 '가장(假粧)' 또는 '화장(化粧)'으로 기록하였다.

한편 당대의 대표사전이었던 『이언집람』에는 '가장', 『와쿤칸』에는 '화생(化生)', '가상(假相)'이라고 기록되어 있을 뿐 '화장'이라는 단어는 쓰지 않았다. 그러다가 메이지 시대에 접어들면서 서서히 화장으로 통일되었다.[22]

그러나 이들 단어 안에 포함된 가장, 화생, 가상, 화장 등이 어디까지를 포함하고 있는지에 대해서는 좀 더 면밀한 분석이 필요하다. 삼성당 『대사전』에서는 화장과 가장을 같은 의미로 보고 있으며, "홍·백분 등을 붙여서 얼굴을 아름답게 보이도록 하는 일"이라고 정의하고 있다. 또 『역사민속용어사전』에서도 가장을 "백이나 홍을 붙여서 얼굴을 아름답게 꾸미는 일"이라고 정의함으로써 화장이나 가장이라는 용어는 얼굴을 꾸미는 일을 뜻했다.

다음으로 화생은 "형태를 변경시켜 생기 있게 만드는 일"이라고 정의하였다.[23] 또 가상은 "실제로는 없는 현상"이라고 정의하고 있다.[24] 이 외에 『가정백과사휘(家政百科事彙)』에서는 "화장은 머리 만지기보다 늦게 발달된 것으로 … 하얀 분을 많이 쓰게 되면서 비로소 화장이 제대로 성립되었다"라고 하여 화장을 얼굴에 분을 발라 아름답게 만드는 것에 한정하고 있음을 알 수 있다. 한편 현대적 의미에서 화장은 "인간의 얼굴이나 몸에 백분(白粉)이나 구홍(口紅) 등의 화장품을 발라서 아름답게 보이도록 하는 일"이라고 하여 화장의 범위가 얼굴에서 몸 전체로 확장되었다.

그럼에도 불구하고 일본 화장의 특징은 얼굴의 각 부위별 형태에 따른 화장에 주안점을 두기보다는 단순하게 세 가지 색상에 주안점을 두고 화장을

22 하루야마 유키오, 임희선 역, 『화장의 역사』, 사람과책, 2004, 10쪽.
23 『대사전』「化生」, 삼성당.
24 『대사전』「假相」, 삼성당.

한다는 것이다. 일본 화장에서 중요한 색은 빨간색, 흰색, 검은색이다. 구홍(口紅)과 협홍(頰紅), 조홍(爪紅)은 각각 빨간색을 칠한 빨간 입술과 붉은 뺨, 빨간 손톱을 나타낸다. 다음으로 백분(白粉)은 얼굴에 바르는 흰색이다. 또 치아[치흑(齒黑)]와 눈썹에는 검은색을 칠한다.

이 세 가지 색만으로도 연령, 직업, 계급을 알 수 있으며, 더 나아가 미혼인지 기혼인지 등을 표시한다. 지역에 따라서는 차이가 있지만 통과의례와도 깊은 관련을 갖는다.

## (1) 전근대

조몬 시대와 야요이 시대부터 원시적인 형태의 화장이 있었다. 이들은 모두 고대의 신앙습속과도 관련이 있어[25] 빨간 도료로 몸에 그림을 그렸다. 화장에 대한 일본 최초의 기록은 『일본서기(日本書紀)』에 "얼굴에 점토를 바르는 풍습이 있었다"는 것으로 확인된다. 또한 기비노카미 미치노미타오사(吉備上道臣田狹)가 말하길, "천하에 미인은 많지만 내 아내만큼 아름다운 여자는 없다. 나의 아내는 연화(鉛花)도 쓰지 않고 난택(蘭澤)을 더하는 일도 없다"고 하였다. 여기서 연화는 분을 일컫는 것이고 난택은 향료를 일컫는다. 분이나 향료를 바르지 않는 것을 선호하는 남성도 있었음을 알 수 있다.

일본에서 본격적으로 화장이 시작된 것은 중국 수·당에서 불교문화와 함께 연지와 분, 머릿기름이나 향 등의 화장품을 만드는 법이 전래된 6세기 후반 이후부터이다. 처음에는 당나라풍의 입체적이고 전신적(全身的)인 화장법이 유행했지만 헤이안 시대로 갈수록 점점 일본 특유의 화장법이 개발되었다.

헤이안 시대에는 당나라로 보내는 유학생이나 사신 등의 파견이 정지되

---

25   秋山虔 編, 『王朝語辭典』, 東京大學出版會, 2000, 164쪽.

면서부터 중국의 문물, 풍속의 모방은 점차 사라지게 되었다. 그럼에도 풍속의 특수한 발전을 보게 되었으며, 일본 국민이 화장에 눈을 뜨게 된 후 약 400년이 지속되었다.[26]

일본 특유의 화장법이 개발된 헤이안 시대 여인들은 맨얼굴을 남에게 보이는 것을 좋아하지 않았다. 따라서 화장을 하는 것으로 하루를 시작하였다. 이때 화장은 얼굴을 하얗게 하는 것으로 '백분(おしろい)'을 사용하였다. 백분은 귀족뿐 아니라 일반 서민들에게까지 널리 퍼져 있었다. 분의 종류는 크게 납을 원료로 한 '경백분(京白粉)'과 수은을 원료로 한 '이세백분(伊勢白粉)', 그리고 쌀가루로 만든 분이 있었다.

헤이안 시대의 미인은 피부가 희고 결이 고와야 했다. 눈은 그다지 크지 않고 옆으로 길고 가늘게 그은 듯한 눈이 아름답다고 생각하였으며 코는 너무 크지 않고 휘어지지도 않고 색깔이 붉지 않아야 했다. 또 입은 작고 야무져야 하며, 이마는 너무 튀어나오지 않고 매끈하며 광택이 나고 얼굴의 윤곽은 둥글고 볼과 턱 부분에 살이 많은 것이 좋으며, 체격은 작고 아담한 것을 좋아하였기 때문에 마른 것보다는 통통한 것을 좋아했으나 너무 살찐 것은 좋지 않게 여겼다.[27]

일본의 백분은 액상으로 된 것이 있고 서양과 같이 주성분에 수은이나 납을 포함시킨 것도 있었다. 장기적인 사용자는 납중독이나 수은중독 등으로 인해 얼굴이 변색되는 경우가 많았다.

일본에서는 남성도 공가(公家)가 백분 등의 화장을 하는 관습이 존재했고 막부 말까지 계속되었다. 무가도 마찬가지로 공가의 영향을 받아 공석에서는 백분을 발랐다고 하지만 에도 시대 중기에는 화장을 하고 공석에 나가는 관습이 폐지되었다. 다만 공가와 응대하는 일이 많은 고위층의 사람들은 공

---

26  京都美容文化クラブ, 『日本の 髪型』, 京都美容俱樂部, 2011, 35쪽.
27  『平安朝 トラッド·ライフ』「別冊歷史讀本」, 新人物往來史, 1994, 63쪽.

가와 똑같이 막부 말까지 화장을 하는 관습이 유지되었다. 일반적으로 상급 무사도 주군과 대면하는 때나 칙칙한 안색을 수정하기 위해서는 옅은 화장을 했다.

에도 시대에 들어서서는 상류계급뿐 아니라 서민들도 화장을 하였으며 세계 최초로 서민을 위한 화장품 상점이 문을 열었다. 에도 시대 여성이 피부에 바르는 것은 백분뿐이었다. 농담을 달리하고 질감을 달리하여 얼굴에 미묘한 입체감을 나타냈다. 입술연지는 입술의 중심에 바르는 것만으로 충분했다. 이런 화장의 전통은 다이쇼 시대까지 강하게 남아 있었다. 결혼하는 여성들은 치아를 검게 칠하였으며 아이가 있는 여성들은 눈썹을 미는 풍습이 있었다. 옷은 목덜미가 드러나서 깃이 있는 부분에 백분을 바르는 일이 중시되었다. 일본에서는 고대부터 다이쇼 시대에 이르기까지 치아를 검게 칠하는 화장이 유행했다. 헤이안 시대에는 남자들도 치아를 검게 칠하는 경우가 있었지만 에도 시대에 검은 치아는 기혼여성의 관습이 되었다.

입술연지는 홍화를 원료로 한 것을 사용하였으나 가격이 너무 비쌌고 에도 시대에는 금속성의 윤택이 있는 입술연지가 에도나 교토 등의 도회여성들에게 인기가 있었다.


(2) 근대

1870년(메이지 3) 정부가 황족, 화족에 대해서는 이를 검게 칠하고 눈썹을 미는 것을 법으로 금지시켰다. 당초에는 꽤 철저하게 하였으며, 3년 후에는 황후가 솔선해서 모범을 보였기 때문에 화족의 여성들도 이를 검게 하고 눈썹을 미는 일을 하지 않게 되었다. 이것이 서민에게도 영향을 미쳐 눈썹을 미는 풍습은 메이지 초기에 사라지게 되었다. 그러나 이를 검게 칠하는 관습은 다이쇼 시대까지도 강하게 남아 있었으며 고령의 여성 중에는 쇼와에 이르기까지 이를 검게 칠하고 있었다. 한편 남성의 화장은 부국강병의 슬로

건 아래에서 '화장을 하는 남성은 연약하다'고 하여 폐지되었다.

메이지 시대에는 납백분의 피해가 논의되기 시작하여 1900년에는 국산 무연백분이 발매되었다. 그러나 납백분은 성능이 좋았기 때문에 해가 있음을 알면서도 쇼와 초기까지 계속해서 애용되었다.

다이쇼 시대에는 일본의 화장에 서양의 볼연지를 사용하고 귓가에 붉은 색을 발라 화양절충의 화장방식이 유행했다. 하얗게 하기 위한 백분도 베이지나 불그스름한 색으로 만들어 사용하였다.

일본의 화장 역사를 간단하게 표로 만들면 〈표 3-1〉과 같다.

표 3-1 **일본의 색상별 화장의 시작**

| 시대 | 흰색 | 빨간색 | | 검은색 | |
|------|------|--------|------|--------|------|
|  | 백분(얼굴) | 협홍(뺨) | 구홍(입술) | 미(눈썹) | 치(이) |
| 조몬 |  |  |  |  |  |
| 야요이 | 수입연분 | 적토 |  | 검푸른 흙 |  |
| 고훈 |  | 수은 사용 |  |  |  |
| 아스카 | 연분 제조 |  |  |  |  |
| 나라 |  |  |  |  |  |
| 헤이안 | 이세분 제조 |  | 입술연지 보편화 | 송연묵 제조 | 철장 |
| 에도 | 백분 |  | 연지와 묵-검붉은색 | 유연묵, 보리흑수 |  |
| 메이지 |  |  |  |  |  |

## 2 화장의 종류

### 1) 한국의 화장

화장이란 말은 근대 이후에 생긴 말이다. 그러니 분명 조선에서는 화장이란 말이 아닌 다른 용어가 사용되었을 것이다.

화장과 관련된 최초의 기록은 『세종실록』에 있는데, 사신과의 물품을 주고받은 내용 중에 화장을 위한 도구가 발견된다. 그 대표적인 것이 분궤(粉櫃)와 면연지(綿臙脂)이다. 분궤는 분을 담아 놓는 상자를 말하는 것이고 면연지는 연지를 바르기 위해 두드리는 도구로 파악된다. 연지를 얼굴에 바르는 것을 주연이라고 하였다. 또 화장을 통칭할 때 주연이라는 말을 사용하였으니 연지가 대표적인 화장품이었던 것으로 판단된다.

다음으로 화장품을 공급하는 기관인 '보염서(補艷署)'가 궁 안에 있었다. 보염서는 의복과 소장(梳粧)을 공급하는 기관으로 소장은 머리와 얼굴을 손질하는 빗과 화장품이다. 특히 화장이라고 할 때 색채화장의 뜻이 강하므로 색채를 내기 위한 화장법에는 먼저 얼굴을 하얗게 하기 위한 분화장과 볼에 붉은 기운을 넣는 연지, 눈썹을 검게 칠하기 위한 눈썹화장이 있었을 것이다.

#### (1) 분화장

하얀 얼굴을 선호하였던 여성들이 분을 발랐다는 것은 의심의 여지가 없다. 원시적인 분의 형태로서 꽤 오랫동안 사용된 분백분은 분꽃의 열매를 곱게 빻은 것이다. 이 외에 쌀가루나 서속가루를 3대 2로 잘 배합하거나 칡을 말려 가루로 만들어도 우수한 분백분이 되었다. 그러나 이보다 더 원시적인 분의 원료는 천연의 황토, 적토, 또는 도자기의 원료인 고령토 등의 흙이었으며, 백묵 원료인 활석의 돌가루가 분의 원료가 되었다. 그중에서도 오랫동안 분의 원료가 된 것은 쌀이나 보리의 가루였다.[28] 그러나 이처럼 곡식을 원료로 한 분은 비린내가 날 뿐 아니라 접착력이 떨어져 이에 대한 보완이 필요했다.

한편 분의 효과를 높이기 위해서는 얼굴의 솜털을 제거할 필요가 있었다. 이는 솜털로 인해 분이 제대로 붙지 않는 것을 막기 위한 방법으로 다소 불편하고 번거롭다 하더라도 명주실로 솜털을 제거한 후 분을 바르면 흡수력이 훨씬 좋다. 따라서 결혼을 앞둔 여인들은 반드시 명주실로 얼굴의 솜털을 제거하였는데 이는 엄청난 고통이 뒤따랐다. 솜털을 뽑고 나면 얼굴이 붉어지기 때문에 혼인 전에 미리 솜털을 뽑고 얼굴을 진정시킨 후 분을 발라야 했다.

또 분을 바르기 전에 분세수를 하는 것도 방법이었다. 이는 물에 갠 분을 얼굴 표면에 발랐다가 물로 씻어 내는 것을 말한다. 특히 분세수는 혼례식과 같이 자신의 아름다움이 한층 돋보여야 할 때 사용하였다.[29] 이 역시 분의 접착력이 약하기 때문에 여러 번 도포하는 것으로 접착효과를 높이고자 했다. 그러나 여전히 분의 접착력은 문제가 되었다. 이에 납 성분을 가미한 분을 사용하였다. 이는 접착력에서는 효과가 있고 얼굴을 하얗게 하는 데에는 성공적이지만 연분을 계속 사용하면 땀구멍이 커지고 얼굴색이 변하는 부작용을 일으켰다.[30] 그러나 이런 부작용도 예뻐지고 싶은 여인의 마음을 가둬 놓지는 못하였다. 그러니 분을 사기 위해서는 속옷까지도 팔 마음의 준비가 되어 있었다. 『해동가요』를 들어 보자.

28  전완길, 『한국인·여속 멋 5000년』, 교문사, 1980, 82쪽.
29  최정숙·라현숙, 「한국 전통분(powder) 화장 문화사 연구」, 『한국미용학회지』 7(3), 2001, 32쪽.
30  전완길, 『한국화장문화사』, 열화당, 1999, 87쪽.

딕들에 연지(臙脂)라 분(粉)을 사오 져 쟝ᄉ야 네 연지분 곱거든 사쟈

곱든 비록 안이되 불음연 네 업든 교태(嬌態)절로 나는 연지분이외

진실로 글어 ᄒ 량이면 헌 속셔슬 풀만졍 대엿말이나 사리다[31]


연지분을 바르면 예뻐질 뿐 아니라 교태가 절로 나오게 된다는 장사의 말을 듣고 진실로 그러하다면 속곳을 팔아서라도 연지분을 사겠다는 내용이다. 일반 사가에서도 인기가 있었던 백분을 왕실에서는 어떻게 구입하였으며, 그것을 어떻게 사용하였을까?

『조선왕조실록』을 통해 보면 백분에 대한 내용은 극히 제한적이다. 여성들이 얼굴에 사용하였다는 기록은 더더욱 존재하지 않는다. 그러나 사가에서도 그렇게 사용하고 싶어 했던 백분을 왕실에서 사용하지 않았다고는 볼수 없다. 더욱이 일본에서 보낸 물목 안에 백분이 들어 있는 것으로 보아 왕실에서 백분을 발랐음은 당연한 일이다.


병풍(屛風) 1쌍(雙), 강련위(絳練緯) 1필(匹), 백분(白粉) 1기(器), 박양전(薄樣牋) 200매(枚), 주(朱) 5과(褁), 응우(鷹羽) 96개, 백랍 수병(白蠟水甁) 1쌍, 과자분(菓子盆) 10매, 선자(扇子) 50병(柄), 염착발(染着鉢) 10매, 백자발(白瓷鉢) 10매, 자단(紫檀) 50근(斤), 대도(大刀) 2, 진향(振香) 20근, 침자(枕子) 2쌍[32]


우리나라에서는 일본과 같은 백분을 생산하지는 못했다. 1475년(성종 6) 전산전 원의숭의 사승(使僧) 불이가 하직하면서 백분을 요구하였는데, 예조에서 답하기를 "찾으신 백분은 본시 우리나라에서 생산되는 것이 아니기에

31 『해동가요』는 영조 때 김수장이 편찬한 시조집이다.
32 『성종실록』성종 2년 12월 12일(기묘).

고유(告諭)를 따르지 못합니다"³³라고 하였으므로 얼굴을 하얗게 하는 데 중요한 역할을 하였지만 그 양이 풍부하지 못하였던 것 또한 사실이다.

왕실에서 분을 어떻게 발랐는지 『국기복색소선(國忌服色素膳)』을 통해 살펴보자. 『국기복색소선』은 조선조 역대 왕과 왕비의 기일인 국기에 비빈을 비롯하여 내시의 복색, 머리모양, 화장, 노리개, 반지 등 수식(修飾)에 대한 복제(服制)를 기록한 책이다. 정종, 효의왕후, 경우궁, 순종의 국기복색이 수록되어 있으며 그 내용을 보면 다음과 같다.

정종대왕(正宗大王) 뉴월이십팔일 ᄒᆞ로소 화방듀볼 칠일브터 분만 ᄇᆞ로고 민 족두리ᄉᆞ양의ᄂᆞᆫ ᄌᆞ 뎍금단기셕우황 미고 관녜후ᄂᆞᆫ 파란민둑줌 곳고 복식은 빅 싱쵸나 더포나 당한삼 닙고 져고리 이ᄂᆞᆫ 경광듀나 더포 겹한삼이나 닙고 치 마ᄂᆞᆫ 남방문쵸나 셜사나 싱경광듀나 닙고 노리개ᄂᆞᆫ 밀라죠롱밀라도병ᄎᆞ고 밀라지환 ᄶᅵ고 흑웅피온혀

여기서 보면 정종대왕의 기일은 6월 28일이다. 이때가 되면 색조화장에 해당하는 연지는 바르지 않고 7일부터 분만 바른다고 한 것으로 화려하지 않게 했지만 여전히 깨끗한 얼굴을 유지하고자 했음을 알 수 있다.

효의왕후(孝懿王后) 삼월초구일 ᄒᆞ로소 화방듀볼 팔일브터 분만 ᄇᆞ로고 ᄉᆞ양 의ᄂᆞᆫ ᄌᆞ뎍금단기셕우황 미고 복식은 초록녕쵸단당져고리 치마ᄂᆞᆫ 남슉쵸나 화방듀나 닙고 당져고리 버손 후ᄂᆞᆫ 옥식슉쵸나 화방듀나 져고리 닙고 빈혀 노리개 지환은 뉴월대로 ᄒᆞ고 흑웅피온혀

---

33 『성종실록』 성종 6년 1월 22일(임신).

다음으로 효의왕후의 기일은 3월 초9일이다. 이때에도 분만 바른다고 하였는데 8일부터 바른다고 하였으므로 정종대왕의 경우는 기일 20여 일 전부터 분만 바른 것에 비해 효의왕후의 경우에는 기일 전날부터 시작하였으므로 대상에 따라 화장하는 날짜가 달랐음을 알 수 있다. 국기일에도 연지나 눈썹 등의 색조화장은 하지 않을지라도 여전히 분은 발랐음을 알 수 있다.

한편 조선 말 왕실에서는 진주분이 유행하였다. 개항기 한국을 방문한 외국인의 기록을 보면 비숍 여사가 쓴 『한국과 그 이웃 나라들』에는 민비가 사용하였다는 진주분에 대한 기록이 있다.

황후는 40이 넘어 보이는 늘씬한 체구에 미인이라는 첫인상을 주었고 머리는 칠흙이고 화장은 진주분을 쓰기 때문인지 창백해 보였다. 눈은 날카롭고 냉정했으며, 모습 전체가 기민한 성격의 소유자임을 드러내 주고 있었다.[34]

국말의 상궁 김명길이 쓴 『낙선재 주변』을 보면, 순종비인 윤 황후의 화장은 박(薄)화장이라고 해서 '한 듯 안 한 듯 분만 살짝 바르는 것'이었다고 한다. 사방 1cm의 분을 10~20조각씩 담아서 팔았는데 한 번에 한 조각씩 떼어 종이에 놓고 물과 함께 개어서 펴 바르는 것이었다. 그러나 몸치장에 관심이 많았던 명성황후는 러시아제 화장품을 사용하였다고 한다.[35]

왕실에서의 분은 하얗게 보이기 위해 사용한 것으로 그 재료로 쌀이나 보리로 만든 백분에서 흙이나 돌가루로 만든 것과 진주를 부드럽고 미세한 초미세분말로 만들어 사용하였다.

---

34  이사벨라 버드 비숍, 이인화 역, 『한국과 그 이웃나라들』, 살림, 1994.
35  김명길, 『낙선재 주변』, 중앙일보·동양방송, 1977, 114~115쪽.

(2) 연지(臙脂)

연지는 연지(胭脂)라고도 하며, 볼과 입술을 붉게 치장하는 화장품을 뜻하기도 한다. 연지화장의 유래에 대해서는 여러 가지 주장이 있으나 샤머니즘 문화권에서는 주색축귀의 속신을 신봉하여 주색금기에서 비롯되었다는 주장이 가장 일반적이다.

연지의 유래에 대하여 성호 이익(1681~1763)은 그의 저서 『성호사설』에서 연지의 풍속은 중국으로부터 비롯되었다고 하였으며, 유희가 지은 『석명(釋名)』에 단을 얼굴에 바르는 것을 적(的)이라고 하는데 이 적이란 것은 얼굴을 환하게 만드는 것이라고 하였다.

이 외에 이긍익의 『연려실기술』에서는 기생들이 연지를 발랐다고 하면서 연지를 바른 실체가 기생이었음을 밝히고 있다. 이는 음악을 연주하는 것은 화평스럽고 담담한 것을 위주로 하고 정욕을 인도하려는 것이 아닌데 조정에 일이 있으면 팔방의 기녀를 뽑아 올려서 얼굴에 분을 바르고 뺨에 연지를 붉게 칠하고 넓은 뜰에서 많은 사람들이 분잡하게 놀았다고 한 데서 연지를 바른 사람들이 기생이었음을 알 수 있다.[36]

한편 『하재일기』에는 연말에 선사하는 물건으로 이웃의 여자들에게 초와 연지·백분을 조금씩 나누어 주었다고 한 것[37]으로 보아 조선 후기에 들어와서는 연지가 일반적인 화장품으로 자리매김하였다고 생각한다.

왕실에서 연지를 바른 내용을 살펴보기 위하여 『조선왕조실록』을 분석하였다. 1429년(세종 11) 명나라의 사신과 물품을 주고받은 내용을 보면 지신사 정흠지(鄭欽之)에게 명하여 사신에게 모의(毛衣)·모관(毛冠) 및 의복 1벌, 신발, 모시와 베 각 10필, 인삼 15근, 만화방석 4장, 석등잔 1벌을 주고 두목에게는 각기 옷, 신 및 베 2필을 주었다. 그러나 사신이 임금에게 단자, 나사, 백세모

---

36 이긍익, 『연려실기술』 별집 권 12, 정교전고(政敎典故), 음악(音樂).
37 지규식, 『하재일기』 3, 1894년 12월 30일.

자, 대초 각 1필과 비단호슬, 비단주머니, 청화백자종, 백자화종, 현운유연
묵, 홍상모마식, 화빈소, 화빈초병, 화빈쌍도자, 은젓가락, 상아병을 갖춘 삼
도자, 쌍도자와 돼지, 양 각 1마리를 바치므로 답례로 베 29필과 모시 9필을
주었다.

또 중궁에게 단자, 나사, 대초 각 1필과 면연지 500개, 분궤 2개 등을 바쳤
으며, 휘빈궁에게 단자, 능, 백릉초 각 1필과 분궤 2개, 면연지 100개 등을 바
쳤다.[38] 여기에서 보면 중국 사신이 임금과 중궁전, 휘빈궁에게 바친 물품에
여러 가지의 비단 종류와 면연지, 분궤, 바늘, 칼 등이 있어 고급의 연지나
분궤가 중국으로부터 들어왔음을 짐작할 수 있다.

특히 연산군대에는 당분과 당주홍, 면연지 등을 궁궐로 들이게 하였는데,
이것이 중국에서 들여온 것인지 이후 우리나라에서 생산한 것인지는 정확
히 알 수 없으나 볼이나 입술을 붉게 칠하기 위한 당주홍, 면연지 등이 호조
를 통해 궁궐로 들어가고 있었다.

> 호조에 전지하기를 수주(水紬) 50필, 당분(唐粉)·당주홍(唐朱紅) 각 10근, 면연
> 지(綿臙脂) 100장(張), 호초 10섬을 대내(大內)로 들여오라.[39]

(3) 눈썹화장

여성들의 눈썹화장 역시 전하는 기록이 거의 없다. 다만 미인의 눈썹을
아미(蛾眉)라 하고, 눈썹을 푸른색으로 그린 여인을 보고 미인이라고 한 것으
로 보아 검정보다는 푸른 눈썹이 당시인들에게는 더 매력적으로 보였던 것
같다.

1505년(연산군 11) 대비 및 왕비의 여족을 경회루 연못에서 공궤하게 하였

---

38 『세종실록』 세종 11년 1월 27일(갑술).
39 『연산군일기』 연산군 8년 6월 4일(갑진).

제3장 화장의 문화

는데 이때 사신이 논하길, 모든 내연 때에는 과부일지라도 다 분 바르고 눈썹 그리고 수화(首花)를 꽂고서 좌우에 벌려서 모셨으며 장의문 밖이나 망원정 같은 곳에 내거동할 적에는 여족이 편복으로 말을 타고 흥청들과 함께 말을 달리니 아낙네의 자태가 거의 없었다고 했다.[40] 기본적인 화장이 분 바르고 눈썹 그리는 것이지만 중국에 비해 진하지 않기에 자태가 없다고 한 것으로 보인다. 그렇다면 눈썹의 모양은 어땠을까? 연산군이 내린 어제시를 보자.

<blockquote>
눈썹은 봄버들인 양 곱고<br>
얼굴은 이슬 머금은 꽃송이처럼 아름답네<br>
붉은 입술 속 흰 이를 드러내어<br>
능히 탕부들의 간장을 끊는구나
</blockquote>

눈썹이 버들 모양이었다면 그 모양은 가늘고 길다. 다만 봄버들이라고 하였으니 이는 새순이 그러하듯이 부드럽게 그린 눈썹이다. 그러나 눈썹모양에도 유행이 있으며, 사치와도 깊은 관련이 있다.

1651년(효종 2) 사치의 폐해가 천재(天災)보다도 심해졌다. 대표적으로 제택(第宅)의 참람함과 복식의 사치스러움, 혼인의 과분함, 음식의 지나침을 들었다. 또한 눈썹에 있어서는 위에서 넓은 눈썹을 좋아하면 아래에선 더욱 크게 그리고 위에서 넓은 소매를 즐기면 아래에서는 더욱 넓게 드리워서 위에서 좋아하는 것을 아래에서 더욱 좋아한다고 하였으므로[41] 당시 유행은 위에서 아래로 흐르고 있었음을 알 수 있다.

또한 사치의 풍습은 그치지 않아 1703년(숙종 29)에도 위에서 넓은 눈썹을

---

40 『연산군일기』 연산군 11년 8월 28일(경진).
41 『효종실록』 효종 2년 10월 7일(신해).

좋아하니 아래서는 더욱 심하다고 하였는데 눈썹의 넓이가 심해져 가는 모습을 풍자한 것이다. 이는 『후한서』「마요전(馬寥傳)」에 나오는 말로 성중에서 높은 상투를 좋아하니 사방에서 한 자씩이나 높아지고 성중에서 넓은 눈썹을 좋아하니 사방에서는 이마의 반이나 차지하게 한다는 데서 나온 말이다. 우리나라의 봄버들처럼 가늘고 긴 눈썹이 효종 이후 넓어졌음을 알 수 있다.

눈썹은 어떻게 관리했을까? 1719년(숙종 45) 이세근이 병조참의가 되었는데 사람들이 그를 인요(人妖)라고 할 정도로 얼굴 단장하는 것을 좋아하였다. 그는 날마다 여러 차례 얼굴을 씻고 목욕하고 분을 바르고 눈썹을 뽑았으며 의복과 음식 등을 다른 사람과 다르게 하였다.[42] 당시에는 그처럼 눈썹을 뽑아 가지런히 정리하는 것이 일반적인 방법이었다.


## 2) 중국의 화장

중국의 화장에는 기본적으로 하얀 얼굴을 위한 분화장에서부터 색깔을 주기 위한 연지, 눈썹, 사홍, 화전, 면엽 등이 다양하게 사용되었다. 특히 홍장(紅粧)을 위한 다양한 방법이 시도되었으며, 이는 시대에 따라 다양한 형태로 변화·발전하였다. 이제 본격적으로 각 부분별 화장을 살펴보자.


### (1) 분화장

중국의 화장도 기본적으로는 하얀 피부에 중점을 두고 있다. 얼굴을 하얗게 하기 위해서는 주로 지분(脂粉)을 사용하였는데 후당(後唐) 마호(馬縞)의 『중화고금주(中華古今注)』「권중(卷中)」의 기록을 보면 다음과 같다.

---

42 『숙종실록』 숙종 45년 6월 4일(을사).

삼대 때부터 납으로 분을 만들었다. 진 목공의 딸 농옥은 미모와 미덕을 갖추고 있어 신선소사를 감동시켜 수은을 태워 분을 만들어 그녀에게 발라 주었다. 이를 비운단이라 부르기도 한다.[43]

중국의 문헌기록에 의하면 일찍이 전국 시대부터 중국 여자들은 분을 통하여 자기의 얼굴을 아름답게 하였다. 『전국책』 「조책」의 기록에는 "정(鄭)나라의 여자들은 흰색의 분을 바르고 눈썹은 검은색으로 칠한다"고 하였으며, 『초사』 「대초」에는 "하얀색의 분과 검정 눈썹이 온 천지에 퍼졌구나"라고 하여 많은 여자들이 분을 사용하였음을 알 수 있다.

예로부터 분에는 두 가지 성분이 있었는데 그중 하나는 쌀을 가루 내고 거기에 향료를 넣어서 만들었다. 미(米) 자와 분(分) 자가 붙어서 분(粉)이 된 것에서 그 이유를 찾을 수 있다. 다른 하나는 풀 상태의 면지(面脂)인데 이것을 호분(胡粉)이라고 한다. 그것은 납 성분이 들어 있기 때문에 속칭 연분(鉛粉)이라고도 한다.

한사유(漢史游)의 『급취편(急就篇)』에는 "분훈지분고택통(芬薰脂粉膏澤筩)"이라고 하였으며, 『당안사고주(唐顔師古注)』에는 "분이나 연분 또는 미분이라고 하는데 모두 얼굴에 발라서 빛이 나고 깨끗하게 하는 것이다"라고 하였다.

미분(米粉)의 제작방법은 비교적 간단한데 보통은 원형의 분통에 쌀즙을 담아 그것을 가라앉힌 다음 깨끗하고 부드러운 분가루(분영)를 만들어 태양 아래에 말려 덩어리를 만든다. 그 분덩이를 다시 가루로 내어 사용하면 된다.

이에 비하면 연분의 제작과정은 좀 복잡하다. 『계연(計然)』, 『포박자(抱朴子)』 등 고서의 기록에 의하면 연분은 엄밀한 화학처리를 거친 다음 생성된 물질이고 최초로 만들어진 인공 안료(顔料)라고 한다. 그 배합방법은 납, 주

---

43 馬縞, 『中華古今注』, 自三代以鉛爲粉, 秦穆公女弄玉有容德, 感仙人籬史, 爲燒水銀作粉與塗, 亦名飛雲丹.

석 등의 물질을 초산과 함께 두면 반응이 일어나면서 황단(黃丹)이 만들어지고 다시 황단으로부터 풀 상태의 연분이 된다. 대개 저장하기 편하도록 한대 이후에 화장으로 쓰이는 연분은 수분을 다 뺀 다음 분말 혹은 고체 형태로 만들었다. 질감이 부드럽고 색깔이 희고 깨끗하여 오래 보관할 수 있기 때문에 여자들의 깊은 사랑을 받았으며 연분은 미분을 대체하게 되었다.

미분과 연분 외에도 여자들이 바르는 분에는 여러 가지가 있다. 송나라 때 익모초, 석고분으로 만들어진 '옥녀도화분'을 비롯하여 명나라 때 만들어진 말리화(재스민) 씨로 만든 '진주분', 청나라 때는 활석 및 기타 부드러운 광석을 가루 내어 만든 '석분(石粉)' 등등이 있다.

분의 색깔도 예전의 하얀색으로부터 여러 가지 색깔로 늘어났으며 여러 가지 향료를 넣어 사람을 매혹시키는 매력을 지니게 되었다.

실제 분의 사용 및 종류를 알 수 있는 실물들이 대량으로 출토되었다. 어떤 것들은 정교한 분통에 담았으며(〈그림 3-32〉), 어떤 것들은 비단주머니에 담기도 하였다(〈그림 3-33〉). 가장 귀한 것은 복건성의 복주 송묘에서 나온 실물들인데 그것들은 일종의 분덩이로서 직경은 3mm 정도이고 원형도 있고 정사각형, 직사각형의 네모진 것도 있으며 육각형도 있고 해바라기 잎의 모양을 가진 것도 있다. 분덩이의 표면에는 돌출된 매화, 난초꽃, 연꽃 모양의 도안들이 찍혀 있다(〈그림 3-34〉).

그림 3-32 粉盒, 宋, 江西 景德鎭 市郊 宋墓 出土.

그림 3-33 刺繡粉袋, 東漢, 新疆 民豊 大沙漠 一號 東漢墓 出土.

그림 3-34 粉塊, 南宋, 福建 福州 南宋黃昇墓 出土.

제3장 화장의 문화

분석에 따르면 이런 분덩이에는 납이나 알루미늄 외에 칼슘 그리고 규소, 마그네슘, 은(銀) 등의 성분이 포함되었다고 한다.[44]

### (2) 연지

중국에서 연지는 또 언지(焉支), 연지(燕支)라고도 한다. 그것은 붉은색을 내는 안료이다. 진나라 최표(崔豹)의 『고금주(古今注)』에는 "연지의 잎은 여러해살이풀인 삽주라고 하는 계(薊)와 비슷하고, 꽃은 민들레인 포공(蒲公)과 비슷하다. 이것은 서방에서 나온 것이지만 중국 사람들도 이미 사용하고 있었으며, 이름은 연지라고 한다"고 했다.

중국 사람들은 홍남(紅藍)이라고 하는 것을 얼굴에 바르고 그것을 연지분이라고도 한다. 홍남은 초본식물로서 빨간색과 노란색, 두가지 색소를 가지고 있다. 따라서 연지를 만들기 위해서는 노란 즙을 버려야만 빨간색의 액체를 얻을 수 있다. 여자들이 바르는 연지에는 두 종류가 있다. 그중의 하나는 비단이나 명주에 홍람화즙을 찍어서 만드는데 이것을 '면연지(綿燕支)'라고 한다. 그리고 다른 하나는 작고 얇은 꽃잎으로 만들어 '금화연지(金花燕支)'라고 한다. 두 종류의 연지는 모두 서늘한 곳에서 말리고, 사용할 때에는 맑은 물을 묻혀서 바른다.

연지를 처음 만든 것은 대체로 남북조 시대로 본다. 이때 사람들이 연지에 소의 골수와 돼지의 기름을 넣어서 빛이 나고 부드러운 지고(脂膏)를 만들었다. 그때부터 이것을 연지(胭脂)라고 하였으며, 기름 지(脂) 자는 이때에 와서야 진정한 의미를 갖게 되었다. 당대 이후 여자들의 장식 관습에는 많은 변화가 있기는 하였지만 연지를 바르는 관습은 결코 버리지 않았다.

고대 부녀의 화장은 왕왕 연지와 분을 함께 사용하였고 오로지 연지만 바

---

44   周汛·高春明, 『中國歷代婦女粧飾』, 1988, 118쪽.

르는 경우는 적었다. 구체적인 방법을 아래 세 가지로 나누어 살펴보자.

첫째 화장하기 전에 연지와 납가루를 섞어서 분홍색인 단홍색이 되게 한다. 그리고 그것을 얼굴에 직접 바른다. 두보의 시를 보면, 이 단분을 얼굴에 바르는 것을 예전에 "단훈장(檀暈妝)"이라고 하였는데 화장 후의 효과는 시각적으로 볼 때 다른 방법들과 확연한 차이가 있다. 얼굴에 바르기 전에 이미 하나의 색으로 조절이 되었기 때문에 그 색깔이 비교적 통일되었고 얼굴에 바를 때에도 그 색깔이 비교적 고르게 발렸기 때문에 사람들에게 장중(莊重)하고 단아하게 보이게 했다. 이러한 종류의 장식은 중년 이상의 부인에게 많이 사용되었다.

둘째, 하얗게 분가루를 먼저 바른 다음 연지를 바르는 것이다. 연지는 주로 두 볼에 바르는데 두 볼에 빨간색을 띠게 하고 이마와 턱은 하얀색을 바르기 때문에 얼굴색의 변화를 보여 줄 수 있다. 그림을 통해서 볼 수 있듯이 이런 것들은 주로 젊은 사람들이 많이 사용했다. 시구에도 "도화장(桃花妝)"이라는 단어가 있는데 바로 이런 화장을 가리키는 것이다.

셋째, 얼굴에 연지를 바른 다음 하얀 분가루를 가볍게 덧바르는 것이다. 이것을 속칭 "비하장(飛霞妝)"이라고 한다. 이런 화장방식은 나이 든 부녀들이 주로 사용하기에 적합하였다. 이를 간단하게 표로 만들어 보면 〈표 3-2〉

표 3-2 **연령에 따른 연지화장법**

| 명칭 | 나이 | 화장의 순서 | 특징 | 예시 |
|------|------|------------|------|------|
| 단훈장 | 중년 이상 | 단홍을 전체적으로 바름 | 얼굴색이 비교적 골라지기 때문에 정숙하고 단아한 느낌을 줌 | |
| 도화장 | 청년 (靑年) | 분가루와 연지(두 볼) | 볼은 빨간색을 띠게 하고 이마와 턱은 하얀색을 칠함 | |
| 비하장 | 노부 (老婦) | 연지 없이 분가루만 바름 | 얼굴을 하얗게 만들어 창백해 보이게 하며, 주로 나이 든 부녀들이 행함 | |

와 같다.

홍장 외에도 고대 부녀들은 백장(白妝)을 하는 사람들도 있었다. 소위 백장이라고 하는 것은 연지를 바르지 않고 단순히 납가루만 얼굴에 바르는 것이다. 이러한 종류의 화장방식은 젊은 과부들이 많이 하였다.

이 외에 역대 궁중에서는 괴이한 화장법으로 "제장(啼妝)", "루장(淚妝)", "반면장(半面妝)" 및 "통래장(慵來妝)" 등이 있었으나 화장 본래의 의미인 아름답게 보이는 것과는 거리가 멀었기 때문에 여자들에게 환영받지 못하고 곧 사라졌다.

### (3) 대미(黛眉)

사람들은 흔히 "미목전정(眉目傳情)"이라고 하여 눈썹과 눈으로 정을 전한다고 했다. 한 사람이 기쁘고 즐거울 때에는 저도 모르게 눈썹이 펴지면서 눈이 웃게 된다. 그리고 걱정하고 분노를 느낄 때는 눈썹을 찌푸리거나 성난 눈이 되어 쏘아보게 된다. 이러한 변화로 알 수 있는 것은 눈썹이 비록 작지만 사람들의 감정을 표현할 수 있고 생각을 교류할 수 있다는 장점을 지녔다는 것이다. 또한 여자들의 아리따운 모습을 묘사할 때에도 빼놓을 수 없는 것이 눈썹이다.[45]

주경여(朱慶餘, 799~?)는 시험에 임박하여 수부원외랑 장적에게 보내는 시에서 화장을 마치고 나지막히 "장파저성문부서, 화미심천입시무(妝罷低聲問夫壻, 畫眉深淺入時無)"라고 하여 눈썹화장이 유행에 맞는지를 남편에게 물었다. 이는 눈썹의 화장은 전체 안면화장에서 중요한 역할을 하며 시대에 따라 유행이 있었으므로 여성들에게 있어서 눈썹화장이 주된 관심사였음을 시사한다.[46]

---

45  周汎·高春明, 앞의 책, 124쪽.
46  안현순, 「중국전통화장 문화에 관한 소고 ― 문헌상의 기록을 중심으로」, 『한국미용학회지』 14(3), 2008, 949쪽.

그렇기 때문에 눈썹화장과 관련된 유명한 고사가 많다. 먼저『한서』를 보면, 눈썹을 남편이 그려 주고 있는데 이와 같은 일은 부부 사이에서 흔히 일어나는 일이었다.

장창은 위엄이 없어 때로는 조회를 파하고 나면 말을 타고 장대가를 돌아다녔고 마부에게 수레를 달리게 하면서 자기의 부채로 말을 때리기도 하였다. 또는 아내에게 눈썹을 그려 주기도 하였는데 장안 사람들은 "장 경조윤은 눈썹이 아름다워"라고 비웃었다. 법관이 이 일로 장창을 탄핵하였다. 황제가 그에게 물으니 장창이 대답하기를 "소신이 듣기에 규방 안에서 부부 사이에는 눈썹을 그리는 것 이상의 일이 있다고 합니다"라고 하자 황제도 민망하여 웃을 수밖에 없었다.

이 외에도『시경』에는 제(齊)나라 장강(莊姜)의 아름다움을 노래한 시가 있는데 그중에는 "치여호서(齒如瓠犀, 박속같이 흰 치아), 진수아미(螓首蛾眉, 매미같이 넓고 아름다운 눈썹), 교소천혜(巧笑倩兮, 아름다운 미소), 미목분혜(美目盼兮, 매혹적인 아름다운 눈매)"라고 하여 눈썹에 대한 아름다움을 칭송하였는데 이를 속칭 '아미'라고 하였다.

고대 부녀의 눈썹을 그릴 때 사용하는 재료는 '석대(石黛)'라고 하는 광물인데 간단하게 '대(黛)'라고 한다. 대를 사용할 때에는 반드시 먼저 벼루 위에 놓고 가루를 내서 분말로 만든 다음 거기에 물을 넣어서 만든다. 한나라 때 대연(黛硯)은 남북 각지의 묘장에서 자주 발견되었다. 〈그림 3-35〉는 장쑤성 태주(泰州)의 신장 동한묘에서 출토된 석대판이다. 이는 장방형으로 길이가 10mm, 너비가 5mm, 두께가 0.5mm로 한 면은 비교적 거칠고 다른 한 면은 비교적 반듯하다. 반듯한 면은 부드러운 모래와 같은 형태로 가공이 되어 있고 다른 한 면은 매끄럽지 않아서 갈기에 적당했다. 이 대연의 표면에는

그림 3-35　石黛板, 東漢, 江蘇 泰州 新莊 東漢 墓 出土.

그림 3-36　靑石黛硯, 西漢, 江西 南昌 東郊 西 漢墓 出土.

대의 흔적이 남아 있다.

〈그림 3-36〉은 장시성 남창 동교 현사호 남쪽 서한묘에서 출토된 대연으로 다른 유형에 속한다. 그것은 바닥 부분이 장방형의 청석판으로 되어 있으며, 판의 윗면에는 원형의 청석 조각과 원형의 연(研)이 하나씩 있다. 연석은 고리의 모양과 같이 생겨 출토될 당시 원형의 조각 위에 붙어 있었다. 중국 부녀자들의 눈썹에 대한 애정은 남달랐다. 눈썹의 모양을 중심으로 각각의 종류를 살펴보자.

■ 유미(柳眉), 유엽미(柳葉眉)

유미는 버들잎 모양의 눈썹으로 "유엽미(柳葉眉)"라고도 하였다.

오융(吳融)의 시(詩) 「환속니(還俗尼)」에서는 "버들잎 눈썹과 매화 이마가 아름답다"라고 하였으며, 위장(韋莊)의 사(詞) 「여관자(女冠子)」에 의하면 "옛날에는 붉게 칠한 얼굴이 도화면에

그림 3-37　柳眉 ― 閻立本, 〈步輦圖〉, 중국 고궁박물원 소장.

그림 3-38　남장을 한 부녀의 柳眉 ― 張萱, 〈虢國夫人遊春圖〉, 요령성박물관 소장.

유엽미(柳葉眉)를 빈번하게 아래로 그린다"고 하였다. 가장 일반적인 눈썹을 지칭할 때 사용한다.

■ 월미(月眉), 각월미(却月眉)

월미는 유미보다 약간 넓고 더 구부러지게 그린 눈썹양식으로 마치 초생달과 같다 하여 '월미' 혹은 '각월미'라고 하였다. 당시에는 이 월미와 관련된 묘사가 많이 보인다. 나규(羅虬)의 「비홍아시(比紅兒詩)」에는 "조서를 내려 인간에 내려와 아름다운 꽃을 찾고 월미(月眉) 운계(雲髻)를 한 좋은

그림 3-39  却月眉, 敦煌 莫高窟 192窟.

사람을 찾는다"고 하였으며, 두목(杜牧)의 시 「규정(閨情)」에는 "아름다운 각월미 까마귀가 날아가는 것을 배운다"고 하여 월미는 검은색의 눈썹이 자연스럽게 그려졌을 때 쓰는 말이다. 이런 월미는 양쪽을 일반적으로 부드럽게 그렸고 대의 색깔도 비교적 짙게 그렸다. 둔황 막고굴의 당대 벽화 중에는 공양인의 형상이 모두 이런 종류의 눈썹을 하고 있다(〈그림 3-39〉).

■ 활미(闊眉)

활미는 당대 여자의 주요한 눈썹양식이다. 유적(劉績)의 『비설록(霏雪錄)』에는 "당나라 때 부녀는 눈썹을 넓게 그렸다"고 하였으며, 두보의 『북정(北征)』에서는 "어수선하게 넓은 눈썹을 그렸다"고 하였다. 또 장사업(張司業)의 『창녀사(倡女詞)』에는 "귀밑머리를 가볍게 하여 눈썹의 끝이 귀밑머리와 이어질 정도의 눈썹을 그렸다"고 하였는데 이는 눈썹을 넓게 그린다는 의미보다 빗는다는 의미가 더 클 정도로 눈썹을 넓게 그렸다는 의미이다. 이런 자료들

에 따르면 초당 시기의 활미는 모두 길게 그렸기 때문에 사람들에게 짙고 눈에 띈다는 인상을 주었다. 눈썹을 그리는 구체적인 방법을 보면, 주로 양쪽을 뾰족하게 그리는 것이 있었고 또 한쪽은 뾰족하고 다른 쪽은 갈라지게 그리는 것도 있었다. 또 미간을 붙이지 않고 그린 것도 있고 또 미간을 이어지게 하고 중간에 하나의 가는 틈을 남겨 둔 것도 있었다. 또 눈썹꼬리가 위로 향하고 혹은 미간이 아래로 향하는 등등 여러 가지 괴이한 형태가 있었으며 그 변화도 다양하였다.

그림 3-40　당대 부녀의 눈썹양식

① 桂葉眉―周昉, 〈簪花仕女圖〉.
② 甘肅 敦煌 莫高窟 130窟 唐代壁畫, 范文藻 모사.
③ 新疆 吐魯番 阿斯塔那 唐墓 出土 彩繪陶俑.
④ 新疆 吐魯番 阿斯塔那 唐墓 出土 屛風絹畫.
⑤ 新疆 吐魯番 阿斯塔那 唐墓 出土 泥頭木身俑.
⑥ 敦煌 莫高窟 130窟 供養人壁畫.
⑦ 周昉, 〈簪花仕女圖〉.
⑧ 〈奕棊仕女圖〉, 新疆 吐魯番 唐墓 出土.

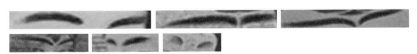

그림 3-41　당대 부녀의 다양한 활미

대략 성당 말기부터는 여자들의 활미는 짧게 그리는 것이 유행하였고, 중·만당기에 와서는 이런 특징이 더욱 뚜렷하게 나타났다. 계수나무 잎처럼 짧고 굵게 표현하는 눈썹을 특히 계엽미(桂葉眉)라고 한다. 주방의 〈잠화사녀도〉에서 이런 모습을 발견할 수 있다(〈그림 3-40 ①〉).

■ 팔자미(八字眉)

팔자미는 당나라 헌종(憲宗) 원화 연간에 다시 유행하기 시작하였다. 서한 시기에서 기원한 이 눈썹양식은 중당 시기에 와서 더 사람을 매혹시켰고 궁중에서나 민간에서나 보편적으로 환영을 받았다. 이때를 일컬어 '원화시세장(元和時世妝)'이라고 하였다.

그림 3-42 중·만당 부녀의 팔자미 — 周昉, 〈紈扇仕女圖〉.

당시의 시인 백거이(白居易)와 이상은(李商隱) 등의 많은 시에서 이러한 모습을 묘사하고 있다. "수양공주가 시집갈 때의 장식, 팔자궁미에 액황을 하였네" 등이었다. 또 동시대의 화가인 주방(周昉) 같은 화가도 두루마리에 이런 종류의 현상을 많이 그렸다. 〈그림 3-42〉에서 보는 바와 같이 이때의 팔자미 양식은 한나라 때와 많이 달랐다. 더 넓었을 뿐만 아니라 많이 구부러져 있어 그 형태가 팔(八)자와 더 비슷했다.

■ 도훈미(倒暈眉), 일자미(一字眉)

송·원 시대의 눈썹양식은 당나라 때처럼 풍부하지는 못하였지만 적지 않은 변화가 있었다. 송나라 사람이 쓴 『청이록(淸異錄)』의 기록에 따르면 당시에 '영저(瑩姐)'라고 하는 기녀가 있었는데 이 한 사람이 거의 100가지에 달하는 눈썹양식을 개발하였고 100일 동안 하루에 한 가지씩 사용해도 전혀 반

그림 3-43　송대 부녀의 도훈미 — 『歷代帝后像』.

그림 3-44　도훈미 — 『歷代帝后像』.

그림 3-45　원대 일자미 — 『歷代帝后像』.

복이 되지 않았다고 하지만 아쉽게도 시간이 지남에 따라 이런 눈썹양식은 많이 사라졌다. 송나라 남훈전(南薰殿)에 보관되었던 『역대제후상(歷代帝后像)』의 송나라 여자들은 눈썹양식이 아주 특징적이었는데 황후나 궁녀를 불문하고 눈썹은 모두 넓은 달 모양으로 그렸으며 이를 도훈미라고 한다.

그중에서 한쪽(위 혹은 아래)은 펜으로 칠했는데, 짙은 데서부터 바깥쪽으로 점점 흩어지면서 사라지게 그렸다. 전적에서 말하는 "도훈장"이 이러한 종류의 장식을 가리킨다(〈그림 3-43, 3-44〉).

원대 황후의 눈썹양식도 아주 특색이 있다. 〈그림 3-45〉를 보면 연대(年代)의 선후를 불문하고 모두 일자 눈썹양식을 그렸고 이런 눈썹양식은 가늘고 길었으며 또 가지런하였는데 이런 것들은 몽고족 귀부인들이 하는 특유의 장식으로 '일자미'라고 한다.

■ 황후미

명·청 시대의 여자들도 눈썹의 아름다움을 추구하였다. 눈썹은 많은 사람들이 가늘고 구부러지게 그렸는데 길이와 짙은 정도의 변화는 날이 갈수록 적어졌으며 원래의 멋(자태)을 잃게 되었다.

〈그림 3-46, 3-47, 3-48〉은 모두 가늘게 구부러진 눈썹으로 청대로 내려

그림 3-46  명대 황후의 눈썹 ―
『역대제후상』.

그림 3-47  명·청대 부녀의 눈썹 ―
靑陸淡容,〈袁母韓儒人像〉.

그림 3-48  청대 황후의 눈썹 ―
〈淸代帝后畫像〉, 중국 고궁박
물원 소장.

갈수록 명대에 비해 눈썹의 길이가 짧고 가늘어졌음을 알 수 있다.


(4) 입술연지

미인의 얼굴을 평가하는 기준에서 입술은 동서고금의 공통적인 기준이
다. '단순호치(丹脣皓齒)'는 붉은 입술과 흰 이를 말하는 것으로 미인을 대표하
는 말이 되었다.

고대 부녀의 면식 중에는 점순(點脣)이라고 하는 풍속이 있었다. 점순이
라고 하는 것은 순지(脣脂)를 입술에 바르는 것이다. 이런 미용법의 발생은
여자들의 다른 화장방식과 마찬가지로 고대사회의 심미관에 따라서 결정
되었다.

〈그림 3-49〉는 후난성 장사 초묘(楚墓)에서 출토된 채회목용(彩繪木俑)으
로, 입술을 붉게 그리고 있다. 이 여인의 입술을 보면 거의 둥근 점을 찍고

그림 3-49   湖南 長沙 楚墓
出土 彩繪木俑.

있는 것과 같지만 분명 빨간색의 입술이다. 〈그림
3-50〉의 〈여사잠도(女史箴圖)〉 역시 붉은색의 입술
을 바르고 있는데 이 역시 입술모양이라기보다는
둥근 원형을 그리고 있다.

그러나 당대 이후가 되면 입술의 모양이 다양해진다. 당나라 18대 황제 희종과 19대 황제 소종에 이르러 여성들이 입술에 연지를 바르는 화장술이 유행하기 시작하였다.[47] 특히 다른 부위의 화장과 마찬가지로 당대에는 여러 가지 유행하는 입술모양에 따라 순지를 발랐다.

그림 3-50  고개지, 〈여사잠도〉.

당시 사용한 순지의 주원료는 단(丹)이었다. 『석명』「석수식」에 의하면 "순지는 단으로 만든 것인데 순적(脣赤)과 같다"고 하였다. 단은 일종의 붉은색이 나는 광물질 안료로서 주사(硃砂)라고도 한다. 주사로 순지를 만들면 아주 뚜렷하고 강렬한 색을 만들지만, 접착성이 없어서 옛사람들은 주사에 동물기름을 넣어서 순지를 만들었다. 그리하여 방수성과 함께 붉은 색깔과 윤기를 가지면서 이상적인 화장품이 되었다. 주사 외에 순지를 만드는 기본 원료로 연지(胭脂)를 사용하기도 하였는데 이는 한대 이후의 일이다.

순지의 색은 비교적 강한 커버력을 가지고 있었기에 입술모양을 바꿀 수 있었다. 입술이 두꺼운 사람은 얇게 그릴 수 있었고 입이 큰 사람은 작게 할 수 있었으며 이로 인하여 점차 점순 예술이 발달할 수 있었다. 명칭도 다양하여 석류교(石榴嬌), 대홍춘, 소홍춘, 눈오향, 반변교, 만금홍, 성단심, 담홍심, 성성휘 등의 다양한 모양의 입술을 만들었다.[48]

〈그림 3-51〉은 신장 트루판 당묘에서 출토된 니두목신용에서 확인한 입술이다. 입술의 크기가 원래의 입술과는 다른 모양을 하고 있으며, 그 크기

47   안현순, 「중국전통화장 문화에 관한 소고 — 문헌상의 기록을 중심으로」, 『한국미용학회지』 14(3), 2008, 950쪽.
48   하루야마 유키오, 임희선 역, 『화장의 역사』, 사람과책, 2004, 108쪽.

그림 3-51 新疆 吐魯番 阿斯塔邦 唐墓 出土 泥頭木身俑.

그림 3-52 〈弈棊仕女圖〉, 新疆 吐魯番 阿斯塔邦 唐墓 出土 絹畵.

그림 3-53 〈弈棊仕女圖〉, 新疆 吐魯番 阿斯塔邦 唐墓 出土 絹畵.

그림 3-54 만당 부녀의 입술, 敦煌 莫高窟 130窟 供養人壁畵.

는 원래의 입술과 달리 아주 작게 그려 입술의 모양을 수정하였음을 알 수 있다.

당시 사람들이 이상적이고 아름답다고 여긴 입술형태는 앵두였다. 앵두는 아름답고 작으면서도 색깔이 선명하고 짙다.[49] 이런 입술을 교소농염(嬌小濃艶)이라 하여 가장 좋아하였다.


(5) 면엽(面靨)

중국 여자들은 얼굴장식으로 분을 바르는 것 외에 액황(額黃), 화전(花鈿), 사홍(斜紅), 장엽(妝靨) 및 점순(點脣) 등 여러 가지 장식을 하였다. 대체로 치장하는 과정은 7단계로 진행된다. 첫 번째는 납분을 바르고, 두 번째는 연지를 바르고, 세 번째는 눈썹을 그리고 네 번째는 아황을 하고(화전을 붙인다), 다섯 번째는 면엽을 찍고, 여섯 번째는 사홍을 그리고 일곱 번째는 순지를 바른다.

이를 구체적으로 살펴보면 납분을 발라 얼굴을 전체적으로 하얗게 만든다. 그리고 색조화장을 시작하는데 연지를 얼굴 전체에 발라 연한 홍조를 띠게 하여 젊고 활기 있는 얼굴로 만든다. 얼굴 전체의 피부 톤을 정리하고 나면 다음으로 중요한 것이 눈썹이다. 눈썹은 하얀 피부와는 대조적으로 검

49  김서주·박옥련, 「당대 화장문화에 관한 고찰」, 『경성대학교 논문집』 20(2), 1999, 367쪽.

게 칠해 인간의 감정을 살리는 역할을 한다.

위로 치솟은 눈썹을 그리든지, 아래로 구부러진 눈썹을 그리든지, 숱이 많고 짧게 그리든지, 숱이 많고 길게 그리든지 각각에 따라서 사랑스러운 모습이 될 수도 있고 찌푸린 얼굴을 만들 수도 있다. 당시의 사회 문화적인 분위기에 맞게 눈썹을 그린다.

다음으로는 아황을 하고 화전을 붙인다고 하였으니 이는 이마와 미간을 위한 치장이다. 화전을 그리거나 붙이는 것으로 시선을 이마로 빼앗는다. 그리고는 바로 면엽을 찍는다. 이는 보조개를 찍는 것으로 입술 옆에 양쪽으로 점을 찍는다. 입술 옆의 점은 서양의 패치와 같다. 서양에서는 패치의 위치에 따라 의미가 다르다. 이마의 중앙에는 여황제, 코 위에는 수치심이 없는, 눈 근처에는 정열, 입 옆에는 입맞춤을 기다림, 입과 턱 사이에는 침묵, 여드름 위에는 도둑이라 불렀다고 하였으니[50] 중국 부녀들의 면엽 역시 입맞춤을 기다리는 의미는 아니었을까? 왜냐하면 입술 옆의 점은 누가 봐도 섹시함을 불러일으키기 때문이다. 다음은 사홍을 그린다고 하였는데 사홍을 그리는 위치는 눈 옆이며, 귀밑머리와 가까운 곳에 있다. 이는 얼굴이 크게 확장되는 것을 막는 역할을 한다. 당나라 때 여인들은 특히 얼굴이 하얗고 통통하여 대체로 얼굴 크기가 크다. 이를 감추기 위한 방법으로 얼굴의 여러 부분을 붉게 칠해 시선을 분산시키고자 했던 것이다.

■ 액황(額黃)

액황은 황색의 안료를 이마에 그려 넣은 데서 유래한 것으로 아황(蛾黃, 鴉黃)이라고도 한다. 액황은 남북조 시대 불교의 열기가 고조되자 불상에 칠해진 금색으로부터 영감을 얻어 이마에 황색 물을 들이면서 시작되었다.

---

50    히데오 아오키, 유태순·조기여·이화순 편역,『서양화장문화사』, 동서교류, 2004, 93쪽.

그림 3-55 평도법의 액황 — 張萱,〈搗練圖〉.　그림 3-56 평도법 — 작자미상,〈北齊校書圖〉.　그림 3-57 반도법 — 작자미상,〈北齊校書圖〉.

당나라 피일휴(皮日休)의 「백련(白蓮)」이라고 하는 시에는 "반이 내려온 금분이 어떻게 액황에 견줄 수 있겠는가"라고 하였으며, 정사(鄭史)의 「증기행운시(贈妓行雲詩)」에는 "옅은 화장을 제일 좋아하고 옷차림과 아황을 겸한다"라고 하여 옅은 화장에도 필수 화장인 아황의 아름다움을 예찬하고 있다.

액황을 아름답게 하기 위한 방법에는 두 가지가 있다. 하나는 염화(染畵)로 그려 넣는 것이고 다른 하나는 점첩(黏貼)법으로 찰진 것을 붙이는 것이다. 구체적으로 액황을 그리는 방법은 평도법(平塗法)이라고 하여 이마를 전부 노란색으로 칠하는 것이다(〈그림 3-55, 3-56〉). 다른 하나는 반도법(半塗法)이라고 하여 이마를 전부 칠하는 것이 아니고 절반만 칠하는데 위쪽을 칠할 수도 있고 아래쪽을 칠할 수도 있다. 그리고 맑은 물을 묻혀서 약간만 물이 들도록 하기도 한다(〈그림 3-57〉).

이 외에 여자들은 노란색 연고로 칠한 초승달 모양의 점을 덧칠했는데 이를 '황성엽(黃星靨)' 또는 '미간황(眉間黃)'이라고 불렀다. 이 풍조는 명나라 말까지 계속되다가 청대에 없어진 것으로 보인다.[51] 북조 시대 북방민족의 여성들 사이에서 즐겨 사용한 습속으로, 남조 한민족의 부인들 사이에서도 유

51　김서주·박옥련, 「당대 화장문화에 관한 고찰」, 『경성대학교 논문집』 20(2), 1999, 369~371쪽.

행하게 되었다.

■ 화전(花鈿)

화전은 액황의 일종이었던 노란색 재료로 만들어진 얇은 장식품으로 풀을 발라 이마에 붙이는 것이다. 여러 가지 꽃 모양으로 자를 수 있기에 '화황(花黃)'이라고 하였다. 남조(南朝)의 서릉(徐陵)이 쓴 「봉화영무시(奉和詠舞詩)」에는 "소매를 들어 화황을 치운다"라는 구절이 있었으며, 당나라 최액(崔液)의 「답가사(踏歌詞)」에는 "비취를 하고 화황을 붙인다"라고 하여 모두 이마에 꽃을 붙이는 풍속이 있었다.

남조 송무제의 딸 수양공주가 정월 초7일에 함장전(含章殿)에 누워 있었다. 궁전 앞에는 매화나무가 있었는데 바람이 가볍게 불면서 한 송이 매화가 떨어졌다. 이 매화는 마침 바로 공주의 이마 위에 떨어져서 이마가 꽃잎 모양으로 물이 들었는데 아무리 씻어도 없어지지 않았다. 궁정의 다른 여자들이 그 모양을 서로 모방하면서 유행하게 되었다.

당나라 여자들은 보편적으로 화전을 즐겨 사용하였다. 화전의 가장 간단한 방법은 하나의 작은 원점이었다.

〈그림 3-58〉 신장 투르판 당묘에서 출토된 한 쌍의 채회 니용(泥俑)에서 이마 부분에 간단하게 원점이 장식되어 있는 것을 볼 수 있다. 한편 복잡한 것은 금박편, 흑광지(黑光紙), 어시골(魚腮骨), 나전각(螺鈿殼) 및 운모편(雲母片) 등 재료를 잘라서 여러가지 꽃 모양으로 만들었는데 그중 매화가 가장 인기가 많았다. 이는 수양공주의 매화장식에서 유래한 것으로 보인다(〈그림 3-59〉).

화전에는 홍색, 녹색, 황색 세 종류의 색깔이 있으며, 홍색이 가장 많았다. 금이나 은으로 꽃 모양을 만들어서 머리 위에 덮기도 하였다.

이런 장식의 구체적인 형상은 서한 등 지역의 당묘에서 출토한 도용에서

그림 3-58  원점의 화전, 新疆 吐魯番 唐墓 出土 泥俑.

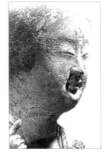

그림 3-59  매화
화전, 陝西 西安
東郊 王家墳 唐
墓 出土 三彩俑.

비교적 뚜렷하게 반영된다. 이 외에 또 복잡하고 변화가 많은 도안들이 있는
데 어떤 것은 우각(牛角), 부채[扇面], 복숭아 모양과 비슷하였다. 이 외에도 여
러 가지 추상적인 무늬를 넣어 균형을 잡고 크기도 알맞게 하였다. 이런 화
전은 이마에 붙이면 송이송이 산뜻하고 기이하며 아름다운 꽃처럼 보였다.

화전의 색은 액황보다 훨씬 더 풍부하였다. 액황은 보통 단색을 취하였는
데 화전은 여러 가지 색이 있었고 그 색깔은 재료에 따라 결정되었다. 예를
들면 금박은 금색이고 흑광지는 흑색이고 어시골은 흰색이다. 거기에 도안
에 따라서 여러 가지 색깔을 물들이는 것으로 가장 정채인 것 중 하나는 "취
전(翠鈿)"이다. 이것은 각종 물총새의 우모로 만들었으며 청록색을 띠었다.
깨끗하고 새로울 뿐 아니라 특이하였으며, 해학적인 홍취가 넘쳐 났다.

화전을 붙이는 풀은 주로 아교였다. 이런 아교는 북방에서 나왔는데 접착
성이 좋은 물고기의 부레로 만들었다. 여자들이 그것으로 화전을 붙일 때에
는 입김을 불고 침을 좀 묻혀 이마에 붙였다. 화장을 지울 때에는 더운물을
묻혀 떼어 냈다.

■ 사홍(斜紅)

사홍은 뺨[面頰]에 붙이는 일종의 장식이다. 당나라 때 묘장에서 출토한 여
요의 얼굴에는 빨간색이 나는 두 갈래의 초승달과도 같은 장식이 있었는데

제3장  화장의 문화

①
新疆 吐魯番
阿斯塔邦
唐墓 出土
絹畫 부분.

②
新疆 吐魯番
阿斯塔邦
唐墓 出土
泥頭木身俑
부분.

그림 3-60  사홍의 모습

이런 장식은 색깔이 화려하고 모양이 특이하다. 어떤 것은 고의로 훼손시킨 모양을 하고 있어 멀리서 보면 하얗고 깨끗한 얼굴에 두 군데 상처가 난 것 같다.

당나라 원진의 『유소교(有所敎)』에서는 "사홍은 세워서 그릴지언정 드리워서 그리지 말아야 한다"고 하였으며, 나규의 「비홍아시」에는 "짙은 빨간색으로 한 번 칠하니 얼굴이 기울어져 보인다"라고 하여 사홍을 표현했다.

오늘날에 보면 이렇게 얼굴에 칠하고 그리는 장식은 좀 어설프게 보인다. 왜냐하면 장식의 목적은 아름다움을 위한 것인데 이런 장식은 아름답지 않을 뿐 아니라 오히려 원래의 아름다움을 훼손시키기 때문이다. 그러나 옛날에는 아주 유행했던 치장법으로서 궁녀 무희들 속에서 유행했을 뿐 아니라 일부 명문 규수들도 이런 것에 깊이 빠져 있었다(〈그림 3-60〉).

■ 엽(靨)

엽은 뺨과 보조개 쪽에 하는 일종의 장식으로서 '장엽(妝靨)' 또는 '면엽(面靨)'이라고도 하며, 더 옛날에는 '적(的)'이라고도 했다.

부녀들의 얼굴에 적을 하는 것은 장식이 아니라 궁중생활에서의 일종의 특수한 표시였다. 후궁이 생리를 하면서 왕과 잠자리를 같이할 수 없을 때 그리고 말하기 거북할 때 얼굴에 두 점을 찍으면 여리(女吏)가 그 이름을 부

그림 3-61 엽, 新疆 吐魯番 阿斯塔邦 唐墓 出土 泥頭 木身俑.

그림 3-62 엽, 敦煌 楡林窟 16窟 壁畵(장대천 모).

르지 않았다. 후에 이런 방법이 민간에 전해지면서 일종의 장식이 되었다. 면엽의 방법에는 통상적으로 연지로 찍고 칠하는 것과 화전처럼 금박, 취우 등을 붙이는 것이 있다. 성당(盛唐) 이전에는 일반적으로 노란 콩만 한 원점을 두 개 찍었다(〈그림 3-61〉).

원진의 시 「한장성」에는 "얼굴에 동그란 엽을 한다"고 하였으며, 산시성 시안, 신장 투르판 지역의 당묘에서 출토된 여용의 얼굴은 대부분 이러한 장식을 하고 있다. 성당 이후에 면엽의 범위가 넓어지고, 양식도 더 풍부해졌다. 어떤 것은 그 모양이 동전과 같아서 '전점(錢點)'이라고 하고 어떤 것은 살구, 복숭아와 같아서 '행엽(杏靨)'이라고 하였다(〈그림 3-62〉).

만당 오대 이후에는 경제, 정치 등 여러 가지 원인으로 중국 복장의 형제가 점차 딱딱하고 보수적인 경향을 가지게 되었다. 하지만 부녀가 장식하는 풍속은 늘어날 뿐 줄지 않았다. 많은 도상을 통해 보더라도 이 시기 면

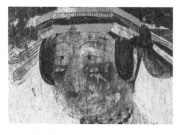

그림 3-63 장엽, 回鶻夫人 供養像, 敦煌 莫高窟 61窟 壁畵.

그림 3-64 장엽, 供養夫人像, 敦煌 莫高窟 61窟 壁畵.

제3장 화장의 문화

엽의 장식은 더 복잡해졌으며 전통적인 원점, 꽃 모양 외에 새나 짐승의 모양을 하기도 했고[52] 어떤 사람들은 이런 도안을 얼굴 전체에 하고 다니기도 하였는데 이러한 모습은 둔황 벽화 공양상에서 찾아볼 수 있다(〈그림 3-63, 3-64〉).[53]

### 3) 일본의 화장

일본의 여성들은 청결을 가장 중요하게 생각하였다. 에도 시대에는 세수를 할 때 비누 대신에 쌀겨나 세분(洗粉)이라고 하는 가루비누를 사용했다. '메가부쿠루(糠袋)'라고 하는 빨간 천으로 주머니를 만들어 그 안에 쌀겨나 가루비누를 넣어 끈으로 묶은 후 따뜻한 물속에서 얼굴이나 목, 머리 등을 문지른 후 씻어 낸다.

이처럼 깨끗하게 세수를 한 다음 본격적인 화장을 시작하는데, 흰색, 빨간색, 검은색의 세 가지 색으로 화장을 했다.

### (1) 분화장, 흰색 화장

'이로지로(いろじろ)', 즉 색백은 흰 피부를 말한다. 일본에서 가장 아름다운 여인은 하얀 피부를 가진 여성으로 백색이 미인의 가장 큰 조건이 된다고 생각하였다. 그만큼 여성들은 하얀 피부를 위해 백분화장을 하였다.

일본에서 백분은 중국에서 수입해 오거나 한국과의 교역을 통해 수입되는 것으로 극히 귀한 것이었다. 일본산의 백분은 지토천황(재위 690~697) 때에 처음 만들어졌는데, 원흥사의 승려인 관성(觀成)이 여제(女帝)인 지토천황에게 연분을 만들어 바치면서 일본산의 백분이 생산되었다.

---

52  華梅, 김성심 역, 『中國文化 5: 服飾』, 도서출판대가, 2008, 46쪽.
53  敦煌研究院, 『敦煌』 壁畵·五代, 江邊美術出版社, 1998, 43~44쪽.

그림 3-66　梅模樣白粉箱, 刷毛, 에도 시대 말기.

그림 3-65　溪斎英泉, 〈美艶仙女香〉, 1815~1842년.

일본에서는 연분 외에 찹쌀로 만든 백분이 있었고 궁중 여인들의 화장재료로 찹쌀과 밤가루로 만든 백분이 연분과 함께 사용되었을 것이다. 헤이안 시대에 이르러 백분은 일반화되어 귀족의 전유물이 아니라 민간의 하류사회에서도 사용되었다.[54]

〈그림 3-65〉의 여인은 왼손으로 쇄모(刷毛)를 사용해서 백분을 펴 바르고 있다(〈그림 3-66〉 참조).

이 백분은 납으로 만든 연백분과 수은으로 만든 백분이 있었는데 일명 경분이라고도 한다. 경분은 백분으로도 유명하지만 이를 잡는 약으로도 사용되었으므로, 에도 시대 백분은 대체로 연백분을 말한다.[55]

## (2) 연지, 빨간색 화장

빨간색은 에도 시대의 여성을 여성스럽게 연출하는 화장이었다.[56] 당시 빨간색은 주로 홍화로 만들었고 색은 빨간색이었다. 홍화 추출량이 적어 '홍 1돈에 금 1돈'이라고 할 정도로 고가였기 때문에 상류계급의 여성, 부유한 여성

54　박보영, 「일본 여성의 색조화장에 반영된 미의식 연구」, 『한국인체예술학회지』 6(3), 2005, 133쪽.
55　村田孝子, 『江戸300年の女性美』, 靑幻司, 2007, 16쪽.
56　안현순·고정민, 「중국 청 왕조시대와 일본 강호시대의 미의식에 따른 화장문화 비교연구」, 『비교문화연구』 27, 2012, 73쪽.

| 홍화가 핀 모습 | 황색의 색소를 뺀 모습 | 떡 모양의 홍화 |

혹은 유녀들의 전유물이었다. 홍은 그릇이나 돼지 입에 발라서 시판되었다.

홍화를 만들기 위해서는 첫째, 초여름 노란색 꽃이 약간의 적색을 띨 즈음 꽃잎을 딴다. 홍화는 엉겅퀴와 비슷하게 줄기와 잎에 가시가 있는데 아직 동이 트지 않고, 이슬이 나오지 않았을 때 꽃잎을 채취한다. 둘째, 채취한 꽃은 통에 넣어 밟는다. 셋째, 냇물에서 밟은 홍화를 햇볕에 말려 황색의 색소를 뺀다. 넷째, 하루 낮밤을 방치해 두면 빨갛게 발효가 된다. 다섯째, 절구에서 떡 모양으로 만들어 찐다. 여섯째 이것을 배에 실어 에도나 교토로 운반하여 구홍을 만들기도 하고 옷을 염색하는 데 사용하기도 한다.[57]

■ 구홍

헤이안 시대에 이르러 입술연지는 낮은 계층의 여성에게도 중요한 화장의 하나였다. 『영화물어(榮華物語)』 19편에 "젊은 여자들이 옷을 입고 흰 양산을 받쳐 들고 치흑을 하였는데 입술은 빨갛게 그렸다"고 하였다.[58] 입술을 빨갛게 바르는 것이 지나치면 천박하게 여기기도 하였다. 가마쿠라 중기가 되면 입술의 색이 점점 짙게 변하였는데 특히 아랫입술을 윗입술보다 짙게 칠했다(〈그림 3-67〉). 이러한 경향이 후기에 이르러 변용되어 먹을 칠한 것처럼 되었다.

57    村田孝子, 『江戸300年の女性美』, 2007, 22쪽.
58    久下司, 『化粧』, 1996, 64쪽.

에도 시대 문화 10년까지는 검은색의 입술화장을 하였다. 이러한 입술화장을 위해서는 먼저 먹을 바르고 그 위에 연지를 발라 연지를 많이 쓰지 않고도 진홍색의 빛이 나도록 했다. 처음에는 옥충과 같이 푸를 정도로 짙게 발랐으나 본래의 색을 상실한 화장을 한다는 비판을 받았다. 결국 입술을 검게 칠하는 유행은 사라지게 되었지만 입술에 연지를 바르는 풍속은 메이지 시대까지 지속되었다.[59]

■ 협홍

일본에서 뺨에 붉은색을 칠하는 모습은 입술에 연지를 바르기 시작하면서 쇠퇴한 것으로 헤이안 시대 이전에는 협홍을 했다. 나라 시대의 〈조모입녀병풍(鳥毛立女屛風)〉의 여인을 보면 얼굴 전체에 붉은 연지를 발라 홍장을 하고 있는 모습을 볼 수 있다. 이는 당나라의 영향을 받은 결과이지만 입술 연지가 본격화되는 헤이안 시대에는 얼굴의 홍장은 사라졌다. 에도 시대가 되면 붉은 기는 더 없어지고 전체적으로 화장이 옅어지고 있는 모습을 볼 수 있다. 특히 에도 시대에는 짙은 화장을 기피하였다.[60]

(3) 치흑과 눈썹화장, 검은색 화장

검은색의 대표적인 화장은 검은 이와 눈썹화장이다. 검은 이는 통과의례

---

59　박보영, 「일본 여성의 색조화장에 반영된 미의식 연구」, 『한국인체예술학회지』 6(3), 2005, 136쪽.

60　진형여·김희정, 「조선 전기의 메이크업과 동시대 중국과 일본의 메이크업 비교」, 『한국인체예술학회지』 10(4), 2009, 150쪽.

와 깊은 관련이 있다. 이를 검게 칠하는 것은 일본에서 제일 오래된 화장법으로 헤이안 시대 상류계급의 여인들은 어느 정도의 연령이 되면 이를 검게 염색하고 눈썹을 밀어 없앴다.

■ 치흑

치흑(おはぐろ)은 일본 화장문화의 가장 특징적인 것 중의 하나이다. 치흑에 관한 문헌기록으로는 『원씨물어(源氏物語)』, 『자식부일기(紫式部日記)』, 『영화물어』 등을 들 수 있는데 『원씨물어』에 "아가씨가 치흑을 아직 하지 않고 있으므로 이번에 처음으로 치흑을 시키고 눈썹을 그리고 화장을 하게 했더니 또렷하고 아름답고 산뜻하게 되셨습니다"[61]라고 하여 다른 색조화장 행위와 마찬가지로 치흑은 일정한 연령이 되면 반드시 행해지는 통과의례와 같은 것이었다.

이를 검게 물들이는 풍습의 시작은 헤이안 시대이다. 치흑은 눈썹을 미는 것과 같이 여성의 통과의례인 결혼과 밀접한 관계가 있다. 이를 검게 칠하는 것은 일본에서 제일 오래된 화장법이다. 헤이안 시대 상류계급의 여인들은 어느 정도의 연령이 되면 이를 검게 염색하고 눈썹을 밀어 없앴다는 것이 『제중납언물어(堤中納言物語)』의 「진심으로 사랑하는 아가씨(忠愛ずる姫君)」 등에도 묘사되고 있다.

『자식부일기』에는 "섣달 그믐날 밤 악마를 쫓는 제사의식이 예년보다 매우 일찍 끝났으므로 치흑을 하여 …"라는 구절이 있어 헤이안 시대부터 치흑이 인기가 있었음을 알 수 있다.[62] 이후 에도 시대가 되면 이를 검게 칠하는 것이 화장 중에서도 가장 특징적인 것이 된다. 검은색은 다른 색에 물들지 않는다는 점에서 정녀(貞女)의 상징이 되었다. 또 여성의 연령, 직업, 혼인

---

61  久下司, 『日本化粧文化史の研究』, ビューティービジネス, 1993, 687쪽.
62  久下司, 앞의 책, 653쪽.

여부를 분간할 수 있는 단서가 되었다. 또한 치흑을 철장이라고도 하는데, 오배자 가루와 끓인 물, 철장수를 섞어서 치아에 바르면 오배자의 주요한 성분인 탄닌이 충치예방에 효과가 있을 뿐 아니라 치조농루를 예방하는 데 탁월한 효능이 있었다.[63] 에도 말기 교토의 여성은 21~22세가 되면 기혼여성은 물론 미혼여성도 이를 검게 물들였다.[64]

〈그림 3-68〉은 기타가와 우타마로(喜多川歌麿, 1753~1806)가 그린 〈부인상학십체(婦人相學十體)〉이다. 치흑은 이에만 바를 때도 있지만 아랫입술까지 검게 되기 때문에 양치질을 하고 수건으로 닦아 내야 했다.

그림 3-68  치흑 ―喜多川歌麿, 〈婦人相學十體〉, 1802~1803년, 개인 소장.

특히 철장을 물들이는 모습은 보기 흉하다고 해서 옛날 여자의 교훈에는 다른 가족이 일어나 나오기 전 이른 새벽에 이것을 행하라고 가르치고 있다. 또 배우와 같이 신속하게 치아를 물들여야 할 필요가 있는 사람들은 '조철장(早鐵漿)'이라고 하여 송진으로 만든 것을 이용하였다. 이것은 불에 구워 만드는 것으로, 즉시 발리지만 수건 등으로 세게 닦으면 곧 떨어져 버리는 결점이 있다.[65]

에도 시대에는 유곽의 유녀들이 치흑을 하였으며 예술가들도 치흑을 하였다. 여기서 흥미로운 사실은 정녀의 상징이었던 치흑을 유곽의 유녀들 및 일반인들보다 자유롭다고 생각되는 예술가들이 했으므로 유행에 따른 치장만 남게 되었다는 점을 알 수 있다.

63  村田孝子, 『江戶300年の女性美』, 2007, 28쪽.
64  村田孝子, 앞의 책, 28쪽.
65  박보영, 「일본 여성의 색조화장에 반영된 미의식 연구」, 『한국인체예술학회지』 6(3), 2005, 137쪽.

■ 눈썹화장

일본의 『만엽집』에는 "달이 뜨자 초승달 같은 눈썹을 그리고 사랑하는 님 만나러 간다. 매화꽃 꺾어 지니고 보면 우리집 앞뜰의 버들눈썹"이라고 하여 눈썹의 모양이 초승달이거나 버들잎 모양이다.[66]

〈그림 3-69〉는 나라 시대 약사사(藥師寺)에 소장된 〈길상천녀상(吉祥天女像)〉의 여자이다. 둥그런 얼굴에 초승달 모양의 눈썹을 그리고 있다. 〈그림 3-70〉과 〈그림 3-71〉은 〈조모입녀병풍〉에 그려진 수하미인도이다. 이 두 여인 역시 검은 눈썹을 그리고 있는데 〈그림 3-70〉은 초승달과 같은 눈썹을 그렸으며, 〈그림 3-71〉은 〈그림 3-70〉보다 짙고 굵은 눈썹을 그리고 있는데 특히 눈썹꼬리 쪽으로 가면서 더 넓어지고 흐리며, 끝으로 가면서 청색이 보인다.

이후 헤이안 시대 말기가 되자 공가의 남자에게까지 눈썹화장이 영향을 미쳐 옅은 화장을 하고 이를 검게 물들였다. 여자들은 눈썹을 뽑은 후 위쪽에 다시 그렸는데, 이는 권위의 상징으로서 신분, 계급 등을 과시하기 위한 것이었다. 또 일본인의 눈은 평면적으로 풍만한 것이 특징이었으며, 가능한 한 눈썹의 아래쪽은 밀고 위쪽으로 그렸으며(〈그림 3-72〉), 이마에 부드러운

그림 3-69 초승달 눈썹 －〈吉祥天女像〉, 나라 시대, 藥師寺 소장.

그림 3-70 초승달 눈썹 －〈鳥毛立女屛風〉, 나라 시대, 正倉院 소장.

그림 3-71 활미 －〈鳥毛立女屛風〉, 나라 시대, 正倉院 소장.

66 고경숙·윤복연, 「일본 중세 수발양식 및 화장에 관한 연구－室町, 安土桃山 중심으로」, 『한국인체예술학회지』 8(1), 2007, 9쪽.

그림 3-72　굵은 눈썹(太い眉) — 작자미상, 〈源氏物語繪卷〉, 헤이안 시대 후기, 德川美術館 소장.

그림 3-73　이마 상부에 그린 눈썹 — 작자미상, 〈淺井長政夫人〉, 모모야마 시대, 持明院 소장.

그림 3-74　눈썹을 미는 모습 — 歌川国芳, 〈風流名頭字尽甚〉, 1847년, 名古屋市博物館 소장.

그림 3-75　눈썹을 민 여인, 喜多川歌麿, 1798~1799년, 神奈川縣立歷史博物館 소장.

느낌을 주기 위해 눈썹을 완전히 밀고 이마 위쪽에 눈썹을 그려 요염하게 보이도록 했다. 〈그림 3-73〉은 모모야마 시대의 여인으로 이마의 상부에 눈썹을 그리고 있는데 미인이라고 평가받았다.

　이후 에도 시대에는 다시 초승달과 같은 자연스러운 눈썹을 그렸지만 이역시 눈썹을 밀고 다시 그리는 방법으로 유지되었다. 눈썹을 밀면 어떻게 될까? 〈그림 3-74〉는 눈썹을 밀고 있는 모습이며, 〈그림 3-75〉는 눈썹을 다민 후의 모습이다.

　태어난 달의 눈썹을 'ぼうぼう眉まゆ(누구누구 눈썹)'이라고 말하고 젊은 여성들은 얼굴에 맞게 초승달 모양 등을 가지런하게 그렸다(〈그림 3-76〉). 또 어느 정도의 나이가 되면 고미(枯眉)라고 해서 이마의 상부에 작은 눈썹을 그리

그림 3-76　三日月眉, 작자미상, 1763년, 폴라문화연구소 소장.

그림 3-77　枯眉, 작자미상, 1763년, 폴라문화연구소 소장.

그림 3-78　西川祐信,〈柱時計美人圖〉, 에도 시대, 도쿄국립박물관 소장.

그림 3-79　喜多川歌麿,〈當時三美人〉, 에도 시대, 도쿄국립박물관 소장.

그림 3-80　歌川國芳,〈江戶じまん名物くらべ王子みやげ〉, 에도 시대 후기, 도쿄국립박물관 소장.

기도 하였다(〈그림 3-77〉).

　에도 시대 유행하였던 눈썹의 모양을 풍속화에서 찾아보면 다음과 같다. 〈그림 3-78〉은 한 개의 선으로 눈썹을 그리고 있는데 특별한 개성이 보이지는 않는다. 눈썹을 통해 표정이 풍부해지는 것은 천명(天明) 말부터 관정(寬政) 초기에 걸친 시기의 일로 기타가와 우타마로가 그린 반신상의 미인들에서 처음 보인다. 〈그림 3-79〉는〈당시삼미인(當時三美人)〉의 여인으로 눈썹과 눈썹 사이가 좁고 털의 결이 확실하게 두껍다. 이때부터 초승달 모양을 비롯해 여러 모양의 눈썹이 나타난다. 〈그림 3-80〉은 에도 말기에 활약했던 풍속화가 우타가와 쿠니요시(歌川國芳)가 그린 그림 속 여성의 눈썹이다. 눈

표 3-3 각 시대별 눈썹의 모양

| 시 대 | 눈썹의 종류 | | |
|-------|------|------|------|
| 나라 | | | |
| 헤이안 | | | |
| 모모야마 | | | |
| 에도 | | | |

섭의 형태는 우타마로가 그린 미인도의 것보다 약간 가늘지만 더욱 강하게 그렸다.

이처럼 에도 초기에는 가는 눈썹을 그렸지만 중기에는 굵게 그리다가 이후 말기가 되면 중기보다는 가늘어 보이지만 보다 자연스러워졌다. 시대변화에 따른 눈썹의 모양을 간단히 표로 정리하면 〈표 3-3〉과 같다.

『여용훈몽도회(女用訓蒙圖彙)』에 따르면 귀천을 통틀어 먹을 칠하여 눈썹을 그리는데(〈그림 3-81〉) 그 재료로 검은 이삭의 대나 유연(油煙) 등이 사용되었다.

그림 3-81 눈썹을 그릴 때 사용한 먹, 막부 말기~메이지 시대.

그림 3-82 눈썹을 밀 때 사용한 칼과 상자, 막부 말기~메이지 시대.

제3장 화장의 문화

## 3 한·중·일 화장도구의 비교

조선왕실의 화장에 대한 미의식을 밝히기 위하여 조선왕실에서 사용한 화장도구를 중심에 놓고 중국과 일본의 화장도구를 비교·분석하고자 한다. 한·중·일의 화장도구를 비교함으로써 각 나라에서 중시하고 있는 화장법이 무엇인지, 어느 부분을 강조하고자 했는지를 명백하게 알 수 있기 때문이다.

조선왕실의 마지막 상궁인 김명길의 전언에 따르면 "순종비인 윤 황후는 박화장이라고 해서 한 듯 안 한 듯 분만 살짝 바르는 것이면 족했다"[67]고 했을 정도로 조선왕실의 화장은 화려하지도 않고 구체적인 미용법이 남아 있지도 않다. 이러한 시점에서 유물로 남아 있는 화장도구를 살펴보는 것은 당시 화장의 현주소를 확인할 수 있는 중요한 단서가 될 것이다.

### 1) 조선왕실의 화장도구

조선왕실에서 소박한 화장을 좋아했다고는 하지만 현재 국립고궁박물관에는 여러 점의 화장도구가 남아 있다. 이를 통해 당시 가능했던 화장의 종류를 가늠해 보고자 한다.

■ 경대(鏡臺)

화장을 하기 위해 가장 먼저 갖추어야 할 것이 경대이다. 조선왕실의 경대

---

67  김명길, 『낙선재 주변』, 중앙일보·동양방송, 1977, 114쪽.

는 일반적으로 화장도구를 담는 상자의 맨 위쪽에
거울을 붙여, 앉아서 화장을 할 수 있도록 했다. 조
선시대에는 전신거울이나 손거울보다는 화장도구
를 담는 상자에 거울을 붙여 놓은 형태가 많았다.

〈그림 3-83〉은 영친왕비의 경대이다. 붉은색과
검은색의 옻칠을 한 칠기경대로 3개의 서랍과 하
나의 거울이 달려 있다. 맨 윗부분을 젖혀 올리면
거울을 받쳐 놓고 사용할 수 있으며 거울을 보지

그림 3-83　경대, 국립고궁
박물관 소장.

않을 때에는 뚜껑을 덮어 보관하도록 하였다. 이는 거울이 깨지기 쉬운 물
건이므로 소중하게 다루기 위한 목적이었던 것 같다. 그러나 경대의 장점은
앉은자리에서 얼굴과 머리를 완벽하게 치장할 수 있다는 점이다. 거울의 아
래에는 3단의 서랍이 있고, 그 속에는 머릿기름합과 분합(粉盒)을 비롯해 빗
등 다양한 치장도구가 들어 있다.

■ 합(盒)

합은 깊이가 있는 그릇이다. 조선시대에는 백자로 되었지만 고려시대에
는 청자로 된 합이 있었다. 이 합에는 머릿기름과 분을 담는다. 조선시대에
는 동백기름이나 아주까리기름이 주로 사용되었는데 왕실에서는 동백기
름 또는 참기름을 사용하였다. 〈그림 3-84〉는 머릿기름을 담았던 합으로 안

그림 3-84　머릿기름합, 사기, 지름 6.4cm, 높이
4.2cm, 국립고궁박물관 소장.

그림 3-85　분합, 지름 6.6cm, 높이 2.8cm, 국립
고궁박물관 소장.

제3장　화장의 문화

에 기름을 흠뻑 머금은 솜이 보인다. 사용할 때는 동백기름을 솜에 묻혀 머리에 두드려 바른다. 조선왕실의 머리양식은 앞서 살펴본 바와 같이 체발이다. 체발을 덧대어 사용할 때 머리카락이 삐져나오지 않도록 하기 위해서는 기름을 바르는 것이 중요했다.

조선에서 가장 중요한 얼굴화장은 하얀 피부이다. 백옥 같은 피부는 모든 여성의 로망이었기에 분화장을 위한 화장도구 역시 중요했다. 〈그림 3-85〉는 분을 담아 놓았던 분합이다.

■ 첩(貼)

첩은 분첩과 연지첩으로 구분할 수 있다. 분을 바르는 방법은 분을 물과 함께 개어 손으로 얼굴에 퍼 바르는 방법과 가루로 된 분을 분첩을 이용하여 얼굴에 톡톡 두드리는 방법이 있다. 가루분을 바를 때 사용하는 분첩은 부드러워야 한다. 고운 가루를 묻혀 발라야 하기 때문에 〈그림 3-86〉과 같이 풀솜을 동그랗게 뭉친 후 얇게 펴서 부드럽게 된 누에고치로 싼다.[68]

〈그림 3-87〉은 연지첩이다. 연지첩은 분첩에 비해 바르는 면적이 좁기 때문에 분첩보다 작다. 이에 손잡이를 만들어 사용하기 편하게 했다.

그림 3-86　분첩, 지름 5.5cm, 1837년, 단국대학교 석주선기념박물관 소장.

그림 3-87　연지첩, 지름 4cm, 1837년, 단국대학교 석주선기념박물관 소장.

68　단국대학교 석주선기념박물관,『조선 마지막 공주 덕온가의 유물』, 단국대학교출판부, 2012, 16쪽.

그림 3-88 연지곤지 도장, 길이 2.7cm, 지름 1.5cm, 1837년, 단국대학교 석주선기념박물관 소장.

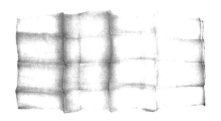

그림 3-89 어깨걸이, 길이 152.5cm, 너비 37cm, 1837년, 단국대학교 석주선기념박물관 소장.

■ 도장

〈그림 3-88〉은 연지곤지를 찍을 때 사용하는 도장이다. 흑각을 조롱박 모양으로 깎아 만들었다. 아랫부분은 도장처럼 생겨 이마와 양 볼에 찍을 수 있도록 했고,[69] 손잡이는 굴곡을 만들어 잡기 편하게 했다.

■ 어깨걸이

화장을 하기 전에 기본적으로 갖추어야 하는 것이 경대와 어깨걸이이다. 어깨걸이는 말 그대로 어깨에 두르는 수건이다. 조선시대의 화장에서 가장 신경을 쓰는 부분은 머리이다. 머리를 잘 빗어 정리하는 것이 화장의 기본이기 때문에 화장을 하기 전에 미리 어깨걸이를 준비한다. 이는 긴 수건 모양으로 세모시 한 폭으로 만드는데 너비는 약 35cm 내외가 된다. 끝단을 곱게 말아 감침질하여 장만한다(〈그림 3-89〉).

■ 명주실

명주실은 피부를 매끈하게 정리할 때 사용하는 도구이다. 얼굴에 털이 있

---

69 단국대학교 석주선기념박물관, 앞의 책, 17쪽.

으면 화장이 골고루 퍼지지 않을 뿐 아니라 분이 피부에 침착되지 못한다. 더욱이 분가루가 얼굴에 잘 붙지 않았기 때문에 납을 섞어 써야만 했던 조선시대에는 최대한 피부를 매끈하게 하는 것이 중요했다. 따라서 얼굴피부에 있는 솜털을 제거하는 것은 화장을 위한 기초정리단계에 속한다.

### 2) 명·청 시대의 화장도구

중국의 화장은 당대(唐代)의 짙은 화장에서 서서히 변해 갔다. 송대의 화장은 명대까지 이어져 눈썹을 작고 길게 그렸으며, 분을 얼굴 전체에 넓게 발랐으며, 입술은 작게 그렸다. 특히 명대에는 이마, 콧등, 턱을 하얗게 칠하면서 입체감을 주었으며 눈, 코를 작게 그림으로써 볼륨감을 주었다. 청대와의 차이는 화장에 나약하고 병폐적인 미인상이 자리 잡으면서 창백한 느낌을 주도록 분을 하얗게 칠한다는 점이다.

〈그림 3-90〉은 명대 황후의 모습이다. 여기서 가장 두드러지는 것은 이마와 콧등, 턱을 하얗게 칠하고 있는 것이다. 이는 입체감을 주는 화장법으로 볼륨감을 살리기 위해 사용한 분화장이다. 또 입술은 작게 그리면서도 붉게 칠하고 있어 입술연지를 담을 합도 필요했을 것이다. 이 외에 눈썹을 그리기 위한 대연(黛硯)도 필요했다. 〈그림 3-91〉의 궁중 기생이 화장한 모습도 황후의 모습과 크게 다르지 않다. 이는 당시 화장법이 신분에 차등을 두지 않았음을 알려 주는 좋은 사례라고 생각한다.

그림 3-90  明 皇后 常服像

그림 3-91  명대 宮妓—唐寅, 〈王蜀宮妓圖軸〉.

그림 3-92　孝康章皇后, 중국 국립고
궁박물원 소장.

이후 청나라에서는 명대의 화장을 이었
으나 좀 더 병폐적인 모습이 등장하였다.
〈그림 3-92〉는 청대 효강장황후(孝康章皇后)
가 조복을 착용하고 있는 모습이다.[70] 여기
서는 그렇게까지 창백한 모습을 보인다고
는 할 수 없으나 입술연지나 눈썹의 색이
좀 더 흐려져 있다.

이상 명대와 청대 황후의 화장한 모습을
살펴본 결과 명대에는 색조화장보다는 분
화장 특히 하이라이트를 위한 화장이 강조되었으며, 청대에는 나약한 모습
을 표현하기 위하여 좀 더 많은 분을 얼굴 전체에 바르고 있음을 확인하였
다. 따라서 당시 필요한 화장도구 중에는 분합이 가장 요긴했을 것이다.


■ 합

중국의 화장도구 중 가장 중요한 것은 분, 연지, 입술연지를 담는 합이다.
이들 합은 그 형태를 달리하며 남아 있다(〈그림 3-93, 3-94, 3-95〉).

그림 3-93　분합, 江西 景德鎭 市
郊 宋墓 出土.

그림 3-94　연지를 담은 靑瓜盒,
江蘇 淮安城 東南窰 宋何氏墓
出土.

그림 3-95　臙脂를 담은 원합, 湖
南 長沙 馬王堆 1號 漢墓 出土.

70　宗鳳英,『淸代宮廷服飾』, 紫禁城出版社, 2004.

### 3) 무로마치~에도 시대의 화장도구

일본의 화장도구는 한·중·일 삼국 중 가장 화려하고 다양하다. 에도 시대의 다양한 화장법은 많은 화장도구를 만들어 냈다. 〈그림 3-96〉은 에도 시대 혼례 때 사용했던 화장도구이다. 각각의 화장도구는 모두 화장상자에 들어가 있으며 화장상자는 또 그보다 큰 궤에 담았다. 또 그 위를 대로 묶고 있어 화장도구를 얼마나 귀하게 여겼는지 짐작할 수 있다.

그림 3-96  혼례식 화장도구, 橘唐草紋散蒔繪婚禮化粧道具一式.

■ 경대와 수경

일본의 거울은 중국이나 조선을 경유해서 들어갔다. 나라 시대를 거쳐 헤이안 시대가 되면 거울은 귀족 사이에서 화장도구로 정착되었으며 경대는 네고지가타(根古志形)라고 하는 다리가 있는 형태로 사용되었다. 무로마치 시대에는 손잡이가 있는 경대가 등장하였으며 에도 시대가 되면 일반 서민들까지도 실용품으로 사용하였다. 에도 시대 후기에는 큰 손잡이가 있는 경대가 유행하였으며 당시 거울은 동이나 주석을 합금하여 만든 것으로 표면을 주석으로 덮었다. 에도 말기에는 소형의 유리거울도 만들어졌다.

그림 3-97  네고지가타 경대, 에도 시대 후기, 일본국립국회도서관 디지털컬렉션.

■ 분 삼단 용기

〈그림 3-98〉은 백분을 넣어 두기도 하고 백분을 물에 녹일 때 사용하기도 하는 용기이다. 삼단 중 첫 번째 용기가 제일 깊은데 여기에 물을 담아 녹였던 것 같다.[71]

그림 3-98 白粉三段重, 에도 말기~메이지 시대경, 橘唐草紋散蒔繪婚禮化粧道具一式.

■ 솔과 붓

솔은 일본 화장도구에서 가장 중요한 것 중 하나이다. 〈그림 3-99, 3-100〉의 솔은 얼굴에 백분을 펴 바르는 데 사용하는 솔과 이마에 사용하는 솔, 그리고 가는 붓이 있어 각각의 용도에 맞춰 사용하는 것으로 다양한 솔을 이용해 화장에 공을 들였다.

분을 바를 때 사용하는 솔은 얼굴 전체에 사용하는 것과 코 등 부분에 사용하는 것, 이마에 바르는 것 등으로 구분해서 사용했다. 물에 용해된 백분은 곧바로 펴 바르지 않으면 단단하게 굳기 때문에 재빨리 목단쇄모로 얼굴

그림 3-99 이마에 사용하는 쇄모, 에도 시대 후기, 폴라문화연구소 소장.

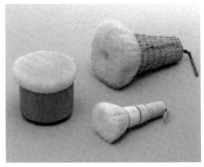

그림 3-100 얼굴 전체에 바르는 솔, 에도 시대 후기, 폴라문화연구소 소장.

71 村田孝子, 『江戶300年の女性美』, 2007, 20쪽.

전체에 펴 발라야 한다. 또 목덜미에 바르는 백분은 얼굴보다는 조금 진하게 발라 얼굴을 돋보이도록 굵은 솔을 사용한다. 쇄모나 붓 등은 소모품이어서 에도 시대의 것은 남아 있는 것이 거의 없다.

■ 체도(剃刀)

일본 화장도구 중 필수적인 것이 있다면 그것은 체도이다. 이 칼은 눈썹을 밀거나 얼굴을 밀 때 사용하는 것으로 특히 일본에는 눈썹을 완전히 미는 풍습이 있었기 때문에 일본 사람들에게 있어 칼은 중요한 화장도구였다(〈그림 3-101〉).

〈그림 3-102〉의 칼은 칼날이 'ヘ' 자와 같아 양쪽으로 칼날이 있다. 위험하기도 하고 귀중한 것이므로 뚜껑을 덮고 상자에 넣어 보관하였다.[72]

그림 3-101  얼굴과 눈썹을 밀고 있는 모습—歌川國貞 畵(좌), 歌川豊國 畵(우), 개인 소장.

그림 3-102  체도, 폴라문화연구소 소장.

■ 기름병[油壺]과 상자

유호는 기름병을 말한다. 에도 시대의 발양이 마게에서 타보로, 타보에서 빈으로 중심이 옮겨 가고, 다시 마게가 주역이 되는 과정에서 머리를 가지런

72  村田孝子, 앞의 책, 108쪽.

그림 3-103 化粧小箱類, 폴라문 화연구소 소장.

그림 3-104 眉作箱, 폴라 문화연구소 소장.

그림 3-105 爪切箱, 폴라문화연 구소 소장.

하게 빗거나 얇게 비치도록 하기 위해 꼭 필요한 것이 머릿기름이었다. 이에 머릿기름을 보관하기 위한 용기가 필요했다. 중요한 물건일수록 담고 싸고 보관하는 데 관심이 높았던 일본 사람들은 모든 화장도구를 보관하기 위해 상자 및 그릇을 제작했다. 〈그림 3-103〉은 화장도구들을 담았던 상자와 화장품을 담았던 그릇들이다. 〈그림 3-104〉의 상자에는 눈썹을 그리는 데 필요한 각종 솔과 붓 등이 들어 있으며, 〈그림 3-105〉는 손톱을 깎을 때 사용하는 칼 등을 넣었던 상자이다.[73]

73  村田孝子, 앞의 책, 105~108쪽.

# 4 조선왕실 화장의 미의식

조선시대 화장의 미의식은 유교적 도덕관념에 의해 외면의 아름다움보다 내면의 아름다움을 부각하는 것이었다. 이에 따라 부덕을 강조하면서 부인들은 점잖고 운치 있는 용모를 여성미의 기준으로 삼았으므로 표면적인 얼굴화장은 위축되었다. 또 경제적인 어려움도 화장문화를 위축시키는 원인이 되었다.[74]

그러나 한·중·일 삼국의 화장을 비교하는 과정에서 화장의 문화를 사회적 또는 경제적인 요인으로만 보는 데에는 한계가 있어 보인다. 먼저 미용과 치장은 기본적으로 아름다움을 드러내기 위한 방법 중 하나이고 아름다움을 드러내고자 했던 것은 여성의 본능적인 욕망에서부터 출발하기 때문이다. 따라서 사회적·경제적인 요인에 국한시키기에는 한계가 있다. 이는 체발의 예에서도 확인된다. 체발이 커지는 것을 막기 위해 조정(朝廷)에서 금지령을 내렸을 때, 과연 여성들이 체발을 포기했는가? 조선시대 경제가 아무리 어려웠다 할지라도 체발을 사는 데 드는 비용을 아끼지 않았으며, 족두리를 꾸미고자 했던 노력들은 어떻게 해석할 수 있겠는가? 더욱이 끊임없이 내려지는 가체금지령은 오히려 아름다움에 대한 욕망을 법으로는 막을 수 없음을 강하게 드러낸 결과라고 해석할 수밖에 없다. 다시 말해 화장하는 것을 여성들이 원했다면 아무리 금지가 내려지고 점잖고 운치 있는 용모를 종용한다고 해도, 또 경제적인 어려움이 있다 해도 받아들여지지 않았

74 정용희·이현옥,「전통화장문화에 나타난 연지의 변천에 관한 고찰」,『복식문화연구』6(1), 1998, 55쪽.

을 것이다.

필자는 조선왕실의 화장문화가 사회적인 이유, 경제적인 이유로 발달하지 않은 것이 아니라 조선시대 화장의 미의식 자체가 은은하고 수수한 화장을 아름답다고 생각했기 때문에 분화장이나 입술화장 더 나아가 눈썹화장이 중국이나 일본에 비해 약하게 이루어졌다고 생각한다. 그렇다면 왜 다른 나라와 달리 조선왕실의 화장이 수수했을까?

이는 아름답게 꾸미고자 하는 부분에서 역점을 두는 영역이 달랐기 때문이다. 다시 말해 조선왕실에서 관심이 집중되었던 부분은 머리이다. 체발을 얼마나 높이 올리느냐가 최대의 관심사이기 때문에 오히려 얼굴화장은 수수해야만 했을 것이다. 머리를 높이 틀어 올려 관심을 머리로 가도록 해야 하는데 화장을 짙게 하여 시선을 분산시키거나 초점을 흐리게 한다면 아름다움에 대한 기본적인 개념조차 없는 유아적인 표현에 불과한 것이 되기 때문이다.

조선왕실의 여성들은 화장을 약하게 하고 대신 머리로 최대한의 관심을 집중시킴으로써 자신의 아름다움을 돋보이게 하고자 하였다. 결국 조선왕실의 화장은 전체적인 조화 속에서 머리를 돋보이게 하기 위한 보조수단으로서 기능하였으며, 그것은 인간의 아름다움을 극대화시킨 고도의 화장법이었다.

제 4 장

# 머리치장의 문화

머리치장은 단순히 머리를 가지런히 정리하는 것이 아니라 도구를 사용하여 장식하는 것이다. 이때 도구는 직물에서부터 나무, 금속에 이르기까지 다양하다. 특히 여성들의 머리치장은 상고 시대부터 발달하였으며, 머리모양과 밀접한 관계를 갖는다. 단순히 긴 머리일 때에는 머리를 묶기 위한 끈이나 줄만 있으면 됐다. 그러나 머리를 높이 틀어 올리는 등 머리양식이 다양해지면서 이를 유지하기 위한 도구도 다양해졌다.

검고 윤기 있는 머리를 미인의 기준으로 삼았던 시대나 민족에게 있어 머리치장에 대한 관심은 더욱 깊었다. 이에 따라 한국에서는 고려를 지나 조선에 이르기까지 다양한 머리치장이 존재했으며, 중국과 일본도 예외는 아니었다. 그러나 각 시대마다 추구했던 아름다움에 대한 기준이 달랐으므로 이를 위한 치장도 시대에 따라 민족에 따라 차이가 있었음이 분명하다.

이 장에서는 각 시대에 따른 한·중·일 간 머리치장이 어떤 과정을 거쳐 어떻게 변해 가는지 머리치장의 기원 및 종류를 살펴보고자 한다. 이를 토대로 한·중·일 머리치장을 비교·분석하면서 조선왕실의 머리치장에 대한 독창적인 미의식은 물론 동아시아 삼국에 흐르는 보편적인 미의식에 대해 살펴보고자 한다.

# 1  머리치장의 기원

이제부터 한국, 중국, 일본의 머리치장의 역사를 살펴봄으로써 각 시대별 머리치장의 특징을 분석해 보고자 한다.

### 1) 한국의 머리치장

(1) 삼국시대

고구려 고분벽화에는 얹은머리, 쪽머리, 중발머리, 푼기명머리, 쌍상투 등 다양한 머리양식이 등장한다. 이들 머리에는 특별한 장식은 보이지 않는다. 그러나 『수서』의 신라조에는 "부인은 머리를 뒤로 감고 다양한 채색의 진주로 수식을 하였는데 그 머리가 매우 아름답고 길었다"[1]고 하였으며, 『신당서』에도 "아름다운 두발을 머리에 두르고 다양한 채색의 진주로 장식하였다"[2]고 하였다. 이것으로 보면 머리치장으로 진주 등의 장식과 함께 머리를 묶거나 고정시키기 위한 댕기나 계(笄)가 있었음을 알 수 있다.

백제 무령왕릉에서도 머리를 꾸몄던 왕비의 장식비녀가 발굴되었다.[3] 특히 무령왕릉에서 발굴된 비녀는 끝이 갈라진 채(釵)이다.

---

1   『수서』 권 81, 열전 제46, 동이, 신라조.
2   『신당서』 권 220, 열전 제145, 동이, 신라.
3   이경자·홍나영·장숙환, 『우리 옷과 장신구』, 열화당, 2003, 80쪽.

(2) 통일신라시대

통일신라시대의 머리치장을 살펴보기 위해서는 '흥덕왕복식금제'의 기록이 주요한 자료가 된다. 여기에서 보면 머리장식으로 소(梳)와 채(釵)가 있었다. 소와 채는 통일신라시대 모든 신분의 사람들이 사용하였으나 신분에 따라 소재가 달랐다. 진골녀는 대모로 만든 슬슬전을 금했으며, 6두품녀는 슬슬전 자체를 금했고, 5두품녀는 소대모로 된 빗을 사용하였으며, 4두품녀는 아각(牙角)으로 된 빗을 사용했다. 끝으로 평인은 소아각(素牙角)으로 된 빗을 사용하였다. 이것으로 볼 때 슬슬전을 사용할 수 있는 신분은 진골녀뿐이었다. 슬슬전은 서역에서 전래된 녹송석(綠松石)을 칭하는 것[4]으로 지금은 터키석이라고 한다.

채는 통일신라시대 모든 신분의 여성들이 사용하였지만 이 역시 신분에 따라 차등을 두었다. 먼저 진골녀는 각루철주(角鏤綴珠)의 채를 금하였으며, 6두품녀는 순금, 은각누 및 철주를 금했다. 또 5두품녀는 백은으로 된 채를 금했으며, 4두품녀는 각루철주 및 순금을 금했다. 평인은 유석(鍮石)으로 된 채를 금했다. 철저하게 신분을 구분하기 위한 금제지만 잘 지켜졌는지는 알 수 없다.


(3) 고려시대

고려시대의 머리치장으로는 『고려도경』에서 "머리카락은 아래로 늘어뜨려 붉은색 비단으로 묶고 작은 비녀를 꽂는다"고 하였으므로 머리를 묶고 고정시키기 위한 장식이 존재했음을 알 수 있다.

그러나 고려불화 속 여인들의 모습을 보면, 머리를 묶기 위한 끈의 종류도 다양하고 높이 올린 머리 위로 진주가 뒤덮여 있는 모습을 확인할 수 있

---

4    임린, 『한국 여인의 전통 머리모양』, 민속원, 2009, 62쪽,

다. 이 외에 고계형의 머리 위에는 화려한 무늬가 있는 건(巾)으로 두정(頭頂)을 덮은 것도 있으며, 고계를 받치고 있는 건류도 있어 보다 화려한 머리치장이 있었음을 알 수 있다.

### (4) 조선시대

조선시대 머리치장은 체발에 의해 좌우된다. 앞서 발양에서 살펴본 바와 같이 조선시대는 체발이 최고조에 달했던 시기로 '가체금지령'까지 시행하게 되었으니 가체로 인한 두발의 양감을 짐작할 수 있다. 체발의 사용이 많아지면서 체발을 이용한 가체는 왕실을 비롯하여 일반 서민들까지 선호하게 되었고, 체발을 머리에 고정시키기 위한 많은 도구들이 신분에 따라 다양하게 사용되었다.

조선시대의 대표적인 발양은 큰머리이다. 여기에는 앞뒤 각 두 쌍의 크고 작은 비녀와 떨잠을 비롯하여 화려한 보석으로 장식하고 큰 비녀를 뒤에 꽂는다. 이를 떠구지라고 하는데 떠구지의 종류에 따라 성장(盛裝)의 격이 달랐다. 떠구지란 명칭도 큰머리를 떠받친다는 데서 연유한 바와 같이 체발의 크기와 모양이 중요했다.[5]

조선시대 체발을 이용한 머리치장은 다리를 본머리에 연결하거나 붙이는 것일 수도 있고 땋을 때 그 속에 넣어서 땋을 수도 있기 때문에 안정적인 머리모양을 만들 수 있었다. 따라서 조선시대 머리치장은 실용성을 높이기 위한 꽂이로서의 성격보다는 장식을 위한 치장에 더 치중한 것이었다. 즉 중국이나 일본에 비해 장식적인 의미가 더 내포되었다고 판단된다.

---

5 　고미연, 「한국여성의 두식에 관한 연구─조선시대를 중심으로」, 숙명여자대학교 석사학위논문, 1993, 55쪽.

## 2) 중국의 머리치장

중국의 머리치장은 머리를 빗는 것에서부터 출발한다. 따라서 머리를 빗을 때 사용되는 빗은 최초의 머리장신구가 된다. 이후 머리를 고정시키기 위한 잠, 채, 계를 비롯하여 다양한 머리치장이 존재하였다. 여기에서는 각 시대에 따른 머리치장의 기원을 살펴보고자 한다.

### (1) 진·한 시대

진·한 시대의 대표적인 발식(髮飾)은 『주례』에 부(副), 편(編), 차(次)로 수식을 한다고 하였으며, 정현(鄭玄)은 이것이 머리를 땋아 엮어서 만든 월자로 보인다고 하였다. 한대의 머리양식은 크게 고계(高髻)와 수발(垂髮)로 구분되며 이것을 유지하기 위한 장신구가 사용되었다.

### (2) 위진남북조 시대

『진서(晉書)』「여복지」를 보면 이 시기 수식에는 가계와 보요가 사용되었다고 하였으므로 진·한 시대에 이어 여전히 고계를 유지하기 위한 장신구와 함께 보요가 추가되었음을 알 수 있다. 보요는 머리 위에 장식을 얹음으로써 걸을 때 흔들리게 만든 것이다. 이는 여성스러움을 극대화시키는 역할을 하는 것으로 이에 사용된 소재로는 자연적인 꽃을 비롯하여 여러 가지 보석류가 추가되었다.

### (3) 수·당 시대

수·당 시대에는 가계가 더욱 발전하였다. 여기에는 보석이나 구슬을 달거나 그림을 그려 더욱 화려하게 꾸몄다. 역시 수·당 시대까지도 수발을 꾸미는 데 많은 노력을 하였음을 알 수 있다. 따라서 당시에는 머리를 장식하기 위한 도구로 빗과 함께 다양한 종류의 채, 잠이 발전하였다.

### (4) 송대 이후

송대 이후에는 서서히 관모가 등장하면서 머리를 꾸미기 위한 장신구보다는 관모를 꾸미기 위한 장신구가 더 발달하게 된다. 이 장에서는 머리치장을 위한 장신구에 초점을 맞추고 있기 때문에 관모에 대해서는 깊이 다루지 않기로 한다.

## 3) 일본의 머리치장

일본의 머리치장은 머리를 늘어뜨리는 수발형태에서 묶거나 높이 올리는 고계로 변화되면서 다양한 장신구들을 활용하게 되었다. 그렇기 때문에 머리를 본격적으로 틀어 올리는 에도 시대 전까지는 단순한 형태의 끈과 간단한 형태의 꽂이가 존재했다. 여기서는 크게 에도 이전과 에도 이후로 나누어 일본의 머리치장의 기원을 살펴보고자 한다.

### (1) 에도 시대 이전

에도 시대 이전의 머리양식은 뒤로 길게 늘어뜨리는 수발이 주된 것이었다. 이후 안토·모모야마 시대가 되면서 서서히 묶어서 올리기 시작하였으며, 이에 따라 머리치장도 이루어졌다. 그러나 아직 본격적인 치장이 시작되었다고는 볼 수 없다. 여전히 길게 늘어뜨리는 머리양식으로 인해 간단한 끈이 요구되었으며, 나라 시대부터 잠이 등장하였다고 하지만 이는 머리를 틀어 올리기 위한 실용적인 목적에서의 꽂이였을 것이다.

(2) 에도 시대 이후

에도 시대에 접어들어 일본에서는 마게의 시작과 함께 머리치장을 위한 장신구가 발달하게 되었다. 특히 에도 시대의 다양한 머리양식은 빗, 비녀, 자연적인 장식물 등과 같이 다양한 장식물을 만들어 냈다. 이러한 장신구들은 단순하게 실용적인 목적을 넘어 주술적인 의미를 담았으며, 더 나아가 장식적인 욕구가 부각되면서 소재나 문양이 급속도로 발전하게 되었다.

## 2  머리치장의 종류

머리를 꾸미기 위한 장식물의 시작은 긴 머리를 묶으면서부터이다. 머리가 점점 길어지면 생활하는 것이 상당히 불편해진다. 이를 막기 위한 가장 간단한 방법은 끈을 이용하여 머리를 묶는 것이고 한 번 묶었던 것은 두 번, 세 번을 묶을 수도 있고 색을 달리하여 묶을 수도 있을 것이다. 한편 긴 머리는 묶거나 땋아 늘어뜨리는 것에서 정수리 위로 틀어 올리면서 이를 고정시키거나 장식하기 위한 다양한 도구가 필요했다. 각 나라별 장신구를 통해 머리치장의 특징을 살펴보고자 한다.

### 1) 한국의 머리치장

(1) 댕기

댕기는 한자어로는 당계(唐紒), 당지(唐只), 단계(檀戒), 단기(檀祺), 단성(檀誠)이라 하고, 한글로는 당게, 당기, 당긔, 단기라고 표기한다.[6] 댕기의 종류는 그 만드는 재료, 모양, 장식, 역할 등에 따라 명칭을 구분한다. 댕기는 좁고 긴 천으로 머리를 묶거나 땋아 내린 머리끝에 묶어 머리카락이 풀리지 않도록 하는 용도로 사용했다. 댕기는 조선시대에 사용했던 명칭이지만 머리를 묶는 용도로는 삼국시대 이후 계속해서 존재하였다.

〈그림 4-1〉의 고구려 고분벽화에 보이는 댕기는 단순히 머리카락을 묶는

---

6   이승현, 「댕기에 관한 연구 ― 댕기의 종류와 특징 중심으로」, 이화여자대학교 석사학위논문, 2002, 10쪽.

그림 4-1 댕기, 안악 3호분의 부인, 357년, 황해 안악.

그림 4-2 댕기, 안악 3호분의 무용수, 357년, 황해 안악.

그림 4-3 댕기, 삼실총의 여인, 집안 삼실총.

데 그치는 것은 아니다. 머리를 높이 틀어 올리기 위해 묶기도 했지만 환계의 가계를 만든 후에 환계 둘레에 붉은색의 가는 끈을 돌려 매 장식 목적으로 사용한 모습이 보인다. 〈그림 4-2〉는 안악 3호분의 행렬도에 보이는 춤추는 여인이다. 이 여인은 3개의 상투를 틀고 있으며 상투 밑에 붉은색 끈으로 돌려 묶고 나머지는 늘어뜨렸다. 〈그림 4-3〉은 삼실총의 여인으로 양 볼 옆으로 한 가닥씩의 머리를 빼내고 나머지는 뒤에서 가지런하게 묶은 '푼기명머리'를 했다. 이 여인의 뒷머리 부분 중 뒷목 있는 부분에 댕기로 묶은 모습이 확인된다.

이러한 댕기의 모습은 고려시대와 조선시대에도 계속 나타난다. 〈그림 4-4〉는 〈수월관음도〉의 공양자상이다. 고려시대 공양자상에 보이는 여인들은 고계를 하고 있는데 이 여인들의 머리에 붉은색의 댕기가 보이며, 그 위에 금박 혹은 니금을 하고 있는 모습이 보인다.

두 공양자상 중 노란 저고리를 입은 여인은 둥글게 고계를 하고 붉은색의

그림 4-4  공양자상—〈수월관음도〉, 京都 大德寺 소장.

끈으로 머리를 묶고 있다. 이 끈은 고구려 고분벽화에 보이는 여인들이 사용한 것보다는 넓다. 다음 초록색 저고리를 입은 여인도 머리를 묶고 난 후의 모습은 같지만 머리를 묶기 위해 사용한 노란색의 끈목이 보이고 있다. 이때의 댕기에는 끈과 천이 사용된 것으로 보인다.

이후 조선에 와서 댕기는 더욱 다양한 형태로 변화하고 세분화되었다. 먼저 일상용과 의식용으로 대별된다. 일상용 댕기에는 제비부리댕기, 쪽댕기, 말뚝댕기, 도투락댕기, 뱃씨댕기 등이 있다. 〈그림 4-5〉의 제비부리댕기는 댕기 끝이 제비부리와 같이 뾰족하다 하여 붙여진 이름인데 자세히 보면 댕기 끝부분의 좌우 사선 부분이 안으로 들어가 마치 새끼 제비가 어미에게 먹이를 받아먹기 위해 입을 벌린 모습과 흡사하다. 미혼인 경우 머리를 뒤에서 하나로 땋아 그 끝에 제비부리댕기를 드리우는데 땋은 머리 끝부분에 댕기를 넣어 머리와 함께 땋다가 댕기 고를 내어 묶기 때문에 머리 길이가 너무 짧으면 제비부리댕기를 드리우기 어렵다.

그림 4-5　제비부리댕기, 담인복식미술관 소장.

머리가 짧은 경우에는 말뚝댕기나 도투락댕기를 드리웠으며 앞머리에는 뱃씨댕기를 드리웠다. 말뚝댕기는 댕기 끝이 일직선이고(〈그림 4-6〉) 도투락댕기는 긴 댕기의 윗부분이 삼각형이 되도록 반으로 접은 모양으로 신부가 혼례 때 드리우는 댕기와 같은 모양이다.

그림 4-6　말뚝댕기, 이화여자대학교박물관 소장.

뱃씨댕기는 서너살 이하 여자아이의 앞머리를 정리하기 위해 종종머리나 바둑머리를 할 때 사용했다. 이는 마름모꼴의 비단 위에 은으로 뱃씨 모양을 만들어서 파란을 올려 장식하고 그 양옆에는

그림 4-8 다리를 연결할 때 사용한 댕기 - 신윤복, 〈단오풍정〉, 지본채색, 28.2×35.6cm, 간송미술관 소장.

그림 4-9 트레머리에 늘어진 댕기 - 김희겸, 〈석천한유〉, 지본채색, 119.5×87.5cm, 개인 소장.

그림 4-7 머리 끝에 단 댕기- 신윤복, 〈이부탐춘〉, 지본채색, 35.6×28.2cm, 간송미술관 소장.

가늘고 긴 끈을 달아 만들었다.[7]

그중 쪽댕기는 기혼여성이 쪽머리를 할 때 사용하는 댕기였으며 제비부리댕기는 결혼 전에 사용하는 댕기이다. 이 외에도 댕기를 어떻게 사용하느냐에 따라 댕기의 모습은 다양하게 나타난다.

〈그림 4-7〉은 길게 땋은 머리에 댕기를 넣어 마무리한 모습이며, 〈그림 4-8〉은 머리를 양 갈래로 땋은 후 서로 연결하기 위해 댕기를 사용한 모습이다. 〈그림 4-9〉에서는 머리를 묶거나 땋을 때 사용한 댕기의 효과가 극대화되는 모습을 볼 수 있다. 트레머리 양옆으로 두 가닥의 댕기가 늘어져 있어 걸음을 걸을 때마다 댕기가 흔들려 활기차고 생동감 있는 모습을 연출하기에 효과적이다.

---

7 이경자·홍나영·장숙환,『우리 옷과 장신구』, 열화당, 2003, 102쪽.

(2) 비녀

비녀는 머리를 고정하고 장식하는 수식품의 일종으로 한자로는 잠(簪), 채(釵), 계(筓)로 표현한다. 그러나 이러한 용어가 반드시 구분되는 것은 아니다. 이들은 서로 혼용하여 사용되지만 채는 특별히 다리가 두 개로 갈라진 경우 사용하는 것으로 이해된다.

우리나라에서 발견된 비녀 중 가장 오래된 것은 소영자 고분에서 발굴된 뼈로 만든 비녀이다. 비녀의 윗부분은 사람의 얼굴 모양이 새겨져 있는 타원형이고 그 아래는 기하학적 무늬가 새겨져 있는 가늘고 긴 손잡이 부분으로 되어 있다.[8] 삼국시대인들의 머리에 비녀를 꽂고 있는 모습은 고구려 고분벽화 인물도를 통해서도 볼 수 있으며, 백제의 유물에서도 볼 수 있다.

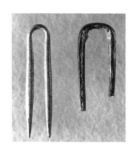

그림 4-10  고구려 채, 서울대학교박물관 소장.

삼국시대에는 채의 양식이 더 많이 남아 있다. 이는 다리가 하나로 된 잠이나 계보다 머리를 고정시키는 데 더 효과가 있다. 그러나 채에도 장식이 더해지면서 단순히 실용적인 목적으로만 사용되지는 않았다. 〈그림 4-10〉은 채두에 별다른 장식이 없는 고구려시대 채이다. 길이는 약 6cm 정도이며, 〈그림 4-11〉은 18.4cm의 채[9]로 채두에 누금세공과 함께 다양한 무늬가 들어가 있다.

그림 4-11  백제 채, 백제 무령왕릉 출토, 국보 제159호, 국립공주박물관 소장.

고려시대에도 작은 비녀를 꽂는다고 하였으므로 채가 사용되었을 것으로 보이지만 실제 유물

8    김문자, 「삼국시대 머리 장신구에 대한 연구」, 『복식문화연구』 9(5), 2001, 30쪽.
9    임린, 『한국 여인의 전통 머리모양』, 민속원, 2009, 62~63쪽.

이 남아 있지 않아 그 모습을 확인할 수 없다. 그러나 긴 머리를 틀어 올리거나 머리를 고정시키기 위해서는 반드시 비녀가 필요했으니 통일신라 이후에도 비녀의 착용은 계속되었을 것으로 본다.

이어 조선시대에는 다양한 비녀가 존재하였으므로 그 실상을 살펴보고자 한다. 조선시대 비녀는 쪽머리가 일반화되면서 필수품이 되었기 때문에 존비·상하를 구분하는 데에도 사용되었다. 비녀의 소재는 금, 은, 주옥을 비롯하여 목, 각, 골에 이르기까지 다양하였으며, 잠두(簪頭)의 수식에 따라 착용 범위도 달랐다.[10] 〈그림 4-12〉는 잠의 소재와 잠두의 모양이 각각 다른 비녀이다.

평상시에는 주로 화려한 장식이 없는 민비녀 혹은 콩비녀라고 부르는 두잠(豆簪)을 사용했으며, 멋을 낼 때에는 조두, 매죽, 죽절, 호도, 매조, 석류, 국화, 완두, 연봉, 말뚝 모양 등 화려한 비녀를 사용했다. 비녀의 장식무늬는 자연물과 희, 수, 복 등의 문자무늬 등이 애용되었으며 이를 음각으로 새기거나 투각도 하고 때로는 파란을 올려 장식하였다. 비녀는 그 모양과 재료에 따라 비취비녀, 용비녀 등으로 부르거나 재료와 장식기법 형태를 아울러

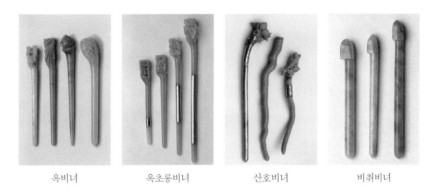

옥비녀          옥초롱비녀          산호비녀          비취비녀

그림 4-12   각종 비녀, 이화여자대학교박물관 소장.

10   이선재·고미연, 「조선시대 여성의 두식에 관한 연구」, 『생활과학연구지』 12, 숙명여자대학교, 1997, 101쪽.

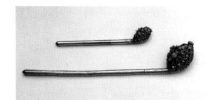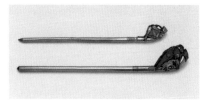

그림 4-13 파란매죽문비녀와 파란죽문비녀, 이화여자대학교박물관 소장.

'파란매죽문비녀'(〈그림 4-13〉), '백옥투각죽절비녀' 등으로 불렀다.[11]

또한 비녀를 어떤 행사에 사용하느냐에 따라 크기가 달라진다. 혼례 때 사용하는 비녀는 은이나 금으로 도금을 하고 칠보로 화려하게 장식하였으며 길이 또한 50cm 안팎으로 매우 크고 길었다.[12]

### (3) 떨잠

떨잠은 반자라고도 한다. 왕실이나 명부들이 사용하였다. 떨잠은 올린머리보다는 의례용의 어여머리나 큰머리에 장식했고, 대례복인 적의에 쓰는 대수에서 수식의 다양한 미적 표현을 집약한 것으로 화미함의 극치를 보여준다.[13]

떨잠은 보통 나비 모양 또는 원형의 옥판 위에 진주, 산호, 비취, 칠보 등을 부착하여 장식한다. '스프링'에 해당하는 떨을 달고 그 위에 금도금한 나비나 꽃송이를 붙인다. 이 떨잠을 차면 걷거나 움직이거나 심지어 말을 하여도 미세한 움직임이 떨에 전달되어 마치 나비나 꽃이 움직이는 것과 같은 효과를 낸다.[14]

〈그림 4-14〉의 원형 떨잠 2개, 나비형 떨잠 1개를 일습으로 나비형 떨잠

---

11  이경자·홍나영·장숙환,『우리 옷과 장신구』, 열화당, 2003, 84쪽.
12  국사편찬위원회,『옷차림과 치장의 변천』, 두산동아, 2006, 298쪽.
13  금기숙,『조선복식미술』, 열화당, 1994, 137쪽.
14  국사편찬위원회,『옷차림과 치장의 변천』, 두산동아, 2006, 302쪽.

을 중심에 꽂으며, 원형 떨잠을 양옆에 꽂는
다. 그 외에 각형 떨잠을 사용하는 경우도 있
었다. 떨잠은 조각을 한 옥판 위에 여러 색깔
의 구슬과 진주로 화려하게 꾸민 다음 용수
철 위에 새 모양을 부착하면 움직일 때마다
떨림이 있어 미적 효과를 극대화한다.[15]

〈그림 4-15〉는 비녀에 떨을 달아 만든 잠
이다. 머리 부분에 매화문 등이 조각되어 있
고 진주와 나비형 칠보영락이 부착된 백옥비

그림 4-14    떨잠, 단국대학교 석주
선기념박물관 소장.

녀이다. 정교하게 제작된 옥색의 비녀는 그
자체만으로도 착용자의 품위와 격조를 보여
주는데 여기에 청색의 꽃들, 진주, 나비 등의
장식들과 어울려 화려한 조화를 보인다.

이렇게 보면 비녀에 떨을 달 수도 있고 옥
판에 떨을 달 수도 있어 떨림의 미가 머리치
장의 중요한 한 부분으로 작동했음을 알 수
있다.

그림 4-15    백옥영락떨잠, 국립고
궁박물관 소장.

(4) 뒤꽂이

뒤꽂이는 쪽머리의 뒤에 꽂는 각종 장신구를 말한다. 뒤꽂이는 조선 후기
가체금지령으로 반가 부인의 얹은머리가 금지되고 쪽머리가 일반화하면서
더욱 다양하게 나타난 것으로 추정된다. 특히 뒤꽂이는 머리장식 중 댕기와
더불어 뒷모습을 아름답게 꾸며 주는 대표적인 장신구이다.

15    단국대학교 석주선기념박물관, 『명선』하, 단국대학교출판부, 2005, 50쪽.

| | | | |
|---|---|---|---|
| 귀이개뒤꽂이 | 은 귀이개뒤꽂이 | 칠보 귀이개뒤꽂이 | 산호 뒤꽂이 |
| 연꽃 산호 뒤꽂이 | 옥 뒤꽂이 | 칠보 뒤꽂이 | 나비 국화 뒤꽂이 |

그림 4-16  다양한 모양과 소재의 뒤꽂이, 국립민속박물관 소장.

뒤꽂이는 아래는 뾰족하고 위쪽으로는 여러 가지 형태의 장식을 달아 실용적인 기능과 장식적인 기능을 겸했다. 대표적인 뒤꽂이로는 머리빗의 때를 제거하거나 가르마를 타기 위해 사용하는 빗치개 모양의 뒤꽂이와 귀이개 모양의 뒤꽂이가 있는데, 실용적인 도구에 장식성을 가미했다(〈그림 4-16〉).

뒤꽂이의 재료는 신분이나 계절에 따라 제한이 있는 것은 아니지만 여름에는 시원한 느낌이 나는 비취나 백옥을 많이 사용하였으며, 따뜻한 느낌의 금도금이나 산호 등은 겨울철에 많이 사용했다. 은으로 만든 뒤꽂이는 계절에 관계없이 사용했다. 뒤꽂이 모양은 과판이 달린 것이 대표적이며, 연꽃 봉오리를 본떠서 만든 연봉과 매화, 화접, 천도, 봉 등의 모양으로 만든 것이 많다. 뒤꽂이에 즐겨 사용한 연꽃은 불교의 청순한 마음과 영원한 생명의 세계를 상징했으며, 대나무, 국화, 매화 등은 유교의 절개를 상징하는 문양으로 애용된 것이다. 나비, 새, 벌 등이 꽃에 날아드는 모습도 뒤꽂이에 많이 사용된 문양으로 부부간의 화합과 자손의 번성을 희구하는 여인의 마음을 담았다.[16]

## 2) 중국의 머리치장

### (1) 가계(假髻)

중국 고대의 부녀들은 긴 머리를 아름다움으로 생각하였으며, 머리를 빗는 것만으로도 아름다움을 표현했다. 소계(梳髻) 시대에는 더욱 그랬다. 머리길이의 장단, 숱의 많고 적음은 부녀들의 아름다움을 나누는 기준이 되었기 때문에 머리가 짧거나 숱이 적거나 심지어 머리가 벗겨진 부녀들은 당시 머리양식의 유행에 맞추기 위해서는 가발을 착용하지 않을 수 없었다. 이렇게 가발을 사용한 머리양식 즉 발계(髮髻)를 가계(假髻)라고 하였다. 따라서 가발로 꾸며진 발계는 여러 가지 이름으로 불렸는데 흔히 육두, 적계(髢髻), 추계(鬏髻), 폐계(蔽髻) 등으로 불리었으며, 부이(副貳)로 불리기도 했다. 간단하게 부(副)라고도 하였다.

고계(高髻)가 성행하던 시대에는 가발의 사용이 더욱 보편적이었으며, 머리를 높이 올리기 위해서는 계(髻)에 장식물들을 자주 꽂았다. 옛날부터 발계의 이름만큼이나 계에 꽂는 장식품도 많았다. 유물을 통해 살펴보면, 높은 머리를 지탱하기 위한 정교한 장식품들이 많다. 이들은 삼자채(三子釵), 삼주횡채(三珠橫釵) 등으로 불렸으며 모두 머리를 지탱하는 데 사용되었다. 또한 '환채(鐶釵)'도 있었는데 이 역시 타원형의 채로서 부녀들의 발계를 지탱하는 장식품으로 이용되었다.

한편 명대의 부녀들은 머리를 감싸는 '발고(髮鼓)'라고 하는 장식품을 사용하였다. 내부에는 은으로 만든 장식품이 있었고 장식품의 변두리에는 잠을 꽂을 수 있는 여러 개의 구멍이 있었다. 발고는 머리 위에 쓰는 것으로 여기에 은잠을 꽂았다.

---

16  이경자·홍나영·장숙환, 『우리 옷과 장신구』, 열화당, 2003, 94쪽.

그림 4-17

① 유금은발고,
江蘇 無錫江溪
明華復誠妻 曹
氏墓 出土.

② 발고에 꽂은 유금수식

〈그림 4-17 ①〉은 유금은(鎏金銀)발고이다. 장쑤성 무석강계 명화복성처 조씨묘에서 출토된 것으로 우리나라의 감투와 같이 생겼으며 〈그림 4-17 ②〉는 발고 위에 꽂는 유금수식이다. 이 수식으로 발고를 고정시킨다.

이 외에 건귁(巾帼)은 일종의 가계로 부녀들의 전용물이었기에 후에 부녀를 지칭하기도 하였다. 하지만 이런 가계는 앞에서 말한 가계(加髢)와는 달랐다. 앞에서 말한 가계는 원래 머리에 가발을 보태서 만들어진 발계였고 건귁은 순전히 가발로 만들어진 것으로 그 모양이 발계와 비슷한 장식품이었으므로 그대로 머리에 쓴다. 어떤 의미에서 보면 모자와 같다.

한대의 부녀들이 썼던 건귁은 〈그림 4-18〉과 같은 것으로 두상에 커다란 "발계"를 올리고 계 위에는 발잠(髮簪)을 몇 개 꽂았으며 발계 아랫부분의 이마와 맞닿는 부분에는 아주 선명한 둥근 테두리인 원고(圓箍)를 만든다. 이는 사람들이 간편하게 사용할 수 있도록 만든 가계이며, 이러한 종류의 발계를 당나라에서는 의계(義髻)라고 하였다.

그림 4-18 건귁을 얹은 한대 부녀, 廣東 廣州市 郊東漢墓 出土 陶俑.

당대 부녀들이 썼던 의계는 그림과 조각에서도 발견되고 실물로도 남아 있다(〈그림 4-19〉). 신장 투르판 아사탑나(阿斯塔那) 또는 〈그림

그림 4-19 　나무로 만든 의계, 新疆 吐魯番 阿斯塔那唐張雄 夫婦墓 出土.

그림 4-20 　의계, 新疆 吐魯番 阿斯塔那唐張雄夫婦墓 出土.

그림 4-21 　종이로 만든 의계, 新疆 吐魯番 唐墓 出土.

4-20〉의 장웅부부묘에서 출토된 나무로 만든 인형의 의계는 반번계(半翻髻) 와 같고 바깥에는 검정 칠을 하였으며 그 아래 작은 구멍이 있다. 구멍에 있는 금속이 녹슨 것으로 보아 예전에 꽂았던 발잠으로 이는 죽은 자가 생전에 사용했던 것으로 보인다.

　같은 묘에서 출토된 많은 부녀들의 인형에서도 이러한 발계가 있었고 계에는 아주 아름다운 꽃무늬들이 그려져 있었는데 이는 당시 의계의 모양인 것 같다.

　신장 투르판 당묘에서 출토된 〈그림 4-21〉의 의계는 종이로 만든 것이다. 겉에는 칠을 하였고 계에는 아주 복잡한 꽃무늬를 그려 넣었다. 이 의계의 특징은 만당 오대의 아계(丫髻)와 비슷한 형상을 하고 있다는 점이다. 청대 부녀도 이런 가계를 쓰는 풍습이 있었다. 비교적 전형적인 것은 만족 부녀들이 쓴 기계(旗髻)를 들 수 있다(〈그림 4-22〉).

　도광제(道光帝) 이전의 만족 부녀들은 계안에 하나의 틀인 광가(筐架)를 꽂아 올렸기 때문에 이것을 속칭 '가자두(架子頭)'라고 하였다. 이 가자두는 두 개의 가(架)를 발(髮)에 꽂아 마치 쌍각형(雙角形)으로 보이기 때문에 붙여진 이름이다. 당시의 발식인 기계(旗髻)는 진계(眞髻)의 범위를 벗어나지 않았고

그림 4-22　기계를 한 만족 부녀, 청나라 正妃像.

그림 4-23　양파두, 孝貞顯皇后像.

부피도 크지 않았다. 함풍제(咸豊帝) 이후에 계의 양식이 점차 높아졌고 쌍각
도 점차 커져 일종의 패루(牌樓)처럼 높이 고정된 장식물로 발전하였다. 기계
는 머리카락으로 만든 것이 아니라 비단으로 만들어 머리에 직접 썼으며 그
위에 비단으로 만든 꽃을 꽂았다. 이것은 속칭 '양파두(兩把頭)' 혹은 '대납시
(大拉翅)'라고 하였다(〈그림 4-23〉).

(2) 잠채(簪釵)

■ 계(笄)

고대의 부녀들은 머리를 묶어 계(髻)를 만든 다음 잠채를 꽂아서 고정시키
는데, 이는 계가 헝클어져서 내려오는 것을 방지하기 위한 것이었다. 잠의
본명은 "계(笄)"이다. 고고학적 자료에 의하면 신석기 시대에 부녀들은 이미
계와 비슷한 수식을 한 것으로 알려져 있다.

출토된 골계는 동물의 다리뼈로 만들어졌는데 그 형태는 약간 얇으면서
길이는 길고, 위쪽이 넓고 아래쪽은 둥글게 다듬어져 있었다. 출토 당시 여자
의 두골 부분에서 발견되었다. 그중에서 〈그림 4-24〉의 하남 광산 보상사 부
근에서 발견된 계는 춘추 시대 초기의 무덤에서 발견된 것으로 보존상태가

양호하며, 2개의 목계(木笄)가 꽂혀 있었다.

중국 봉건 시대 여자들이 계를 꽂는 것은 성인이 되었음을 표시하는 인생의 큰일이었다. 『의례』 등 서적의 기록에 따르면 여자들은 15세가 되면 성인으로 보아 의식을 거행하였는데 이를 '계례(笄禮)'라고 하였다. 계례는 주나라에서 시작되었다. 15세 이전에는 그들의 발식이 아계의 모양으로 되어 있기

그림 4-24  목계, 河南 光山 寶相寺 春秋孟姬墓에서 출토된 것을 바탕으로 그림.

때문에 계를 꽂을 필요가 없었다. 이후 15세가 되어 결혼 허가를 받으면 계를 할 수 있으며, 여기에 발계(髮笄)를 꽂을 수가 있었다. 옛날에 성인(成人)을 '급계(及髻)'라고 한 것도 여기에서 유래하였다.

결혼하지 못한 여자라 할지라도 늦어도 20세가 되면 계례를 할 수 있었으며, 결혼 허락을 받고 계례를 하는 것은 큰 경사였다. 때문에 그 의식은 비교적 성대하게 치러졌고 또 많은 손님들이 초대되었다. 반면에 허락을 받지 않은 여자들이 계례를 할 경우에는 의식이 아주 간단하였는데, 한 부녀자가 그 여자에게 발계(髮髻)를 해 주고 발계(髮笄)를 꽂아 주면 끝이 났다. 의식을 마치면 다시 발계(髮笄)를 빼서 원래의 머리모양을 회복하였다.

■ 잠(簪)

진·한 이후에는 계를 '잠'이라고 하였다. 잠은 계급사회 진입 후 귀족계급이 최초로 사용한 것으로 신분과 재력을 상징하는 일종의 표시가 되었다. 이 시기에는 재료와 디자인 및 가공이 정교해지자 상고 시대의 석계, 방계, 죽계, 목계 및 골계는 점차 도태되었고 이를 대신하여 옥잠(玉簪), 금잠(金簪), 은잠(銀簪), 대모잠(玳瑁簪), 유리잠(琉璃簪), 취우잠(翠羽簪) 등을 사용하게 되었다. 옥잠은 한대 이후 줄곧 부녀들의 중요한 장식품이었다. 그 제작방법이

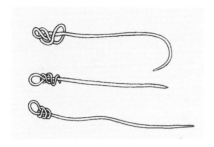

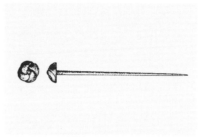

그림 4-25　매듭이 있는 잠두, 통현성관 1호 금묘
에서 출토된 것을 그림.

그림 4-26　매듭이 있는 잠두, 통현성관 1호 금묘
에서 출토된 것을 그림.

어떤 것은 복잡하고 어떤 것은 간단하였는데 간단한 것들은 금은사(金銀絲)
로 만들었다. 특히 금은사로 만들 때에는 한쪽을 예리하게 다듬고, 다른 한
쪽은 구부러뜨려서 하나의 매듭을 지었는데 이것이 잠두가 되었다. 〈그림
4-25〉는 베이징(北京) 통현성관(通縣城關) 1호 금묘에서 출토된 것으로 매듭이
있는 은잠이다. 또한 복잡한 것은 금사 위쪽을 갈고리 모양으로 만들었는데
이는 도끼의 모양과도 같았다(〈그림 4-26〉).

　　이후 당·송 시대에는 금은발잠이 더욱 복잡해져 어떤 것은 꽃 모양을 하

고 있고 어떤 것은 용과 봉황의 모양을 하고 있
다. 또 나무, 산수, 인물 형상을 하여 잠두(簪頭)를
장식하였다. 〈그림 4-27〉의 지린 통유 홍륭산 청
나라 공주릉(公主陵)에서 출토된 한 쌍의 발잠은
금사로 만들어졌는데 길이가 12.8cm였다. 잠두
는 송, 죽, 매의 모양을 하고 있어 '세한삼우(歲寒三
友)'라 한다. 장식이 정교하고 제작도 세밀하여 예
술적 가치가 높다.

　　현존하는 발잠의 유물 중 가장 정미한 것은 취
우잠이다. 취우잠은 새의 깃털을 장식한 잠으로

그림 4-27　금잠, 吉林 通楡
興隆山 淸公主陵 出土.

　　　　　　　　　　　　　　제4장　머리치장의 문화

그림 4-28　취우잠

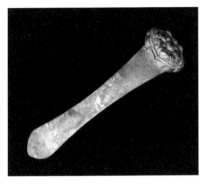

① 여의두잠(如意頭簪), 四川 成都營門口 明墓 出土.

② 금이알잠(金耳挖簪), 山東 嘉祥 元曹元用墓 出土.

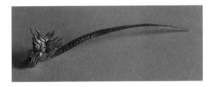

③ 금룡잠, 四川 成都市郊 明墓 出土.

그림 4-29　다양한 잠의 종류

이런 종류의 발잠을 제작하는 과정은 아주 복잡하다. 먼저 금은으로 특정한 형태의 잠가(簪架)를 만들고 잠가 주위를 높게 만든다. 중간의 오목한 부분에 우모(羽毛)를 붙이고 그 도안에 맞춰 우모의 색을 넣는데 일반적으로는 취록색(翠綠色)이 많다(〈그림 4-28〉).

　역대 발잠의 양식은 다양하지만 그 변화는 잠두에 집중되어 있다. 일반적으로 원정형(圓頂形), 화정형(花頂形), 이알형(耳挖形), 여의형(如意形), 동물형(動物形) 등이 있다(〈그림 4-29〉).

　■ 발채(髮釵)

　'발채'는 발잠의 일종이다. 모두 머리에 꽂는 것으로 발잠은 다리가 하나이고 발채는 다리가 쌍으로 되어 있다. 〈그림 4-30〉은 산시(山西)성 후마 소

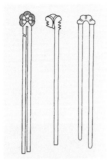

그림 4-30　골채, 山西
侯馬 燒陶窰 遺址에서
출토된 것을 그림.

그림 4-31　골채, 江蘇 揚州
唐城 遺址에서 출토된 것
을 그림.

도요 유지에서 출토된 골채(骨釵)이다.

양한 시대의 발채는 그 형태가 비교적 간단한데 통상 금은사로 만들었으며, 양 끝이 뾰족하고 중간 부분을 구부려서 나란한 모양의 다리를 만들었다 (〈그림 4-31〉).

수·당 시대에는 고계가 성행하였기 때문에 발채가 더욱 유용했다. 편리하게 사용하기 위하여 다리에 있는 구부러진 부분을 없애 버리거나 혹은 다리 중 하나를 짧게 만들었다. 이 시기 발채는 두 가지 또는 그 이상의 재료로 만들었다. 〈그림 4-32〉의 후난성 장사 수묘(隋墓)

그림 4-32　발채,湖南 長沙 隋墓 出土.

에서 출토된 발채는 옥과 은 두 가지의 재료로 만들고 채의 머리 부분에 여러 가지 형태의 꽃이 늘어지도록 하였는데, 이 시기 발채의 또 다른 특징이라고 할 수 있다. 특히 이것은 중·만당 이후에 더욱 뚜렷해졌다.

화채(花釵)의 형태는 흔히 그 용도에 맞게 만든다. 일반적으로 발계에 꽂는 발채는 머리 부분을 비교적 간단하게 만들었으며, 꽃 모양을 만든다고 해도 하나의 장식에 불과하였다. 그러나 장식을 위한 발채는 그 모양에 대한 요구가 높았기 때문에 실제 빈화(鬢花)와 같았다(〈그림 4-33〉). 다만 채의 다리가 길었기 때문에 머리양식을 고정시키는 데 편리하였다. 만당 이후에는 고

그림 4-33  금은화채, 浙江 長興 唐墓 出土.

그림 4-34  은화채(銀釵), 江蘇 丹徒 丁卯橋 唐代銀器窖藏 出土.

계를 고정시키기 위하여 아주 긴 발채가 유행하게 되었고 채의 머리에는 다른 꽃 장식은 하지 않고 다만 발채의 다리 위에 도문(圖紋)을 조각하였다(〈그림 4-34〉).

　송대 이전에는 두 다리가 많이 벌어져 있었으나 송대에 이르러 발채는 두 다리를 바짝 달라붙게 만들었다. 채 다리의 중간은 비교적 가늘고, 뾰족한 곳에 이르러서는 굵고 뭉툭하게 만들었다. 그것은 양진남북조 시기의 채구(釵鉤)를 설계한 원인과 비슷한데, 머리를 잘 고정시키고 사용 시 떨어지는 것을 막기 위해서이다. 금·원 시대에도 이 특징을 계속 가지고 있었으며, 원말에 이르러서야 발채의 다리는 다시 갈라지게 되었다.

　명과 청 시기는 중국 수공업이 비교적 발달했던 시기로 당시 발채의 제작은 전대의 풍격을 계승할 뿐 아니라 또 다양한 모양을 만들어 냈다. 쓰촨성 중경대죽림(重慶大竹林)에서 출토된 금채는 머리 부분이 구름 모양을 하고 있으며, 아치형의 다리와 사람과 말, 수목 및 화초 등 궁전의 모습을 조각하였다. 또 금채의 뒷면에는 시 두 수가 조각되어 있는데 시의 정취와 그림의 분위기가 살아 있는 것 같다(〈그림 4-35〉).

　발채를 꽂는 방법을 보면, 일반적인 것은 횡삽법(橫揷法)인데 이는 양쪽 귀밑머리에 꽂는 것이다. 또 다른 방법은 사삽법(斜揷法)으로 귀밑머리를 따라서 비스듬히 꽂는 것이다. 또 다른 방법으로는 아래에서 위로 꽂는 도삽법

앞면

뒷면

그림 4-35　금채, 四川 重慶明簡芳墓 出土.

그림 4-36

발채를 한 부녀, 江蘇 邗江 蔡莊 五代墓 出土 木俑(좌)과 발채(우).

(倒揷法)이 있다.

　발채의 수는 고계의 높낮이에 따라 정해지며, 발계가 높을수록 더 많이 꽂는다. 발채의 특징은 일반적으로 짝을 이루어 출토되고 있으며, 같은 도안을 하고 있다. 그러나 꽂는 방향을 보면 서로 반대 방향으로 꽂음으로써 하나는 왼쪽에 다른 하나는 오른쪽에 꽂아 짝을 이루게 한다(〈그림 4-36〉).


■ 보요(步搖)

　보요는 고대 부녀의 중요한 수식품 중 하나로 기본적으로 잠채에서 발전한 것이다. 보요의 제일 아랫부분은 채로서 채에는 움직일 수 있는 꽃가지

가 있어 길을 걸을 때, 발걸음을 움직일 때
마다 끊임없이 흔들리게 만들기 때문에
'보요'라고 한다.

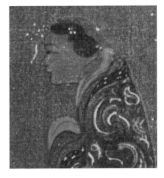

서한 때 보요의 형태는 후난성 장사 마
왕퇴(馬王堆)의 1호 서한묘(西漢墓)에서 출토
된 백화(帛畵)에도 잘 나타나 있다. 〈그림
4-37〉에는 한 명의 귀부녀가 머리 위에 많
은 보요를 꽂고 있으며, 보요 위에는 맑고
깨끗한 옥주를 상감해 놓고 있다.

그림 4-37　보요를 한 귀부녀, 湖南 長
沙 馬王堆 1號 漢墓 帛畵.

동한 이후 보요의 형제는 사적에도 기록되어 있는 바와 같이 『후한서』「여
복지」에는 "황후가 종묘에 알현할 때 … 가계를 하고 보요를 꽂고 잠이를 하
였다. … 보요는 황금으로 받침대를 만들었으며, 백주(白珠)를 꿰어서 장식품
인 계지(桂枝)와 서로 연결하였다. 꿩 한 마리와 꽃 9송이를 장식하였고 곰,
호랑이, 적비, 천록, 벽사, 남상의 풍대 등 6마리의 야수를 장식하였다"라고
기록되어 있다. 보요의 실체를 확인할 수 있는 기록이다.[17]

당대 부녀들은 장식을 매우 중시하였는데 보요의 사용 또한 매우 보편화
되어 있었다. 『신당서』「오행지」에는 천보(天寶) 초(初) 귀족과 사민들은 호복
(胡服)을 입고 호모(胡帽) 쓰는 것을 좋아하였고, 부인들은 잠, 보요, 채를 하고
좁은 소매의 옷을 즐겨 입었다고 하였다.[18]

〈그림 4-38〉의 고개지가 그린 〈여사잠도〉 중 반희(班姬)의 두상에 보요를
꽂은 모습이 보인다. 당대 부녀들의 보요는 금과 옥으로 새 모양을 만들었
는데 새 입에는 구슬을 달아 걸을 때마다 움직이게 하였다. 〈그림 4-39〉의
산시성 장안 위형묘(韋泂墓)에서 출토된 벽화와 건현(乾縣) 이중윤묘(李重潤墓)

17　『後漢書』「輿服志」.
18　『新唐書』「五行志」.

그림 4-38  보요를 꽂은 부녀 – 고개지, 〈여사잠도〉.  그림 4-39  보요를 꽂은 부녀, 陝西 長安 韋泂墓.

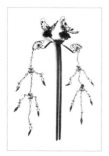

그림 4-40  금양옥보요, 安徽 合肥 西郊五代墓 出土.

그림 4-41  금양옥보요, 安徽 合肥 西郊五代墓 出土.

에서 출토된 석각(石刻) 등에도 모두 이러한 종류의 보요가 그려져 있다.

오대 부녀들 역시 만당의 유풍을 이어서 보요를 꽂는 사람들이 많았다. 안후이성 합비 서교오대묘(西郊五代墓)에서 출토된 두 건의 실물은 모두 섬세한 금은사로 만든 보요이다. 〈그림 4-40〉은 네 마리의 나비 아래에 은사를 늘어뜨려 장식품을 만들었는데, 그 길이는 19cm이고, 〈그림 4-41〉은 도금한 채의 다리 위에 금사로 옥편(玉片)을 박아 넣어서 날개를 펼친 나비의 모습을 하고 있는데 그 길이는 28.3cm이다. 나비의 날개 아래와 채의 몸 윗부분에는 아주 정교한 은사수식을 하고 있다.

(3) 삽소(揷梳)

중국은 예로부터 예의를 중시하였기 때문에 사람들은 자신의 차림새에 대해서 중요하게 생각하였다.

진전함(晋傳咸)의 『즐부(櫛賦)』에서 말하기를, "나는 이 즐을 찬미하는데 형

제4장  머리치장의 문화

클어진 머리를 잘 정리해 준다. 한 가닥이라도 정리가 잘 안 되면 실로 수치스럽게 여긴다"라고 하여 즐(櫛)은 머리를 정리하는 데 사용하는 도구였음을 알 수 있다.

『석명(釋明)』「석수식(釋首飾)」에는 성근 얼레빗인 소(梳)와 촘촘한 참빗에 해당하는 비(篦)가 있어 소와 비는 빗살의 촘촘함에 따라 구분할 수 있다고 하였다.[19] 이 소비는 옛사람들의 필수품이었는데 특히 부녀들에게는 없어서는 안 될 것이었으며, 세월이 흐른 뒤에는 빗을 꽂아 장식을 삼았는데, 이것이 하나의 풍속이 되었다.

위진 이후 빗을 꽂는 삽소 풍속이 계속되었으며, 당대에 더욱 성행하였다. 당대의 부녀들이 소를 꽂는 것을 좋아할 뿐 아니라 비를 꽂는 것을 좋아하였다는 기록과 함께 충분한 연구를 통해 비소의 제작이 이루어졌으며, 재료의 이용도 풍부했음을 알 수 있다. 빗의 재료로 가장 인기가 있었던 것은 금이었다. 〈그림 4-42〉는 당나라 장훤(張萱)이 그린 〈도련도(搗練圖)〉의 부분이다. 두 여인 중 한 여인은 앞부분에 세 개의 빗을 꽂은 모습이 보이고 또한 여인은 앞에도 살짝 빗을 꽂은 모습이 보이며, 뒷모습에서도 빨간색의 빗을 꽂은 모습이 보이고 있어 여러 개의 빗을 꽂은 것으로 보아 삽소장식이 얼마나 성행하였는지 알 수 있다. 〈그림 4-43〉의 〈조금철명도(調琴啜茗圖)〉에

그림 4-42  삽소를 한 귀부녀 — 張萱, 〈搗練圖〉.

그림 4-43  삽소를 한 부녀 — 周昉, 〈調琴啜茗圖〉.

19  『釋明』「釋首飾」.

그림 4-44  삽소를 한 부녀—周昉, 〈揮扇仕女圖〉.

그림 4-45  삽소를 한 공양부인상, 敦煌 莫高窟 148窟 壁畵.

도 소를 꽂은 부녀의 모습이 보인다.

소비(梳篦)는 고계(高髻)를 한 뒤 계의 앞과 뒤에 가로로 꽂기도 하고 세로로 꽂기도 하였으며, 소비의 몸체 부분을 머리카락 밖으로 노출되게 꽂기도 하였다.

중당 이후 삽소의 방법은 더욱 특이해졌는데, 당나라 주방의 〈휘선사녀도(揮扇仕女圖)〉및 둔황 막고굴 148굴의 공양미인 벽화에서 보이는 바와 같이 이 시기의 부녀는 두 개의 큰 소를 꽂는 것을 좋아하였고[20] 빗의 살이 상하가 되도록 꽂기도 하였다.

송대 부녀도 삽소를 숭상하였다. 당대에 비해 뒤지지 않았으며, 오히려 심취해 있었다. 맹원로(孟元老)의 『동경몽화록(東京夢華錄)』 및 왕영(王栐)의 『연익태모록(燕翼胎母錄)』 등의 기록에 따르면 북송 시기의 경도(京都) 부녀들은 칠사(漆紗) 및 금은주취(金銀珠翠)로 만든 발관(髮冠)을 썼는데 관 위에 흰 뿔로 만든 큰 빗을 몇 개씩 꽂았으며, 이를 '관소'라고 하였다.[21] 관소의 크기는 아주 컸으며, 길이는 모두 한 자를 넘었기 때문에 가마를 타거나 길을 걷기 불편해지자 원조(元朝) 이후 삽소의 습속은 점차 약해졌으며 명·청 시기에 이

20  『敦煌石窟珍品』, 香港広彙貿易有限公司, 2002, 105쪽.
21  孟元老, 『東京夢華錄』; 王栐, 『燕翼胎母錄』.

제4장 머리치장의 문화

르러서는 거의 사라지게 되었다.

### (4) 잠화(簪花)

머리에 꽂는 장식물 중 중국에서는 꽃을 빼놓을 수 없다. 여기에서는 잠화하는 수식을 크게 생화를 꽂는 선화와 가짜 꽃을 꽂는 가화로 나누어 살펴보고자 한다.

■ 선화(鮮花)

생화를 머리에 꽂는 풍속은 일찍이 한(漢)대에서부터 시작되었다. 쓰촨성 경내(境內)의 한묘(漢墓) 중에 잠화를 꽂은 여자의 형상이 여럿 발견된다. 〈그림 4-46〉의 성도(成都) 양자산(楊子山)에서 출토된 여용(女俑)도 머리에 매우 큰 국화를 꽂고 있다.

그림 4-46  잠화를 꽂은 부녀, 四川 成都 永豊 東漢墓 出土.

한대 이후에도 잠화의 풍속은 쇠퇴하지 않고 계절에 따라 꽃을 꽂음으로써 사계절의 모든 꽃을 꽂을 수 있었다. 흔히 볼 수 있는 것들은 모란, 수유, 장미, 매화, 국화, 행화, 석류, 당리, 말리 등으로 이런 잠화를 꽂은 부녀의 형상은 후세에 전해지는 회화 작품과 조각상들에서 확인할 수 있다.

또 〈그림 4-47〉의 〈잠화사녀도〉의 여인은 큰 연꽃을 머리에 꽂고 있으며, 한 손에는 또 한 송이의 꽃을 들고 있고 다른 한 손으로는 머리에 있는 금채(金釵)를 빼고 그곳

그림 4-47  잠화를 꽂은 당대 부녀—주방, 〈잠화사녀도〉.

그림 4-48 당대 잠화부녀, 敦煌 莫高窟 130窟 供養人壁畵·高 春明畵.

그림 4-49 오대 잠화부녀, 山西 大同 北魏 司馬金龍墓 出土 木 板漆繪.

그림 4-50 청대 잠화부녀, 天津 楊柳靑, 淸代年畵.

에 다시 생화를 꽂으려고 하고 있다. 사람마다 꽃의 종류는 다르더라도 모두 생화를 더 선호했다. 〈그림 4-48〉의 둔황 막고굴 130굴 당대벽화에 있는 귀녀도 머리 위에 여러 송이의 생화를 꽂고 있으며, 머리 위에 꽂은 잠화와 같은 종류의 생화를 손에 들고 있다.

북위 부녀가 잠화를 꽂고 있는 모습은 〈그림 4-49〉의 사마금룡묘에서 출토된 목판칠회를 통해서도 알 수 있다. 송대 부녀들 역시 꽃을 꽂는 풍습은 계속되었으며, 이는 청나라까지도 그대로 유지되었다. 〈그림 4-50〉은 청대 부녀가 잠화를 꽂은 모습을 그린 것으로 이 여인은 양쪽으로 해바라기를 꽂고 머리 위 정수리 부분에는 목단을 꽂고 있다. 이와 같이 중국에서의 잠화는 한대 이후 청대에 이르기까지 여성들의 수식품으로 애용되었다.

■ 가화(假花)

생화인 선화(鮮花) 외에도 고대 부녀들은 가짜 꽃을 꽂았다. 주밀(周密)의 『무림구사(武林舊事)』에는 "부녀들이 선화를 얹는 풍기가 성행했기 때문에 시장의 꽃값이 배로 올라 부인들이 수십권(數十券)을 주고 생화를 샀는데 반나절도 안 되어 시들어 버리자 가화를 꽂기 시작했다"[22]고 하였다. 조화는 오래

쓸 수 있을 뿐 아니라 시들지 않는 장점과 함께 계절의 제한을 받지 않았으므로 부녀들의 사랑을 받았다.

그림 4-51  花冠 ―『歷代帝后像』.

가화의 재료는 일반적으로 나(羅)나 견(絹) 등의 비단이 많았으며 풀이나 색종이도 사용하였다. 가화는 한 송이 또는 여러 송이를 꽂았다. 대표적으로 봄, 여름, 가을, 겨울의 사계절에 따라 복숭아꽃, 연꽃, 국화, 매화 등 여러 꽃을 합쳐 정수리에 꽂았는데 이 화관을 머리 위에 쓰면 '일년경(一年景)'이 만들어졌기 때문에 '사계화(四季花)'라고 불렀다(〈그림 4-51〉).

명·청 시대에는 가화의 제작이 더욱 정교해졌다. 특히 소오지구(蘇吳地區)에서 나온 장화(妝花)가 환영을 받았다. 이는 진짜 꽃과 비슷했기 때문에 사람들은 이를 '상생화(像生花)'라고 하였다.

청나라 이어(李漁)의 『한정우기(閑情偶寄)』에는 "근일 오문(吳門)에서 제작한 상생화는 지극히 정교하여 나무에서 꺾은 것과 다름이 없을 정도였다. 통초로 만든 상생화는 한 송이의 값이 몇 푼 하지 않아도 한 달 이상 사용할 수 있었으며, 융견(絨絹)으로 만든 것은 가격이 비쌀지라도 정교하지도 않고 아름답지도 않고 진짜처럼 보이지도 않았다"고 하였다. 당시 조화는 이미 진위를 구별하기 힘들 정도로 생화와 같다고 하였다.

■ 전(鈿)

전은 일종의 가화(假花)이다. 무엇으로 어떻게 만들었느냐에 따라 금전,

22    周密, 『武林舊事』.

취전, 보전으로 구분한다. 여기에서는 각각을 구분하여 살펴보고자 한다.

① 금전(金鈿)

금전은 금속제로 만든 꽃 모양의 장식물이다. 송진팽년(宋陳彭年)의 『옥편 (玉篇)』 금부(金部)에는 "전(鈿)은 금화(金花)다"라고 수록되어 있다. 금전은 크 게 두 종류가 있는데 하나는 금화(金花)의 뒷면 장식을 채량(釵梁)으로 하여 직접 머리카락에 꽂게 만들었다. 대표적인 것이 난징 북교 동진묘에서 출토 된 금화로, 여섯 조각의 계심형 화변으로 만들었는데 매 조각의 화변 위에는 금율(金栗)이 있고 꽃술의 뒷부분에는 막대 모양의 꽂이가 있어서 머리에 꽂 을 수 있었다. 다른 한 종류의 금전은 뒤쪽에 꽂이가 없고 꽃술 부분이나 꽃 잎 쪽에 작은 구멍이 있어 거기에 잠채를 고정시켜 계 위에 꽂는 방법이다.

당대(唐代) 금전의 제작은 전대의 것에 기초하 여 발전된 것으로 외형적 모습과 공예적 가공 등 이 모두 정교하고 화려했다. 〈그림 4-52〉는 현존 하는 일본의 대화문화관에서 나온 금전이다. 해 바라기 모양으로 꽃술 주변에 여덟 조각의 입체적 인 꽃잎을 만들었는데 꽃잎의 중간 부분은 오목하 게 들어가게 하고, 볼록 튀어나온 부분에는 금사 로 그물 모양을 만들었다. 꽃잎의 배후에는 8조각

그림 4-52   團花金鈿, 日本大 和文華館 소장.

의 얇은 꽃잎이 받쳐 주고 있어 마치 한 송이의 활짝 핀 들국화와 같았다.

또한 산시성 시안(西安) 한상색(韓桑塞) 뇌송씨묘(雷宋氏墓)에서 출토된 금전 은 제작할 때 먼저 다섯 조각의 꽃잎으로 꽃 한 송이를 만들고 또 여덟 송이 의 작은 꽃송이로 큰 꽃송이 하나를 만들었다. 꽃송이의 옆은 아주 작은 금 주로 꽃잎을 연결하였으며, 꽃과 꽃 사이는 각종의 아주 작은 금주를 서로 연결하였다. 꽃술의 중간에는 날개를 펴고 날려고 하는 한 마리의 작은 새

를 붙였기 때문에 화려하고 오색찬
란한 느낌을 주었다.

둥근 꽃인 단화를 제외하면 당대
부녀들의 금전은 절지화로 만들었
다. 〈그림 4-53〉의 절지화는 광저우
황제강(皇帝崗) 당묘(唐墓)에서 출토된
금화로 4개의 꽃송이와 꽃잎으로 이
루어져 있다. 금전은 아주 얇고 그
위에는 오목하고 볼록한 화문이 압
인되어 있으며 화엽의 틈은 모두 누
공(鏤工)양식을 취하고 있다.

그림 4-53　절지화형 금전, 廣州 皇帝崗 唐墓.

그림 4-54
작은 금전, 敦煌 莫
高窟 130窟 壁畫.

이와 달리 꽃송이 하나하나를 독립적으로 만들고 꽃을 때에는 좌우에 여
러 송이를 꽂기도 하는데 〈그림 4-54〉의 둔황 막고굴 130굴 그림에서는 네
송이의 꽃을 꽂고 있는 모습을 볼 수 있다.


② 취전(翠鈿)

머리에 꽂는 수식물 중 당나라 때 유행했던
'취전'이 있다. 이 취전은 금전에 기초하여 변
화된 것이다. 제작방법은 금전 위에 새의 깃털
을 하나 더 붙이는 것으로 비취색의 깃털을 많
이 사용하였기 때문에 취전이라고 하였다. 신
장성 투르판 아사탑나(阿斯塔那) 당묘에서 출토
된 〈혁기사녀도(奕棊仕女圖)〉 귀부의 머리 부근
에서 이런 종류의 취전이 나왔다(〈그림 4-55〉).

그림 4-55　취전 -〈奕棊仕女圖〉.

③ 보전(寶鈿)

보전은 금전에 보석을 박아 놓거나 혹은 직접 보석으로 꽃송이를 만든 것이다. 당융욱(唐戎昱)의 시에는 "보전을 꽂은 미인이 비취색 치마를 입었다"고 하였고 장간(張柬)의 시에는 "분과 머릿기름이 보전과 서로 어울린다"고 하여 여성의 모습을 묘사하는 내용 중에 보전이 들어 있다. 〈그림 4-56〉은 장쑤성 해주(海州) 동문 밖의 한 오대묘(五代墓)

그림 4-56  보전, 江蘇 新海連市 海州 東門 外 五代墓.

에서 출토된 것으로 파란 바탕에 목단화 두 조각이 출토 당시 죽은 자의 배개 옆에서 나왔다. 또한 금채(金釵), 은탁(銀鐲), 소비(梳篦) 및 장분(妝粉) 등 여성의 화장도구도 함께 출토되었다.

명대에 사용하였던 보전은 후난성 봉황현(鳳凰縣) 명팽씨묘(明彭氏墓)에서 출토된 것이 있다. 이는 금속으로 만든 네 송이의 작은 꽃과 꽃잎이 있고, 잎 위에는 10개의 채색된 보석을 박았다. 보전의 뒷면에는 구름무늬가 조각되어 있었고, 양쪽에는 장방형의 구멍이 뚫려 있어 발계와의 연결을 쉽게 해 주었다.


(5) 승(勝)

승은 고대 전설에 의하면 서왕모가 사용한 수식 중 하나이다. 『산해경(山海經)』 「서산경(西山經)」에는 "서왕모가 사람의 모습을 하고, 표범의 꼬리에 호랑이 이를 하고, 울부짖으며 덥수룩하게 헝클어진 머리털 위에 승을 얹는다"고 하였다. 또 진곽복주(晋郭僕注)는 "봉두(蓬頭), 난발(亂髮), 승(勝), 옥승(玉勝)이다"라고 하여 원시적인 옥승을 어떠한 형태로 만들었는지 자세히 고찰

그림 4-57　玉勝, 朝鮮 樂浪古墳 出土.

그림 4-58　승을 얹고 있는 서왕모, 山東 近南 東漢墓 出土 畵像磚拓片.

할 수 없지만 진(秦)·한(漢) 이후의 옥승이 유물로 남아 있다. 〈그림 4-57〉은 조선의 낙랑에서 출토된 것으로 둥근 원의 위와 아래에 각각 사다리꼴 모양의 익시(翼翅)를 달았으며, 원의 중심에 네모난 모양의 구멍을 뚫어 승(繩)으로 연결하였다. 사용할 때에는 그 잠채의 정수리 끝에 달아 귀밑머리에 드리운다. 특히 서왕모는 장생불로의 상징으로 인식되기 때문에 서왕모가 얹고 있는 장식품 역시 길상의 의미를 갖는다(〈그림 4-58〉).

한위(漢魏) 시기 승을 얹는 것은 보편적이었으며, 재료도 다양했다. 금을 사용해서 만든 것은 "금승", 옥으로 만든 것은 "옥승", 직물로 만든 것은 "직승"이라고 하였는데, 승 위에는 화문장식을 하여 "화승"이라고 하였다.

금승의 형태와 관련하여 문헌의 자료를 보면 『태평어람(太平御覽)』권 719인 『진중흥서(晋中興書)』에는 "진효무(晋孝武) 시(時), 양곡씨(陽穀氏)가 금승 하나를 얻었는데 길이는 5촌이고 형태는 직승과 같았다"고 했다. 그 모양은 장쑤성 한강(邗江) 감천진(甘泉鎭) 한묘(漢墓)에서 출토된 것과 같이 아주 편평하고 납작한 모양을 하고 있다. 원심의 양면에는 각각 원형의 터키석이 하나씩 상감되어 있었는데 후난성 장사(長沙) 한묘(漢墓)에서 출토된 것과 같다. 이것은 전부 순금으로 만들어졌고 금주가 전체에 가득 있었으며, 타원형의 중간에는 금주로 엮은 화문이 장식되어 있다(〈그림 4-59〉).

그림 4-59  금승, 湖南 長沙 漢墓 出土.　　　그림 4-60  방승, 江蘇 南京 明墓 出土.

방승은 두 개의 능형이 서로 겹겹이 눌려서 이루어진 장식품으로, 계속해서 이어지는 행운을 의미한다. 이는 금편으로 만들었는데 가운데 부분은 네 변의 꼭지 모양으로 되어 있으며 능형의 모퉁이와 변두리에는 볼록 나온 원포와 연주화문이 장식되어 있다(〈그림 4-60〉).

(6) 섭자(鑷子)

섭자는 본래 부녀들의 치장도구의 하나인 족집게이다. 그런데 어떤 때에는 머리에 꽂기도 하였기 때문에 속칭 '보섭(寶鑷)'이라고 한다. 양나라의 강

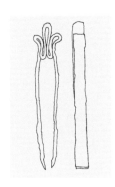 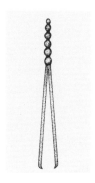

그림 4-61  철섭, 廣州 漢墓　　그림 4-62  동섭, 陝西
에서 출토된 것을 그림.　　西安 郭家灘 唐墓에
　　　　　　　　　　　　　서 출토된 것을 그림.

홍(江洪)이 쓴 「영가희시(詠歌姬詩)」에는 "보섭 사이 주화(珠花)는 확실히 더 아름답게 단장을 하는구나"라고 하였다. 용보(龍輔)의 『여홍여지(女紅餘志)』에는 "원술희풍방녀(元術姬馮方女)는 천금 되는 보섭을 꽂아서 아름다움을 더하는구나"라고 한 적이 있다.

광저우 한묘에서 출토된 철섭

(鐵鑷)은 납작한 철을 구부려서 만든 것이 많은데, 어떤 섭자는 〈그림 4-61〉과 같이 꼭대기 부분을 구부려서 여러 가지 꽃 모양을 만들어 머리에 꽂기도 하였으며, 〈그림 4-62〉와 같이 섭자의 꼭대기에는 나사못머리 모양의 원구를 장식한 것도 있다. 이는 출토 당시 여성의 두개골 부근에서 나왔으며 동시에 금채 등의 장식품과 함께 출토되었다.

### 3) 일본의 머리치장

일본 발식의 역사는 결발의 역사와 깊은 관계가 있다. 또 발형에 따라서는 발식을 필요로 하지 않는 경우도 있다. 예를 들어 결발을 행한 아스카·나라 시대에는 빗이나 채자(釵子)를 비교적 많이 사용했던 것에 비해 수발(垂髮)이 중심이 되었던 헤이안 시대에는 발식을 머리에 꽂는 경우가 적어졌다. 특히 빗, 잠, 계가 여성의 발식으로 정착된 에도 시대 중기에는 이런 것을 하나씩 머리에 꽂는 것이 일반적이었지만 유녀 등은 잠을 2개 이상도 꽂고 또 에도 시대 후기에는 머리의 앞 좌우만이 아니라 뒤의 좌우에도 대칭되게 여러 개를 삽입했다. 또 하나하나를 꽂을 때에도 비스듬하게 위로 꽂는 것에서부터 시작해서 수평으로 꽂는 방법, 비스듬하게 아래로 꽂는 방법, 또 후자(後刺)라고 해서 귀의 뒤에 꽂는 방법이 등장했다.

여기에서는 여성의 발식으로 이용된 빗을 비롯해 삽두화, 일음만, 채자, 계, 가쓰라, 가모지, 모토유이 등에 관하여 차례로 살펴보자.

#### (1) 빗(くし, 櫛)

구시는 본래 머리카락을 정리하고 오염된 것을 제거하기 위한 실용적인 용도로 고안된 것이다. 사용 양태에 따라 이것들은 '해즐(解櫛)', '소즐(梳櫛)'이라고 부르며 발형이 흐트러지는 것을 막기 위해 머리카락에 꽂는 '삽즐(揷櫛)'

로 사용되었다.

한편 빗에는 물리적인 실용성과 함께 주술적인 효과가 있다고 믿었다. 『고사기(古事記)』에는 탕진조즐(湯津爪櫛)이라고 하는 빗을 던져서 머리에 붙어 있는 요괴를 도망가게 했다는 일화가 수록되어 있어 빗에는 요괴를 제거하는 힘이 있다고 믿었던 것으로 보인다. 또 발굴품에서 나온 출토물을 보면 오래전부터 빗이 제사에 사용되기도 하였는데 이는 사람들이 빗에 신성(神性)이 있다고 믿었기 때문이라고 한다. 후세에 어신보(御神寶)라고 하는 신(神)들의 봉납품(奉納品) 가운데 빗을 넣은 것도 그런 이유이다.[23]

헤이안 시대 이전인 조몬 시대 만기에는 동물의 뼈, 나무 등을 소재로 한 빗이 사용되었으며, 이미 조각을 삽입한 것도 있고 붉은색의 칠을 하여 채색을 베푼 것도 있었으며, 모양을 넣은 것도 있었다.

야요이 시대에는 대나무로 만든 빗을 사용하였는데 이러한 것들은 모두 길이가 세로로 긴 종장형의 빗이다. 또 용도로 따져 보면, 소즐, 해즐보다는 삽즐이라고 하는 성격이 더 강하다고 할 수 있다. 고훈 시대에도 그 전·중기에는 단단한 빗이라고 할 수 있는 견즐(堅櫛)이 사용되었지만 후기가 되면 숫자는 많지 않지만 가로로 긴 횡장형의 횡즐이 보이기 시작한다.

헤이안 시대에는 화가산, 고미산 경총 등에서부터 황양이나 이스노키(조롱나무)제의 빗이 발굴되고 발견되기도 하여 그러한 것들은 기본적으로 나라 시대의 빗과 비교해서 큰 차이는 없다. 이가 붙어 있는 상방 부분의 동(棟)이 좁고, 이가 가는 것에서부터 참빗이라고 생각되는 것들까지 있다. 또 삼중현(三重県) 사천왕사(四天王寺)의 약사여래의 태내에서 발견된 3개의 빗의 경우 2개는 이의 목이 가늘고 하나는 이 사이가 넓어 해즐이라고 생각되는 것도 있다. 그렇지만 이러한 것들은 경총이나 불상 태내의 납입품이라고 하는

---

23　長崎巖, 『日本の美術 5』, 至文堂, 1999, 38쪽.

특수성을 갖는다. 이것으로 보아 일반적인 동향은 이 시대 복식형태의 변화와 함께 수발로 이행하고 있어 빗을 여성의 장신구로만 보기는 어렵다.

그러나 장식적인 의도로 빗을 꽂았다는 것을 부인하는 것은 아니다. 오사카 도명사 천만궁에는 관원도진의 유애품(遺愛品)이라고 전해지는 구갑을 상감한 상아로 만든 빗이 있는데, 그 장식성으로 인해 삽즐이라고 생각되는 것이다. 봉(峰)과 동(棟)의 부분에 꽃 모양을 그린 것이라든가 구갑의 아래에는 붉은색을 바르고 이것을 구갑에서부터 투명하게 보이도록 멋을 내고 있다. 또 헤이안 시대 후기의 소실서에는 조각빗, 채회빗 등의 명칭이 보이고 있어 이 당시 빗에 조각을 하거나 채색을 하였음을 알 수 있다.[24]

가마쿠라와 무로마치 시대에도 헤이안 시대와 거의 같은 상황이었다. 가마쿠라 시대에는 매화의 모양을 한 나전 빗 25개가 삼도대사(三嶋大社) 소장의 상자 안에 들어 있었다.

〈그림 4-63〉의 조롱나무 즉 이스노키로 만든 횡즐은 가늘게 자른 이를 갖고 있는데, 호조 마사코(北条政子, 1157~1225)가 봉납했다고 전해지고 있다. 또 마키에[蒔繪]나 은으로 만든 빗을 넣은 상자는 화장도구의 일부가 되어 빗을 많이 넣었다가 소즐 또는 해즐로 사용했다(〈그림 4-64〉).

그림 4-63 木製 螺鈿 櫛, 가마쿠라 시대, 시즈오카 三嶋大社 소장.

그림 4-64 梅花蒔繪를 한 箱子, 가마쿠라 시대, 시즈오카 三嶋大社 소장.

24 長崎巖, 앞의 책, 42쪽.

모모야마 시대가 되면 여성은 서서히 머리카락을 묶게 되지만 당시 풍속화에만 보일 뿐 단순한 발형이 많아 장식적인 발식은 그다지 보이지 않는다. 약간 실용적인 소즐을 그대로 머리에 꽂았던 것을 묘사하고 있는 것으로 보인다. 에도 초기에는『역세여장고(歷世女裝考)』[25]에 "관영 이후 관문 말까지 50년간 화축판본에 계속되는 여회(女繪)에는 수식이 1품만 보인다"라고 한 것처럼 도시에서는 빗을 단 발식이 일반화되어 있었다.

또 호화로운 고소데가 일부 부유한 무가 여성들 사이에서 도시여성의 전유물이 되었던 것과 같이 고가의 빗은 극히 제한된 계층에서만 사용이 가능했다.

이후 여성의 발식이 다양한 형태로 바뀌기 시작한 것은 여성의 발형이 커지면서 발달하게 된 향보(1716~1736)경이라고 할 수 있다. 1723년(향보 8)에 발간된『백인여랑품정(百人女郞品定)』에는 다양한 계층의 여성이 묘사되고 있는데 그 대부분이 빗을 꽂고 있다. 이후 형태나 의장에 대한 연구를 하면서 보다 화려한 금장식이 나타나기도 하였으며, 무가 여성과 도시여성들 사이에서 형식의 차이도 생겨났다. 또 그때까지의 빗과 비교해서 동의 부분이 넓은 빗이 생겨나면서 여러 가지의 장식을 새겼다. 특히 빈 부분이 크고 길어진 발형이 유행했던 안영(安永, 1772~1781)경부터는 빗의 대형화가 시작되면서 타롱빈이 유행하였다. 결국 발형의 변화가 빗이나 비녀의 대형화를 가져왔음을 시사한다.

이즈음에는 빗의 재질도 다양하게 되어 나무, 귀갑(龜甲), 소뿔, 말 발톱, 금속, 유리 등이 이용되었다. 소뿔이나 말 발톱과 같은 것은 귀갑의 대용품이 되어 서민계층의 빗에 사용되었으며, 이들의 표면에 얼룩을 넣어 구갑과 흡사해 보이도록 하는 기술을 연마하였다. 빗의 재료에 대해서는 비녀와 함

---

25 『歷世女裝考』, 일본국립국회도서관 디지털컬렉션.

그림 4-65  귀갑제 즐, 목제 시회즐, 東京國立博物館 소장.

그림 4-66  상아제 즐, 유리제 즐, 澤乃井 櫛かんざし美術官 소장.

께 원록 이후로 여러 번 금령이 내려졌지만 이는 빗의 대형화에 따른 금령이었다.

빗의 형태는 '무로마치형', '이휴형(利休形)', '경형(京形)', '강호형(江戸形)', '사빈(糸鬢)', '요시야형', '태부형(太夫形)'이라고 하는 것들이 유행하였다.

빗에 모양을 표시하는 가식기법은 나무나 귀갑, 상아 등에 전통적인 시회나 나전, 상감 등을 사용하는 것으로 금속에는 투조를 하고 유리에는 조각유리나 유리그림의 기법을 사용하였다(〈그림 4-65, 4-66〉). 일반적으로 품격을 중시하는 무가 여성은 시회나 나전이라고 하는 전통적인 기법을 사용한 빗을 좋아했지만 부유한 도시여성은 이런 것에 여러 가지 기법을 구사해서 다양한 의장을 표현하는 빗을 좋아했다.[26]

빗에 나타난 모양은 화조(花鳥), 풍월(風月)을 비롯해 길상의 의미를 담은 것, 문예적인 내용을 표시하는 의장 및 그림, 가문을 상징하는 것들도 있었다.

여전히 소재나 의장이 다양화되었던 에도 시대에 있어서도 일반인들은

---

26  長崎巌, 앞의 책.

하나의 빗만 꽂았으며, 탕녀나 유녀들은 2개를 꽂았다. 이를 2매즐이라고 한다(〈그림 4-67〉).

그림 4-67　2매즐을 한 여인―
『都風俗化粧傳』, 1811년.

### (2) 삽두화(揷頭花)

'발삽(髮揷)'을 어원으로 하는 잠도 그것이 발식이라고 하는 기능 하나만을 가지고 있었던 것은 중세 이후이며 고대로 올라가면 빗 모양은 요괴를 제거하는 힘을 가진 것이라고 생각했다. 무릇 가는 막대기 같은 봉에 주술적인 힘이 있다고 믿는 것에서 파생되었다.

발삽은 신사(神事)나 절회 때 귀족이 꽃가지를 관에 꽂은 것이 관습이 되어 민간에게까지 널리 확산되었다고 한다. 앵두나 매화, 창포 등의 꽃보다 아름다운 것은 없으며, 또한 새싹이 돋아나는 가지나 소나무, 버드나무 등 푸릇푸릇한 잎사귀는 신비롭다고 생각했다. 그러다 보니 이러한 것을 머리에 꽂으면 식물이 지니고 있는 자연의 생명력을 신체에 집어넣을 수 있다고 생각했다. 덧붙여 말하면 염색에 붙은 초목염의 출발점도 같은 생각에서 나온 것이다. 헤이안 시대에는 이러한 전통을 계속 받아들여 공가 남자는 매화나 앵두 등의 조화를 관에 꽂았고, 여자는 문자 등을 머리카락에 새겼다.

〈그림 4-68〉은 남북조 시대의 삽두화로 여러 가지 색의 견사를 사용하여 만든 정교한 세공물이며, 헤이안 시대 이후에도 전통을 이은 삽두화가 보인다(〈그림 4-69〉). 그 내용을 보면 등(藤) 2지, 매(梅) 3지, 국화(菊花) 2지, 나목(梛木) 2지, 복숭아 2지, 척촉(躑躅) 2지, 조안(朝顔) 1지, 춘(椿) 1지, 조(蔦) 2지, 야국 2지, 산취(山吹) 1지, 송 2지, 산백합 2지, 장미 1지, 명칭을 알 수 없는 식물 5지이다.

삽두화는 모두 14~18cm 정도의 크기로 나뭇가지의 잎사귀는 녹색과 교엽색이고 꽃은 홍색과 자주색인데 각색의 견사를 함께 붙여서 만들었다. 의

그림 4-68  삽두화, 남북조 시대(14세기), 和歌山
熊野速玉大社 소장.

그림 4-69  삽두화, 에도 시대(19세기), 東京國立
博物館 소장.

식의 종류나 사람들의 관위에 따라서 그 종류가 결정된다.[27]

(3) 일음만(日蔭蔓)

일음만은 태양의 직사광선을 막기 위한 장식이다. 공가 남자는 관(冠)에,
여자는 채(釵)에 붙였다. 일음만은 일음사라고도 부르는데 언어로 보아서는
일영만에서 유래한 것이며, 내용적으로 보면 나라 시대의 넝쿨, 풀 따위로
꾸민 머리장식물인 '가즈라'에서부터 발전한 것으로 생각된다(〈그림 4-70〉).

처음에는 식물을 사용했지만 헤
이안 시대부터는 주로 견사로 만든 여
러 가닥의 탄력이 있는 끈으로 대체하
였다. 또 초기에는 그 기원에 뜻을 두고
초록색이 사용되었지만 얼마 안 있어
청정한 색인 백색이 주로 사용되었다.
또 어떤 때에는 실을 짜서 만든 것을 장
식하기도 했다.

그림 4-70  일음만, 에도 시대(실제 식물을
사용한 일음만), 도쿄국립박물관 소장.

27  長崎巖, 앞의 책.

(4) 채자(釵子)

나라 시대에는 새로운 형식의 잠이 중국
으로부터 들어오게 되었다. 2개의 다리가
있는 비녀이다(〈그림 4-71〉). 중국에서도 잠
은 처음에는 1개의 다리로 되어 있었지만
수·당을 지나면서 2개의 다리로 변하게 되
었다. 그것은 당시 중국의 높은 발형을 고
정시키기 위해 1개의 다리보다는 안정성이
높은 2개의 다리가 고안되었기 때문이다.
이것은 '채자'라고 부르며, 나라 시대 발형

그림 4-71　채자 위에 일음만을 얹은
여인-〈吉祥天畵像〉, 나라 시대, 藥
師寺 소장.

이 고계와 함께 일본에서도 사용하게 되었음을 말해 준다.

헤이안 시대는 여성의 발형이 수발형이었기 때문에 빗처럼 잠의 유품도
적다. 다만 공가 여성이 성년이 될 때나 정장할 때에는 당의, 상, 규, 당 등
을 착용하고 빗과 함께 폐발이라고 부르는 금속제의 장식과 채자를 같이
꽂았다.

이후 에도 시대가 되면 잠이 실제적으로 부활하고 독자적인 존재감과 아
름다움을 발휘하게 된다. 이 시대에 다양하게 발달한 잠은 크게 귀이개잠,
송엽잠, 옥잠, 평타잠, 화잠, 비라비라잠 등으로 구분할 수 있다.


■ 귀이개잠

귀이개를 그대로 크게 한 형태의 잠이다. 일본에서는 귀이개를 붙인 것을
특히 '잠'이라고 한다.


■ 송엽잠

모양이 송엽과 비슷하게 생겼다고 하여 붙여진 이름으로 풍속화의 미인

도에 여러 차례 보인다. 은, 청, 진유, 귀갑, 대나무 등으로 만들었다. 특히 얼룩진 무늬의 송엽잠은 가늘게 40~50개 만들어 사용하였다.

■ 옥잠

귀이개의 머리 근처에 옥을 한 개 꿴 잠이다. 옥잠의 종류는 일반적으로 비취, 수정, 산호, 유리 등을 가공하여 연옥을 사용하는 경우가 많으며, 연령에 따라서 색이나 크기를 나누기도 한다. 사용된 옥은 비취, 수정, 산호, 유리 등으로 유리를 가공한 돈보옥이나 가공한 옥, 금은에 털 조각을 낸 것 등이 있다. 단순한 형도 있지만 메이지나 다이쇼 시대에는 길이가 긴 것을 선호하였다. 옥잠을 꽂는 위치는 마게의 사선 뒤가 많다(〈그림 4-72, 4-73〉).

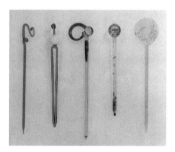

그림 4-72　옥잠(좌), 유리잠(우), 에도·메이지 시대, 도쿄국립박물관 소장.

그림 4-73　평타잠, 도쿄국립박물관 소장.

■ 평타잠

머리 부분이 평평하고 얇은 잠을 총칭한다. 환형, 능형, 귀갑형, 화형 외에 단선형이나 선형 등으로 만드는 것이 있고 은제의 얇은 판에 투조(透彫)를 하거나 털같이 가는 선을 조각하는 모조(毛彫)를 하기도 한다. 가문이나 식물을 중심으로 한 다양한 모양을 표시한 것이 많다. 가문을 모방한 것은 무가 여성들 사이에서부터 시작되었다고 생각하지만 도시여성들이 후원하는 역자

의 문양을 붙이기도 하고, '비익문'이라고 하는 유녀가 자신의 문양과 깊은 관계에 있는 손님의 문양을 하나로 합쳐서 만든 문양을 붙이기도 한다. 『아의』에서 말하는 '문 비녀(文かんざし)'는 이런 것에 해당하는 것이다. 또 금속 제 이외의 것은 귀갑제나 시회로 모양을 표시한 것도 있다.[28]

■ 화잠

화잠은 잠 중에서 가장 화려하다. 『만엽집』의 삽두화나 약사사 고상천화 상에서 5변화형의 채자로 연결된 것을 전발(前髪)의 좌우에 꽂았다. 또 대가 되도록 한 점만을 사용하는 것도 있으나 금속제와 귀갑제로 그 크기와 화려 함이 최고조에 이른다(〈그림 4-74〉).

① 귀갑으로 만든 화잠

② 금속과 산호를 조합해서 과실이나 꽃 을 표현한 화잠

그림 4-74 화잠, 에도 시대, 도쿄국립박물관 소장.

■ 비라비라잠

비라비라잠은 가는 쇠사슬에 다양한 소물(小物)을 매달아서 아래로 늘어 뜨린 잠이다. 화잠 이상으로 화려하고 호화롭다(〈그림 4-75〉). 특히 비라비라 잠에는 식물뿐 아니라 여러 가지 모티프가 사용되었는데 가운데에는 조롱 이나 투구, 옥을 머금은 용과 같은 기발한 모티프를 달았다. 거기에 비라비

28 長崎巌, 앞의 책.

라가 효과적으로 소리를 내도록 설계된
것도 있었다. 『역세여장고』에 따르면 보
요잠에는 꽃의 절지에 쇠사슬을 몇 줄 내
려 줄마다 새나 나비 또는 방울을 붙여 은
잠을 만들었으며 더욱 탄력을 갖도록 가
는 철사를 나선상으로 말아 사용하였다.
잠에서부터 이 철사를 늘려서 앞에 나비
를 만들어 붙이고 여성의 머리가 흔들릴
때마다 마치 나비가 꽃에 모이는 것처럼
보이도록 했다.

그림 4-75   비라비라잠, 에도 시대, 도
쿄국립박물관 소장.

■ 변용잠

변용잠은 잠두부의 장식 부분에 여러
가지 장치를 한 것이다. 예를 들면 우물
에 두레박이 위아래로 움직이는 것처럼
된 것이나 숲에 쥐가 가까이 있는 것 등
작은 수레나 레일을 사용해서 장식이 움
직이는 것처럼 보이도록 세공한 잠이 에
도 시대 후기에 성행했다. 동시에 이 시
대에는 몸에 퍼져 있는 여러 가지 기물
이나 도구 등 잠의 모티프로 취급하지

그림 4-76   두레박을 단 변용잠, 에도 시
대, 도쿄국립박물관 소장.

않았던 소재까지도 작게 만들어 장식하는 것이 유행했다(〈그림 4-76〉).
이 외에도 작은 자석(磁石)이나 지구의(地球儀), 유리 안에 물을 넣은 것 등
을 잠두 부분에 붙였으며, 금박을 씌운 것까지 출현했다.

(5) 계(筓)

즐, 잠과 함께 발식을 대표하는 것은 계이다. 계는 '고가이'라고 하여 상투를 묶는 끈으로 그 이름이 사용되기도 했으며, 『화명류취초(和名類聚抄)』에는 발을 정리하기 위한 도구로 '가미가키'라는 이름으로도 사용되었다. 또 『원씨물어』나 『우진보물어』에도 '계'라는 용어가 보이며, 에도 시대의 책 『정문잡지』에는 허리칼로 쓰인 '가우가이'로 머리카락을 훑는다는 기록이 있다.

그러나 계가 실질적으로 여자의 발식으로 다시 등장한 것은 근세에서도 에도 시대가 되어서이다. 에도 시대 초기 명력(明曆, 1655~1658)에는 봉으로 생긴 계가 많았다. 『여용훈몽도휘』[29] 및 『백인여랑품정』[30] 그리고 『회본상반초』에 묘사되어 있는 계도 역시 단순한 봉 형태이다. 계의 폭은 비교적 넓고 두께는 얇고 또 길이는 짧았지만 말기가 되면 폭은 좁아지고 길이는 더욱 길어졌다. 또 계의 양 끝은 둥근 것도 있고, 수직으로 절단된 것도 있다.

향보(1716~1736) · 원문(元文, 1736~1741)경에는 나무나 대나무, 뿔, 뼈 등의 일반적인 소재가 계의 재료가 되었지만 '학의 족'이라고 부르는 학의 다리뼈를 재료로 한 것도 나타났다. 또 상류여성이나 부유한 도시여성은 이것 외에 금제, 은제의 계나 귀갑, 상아로 만든 계 등을 사용하자 여러 차례 금지령이 내려졌다(〈그림 4-77, 4-78〉).

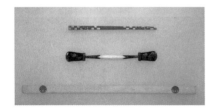

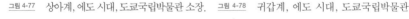

그림 4-77　상아계, 에도 시대, 도쿄국립박물관 소장.　그림 4-78　귀갑계, 에도 시대, 도쿄국립박물관 소장.

29　『女用訓蒙圖彙』, 일본국립국회도서관 디지털컬렉션.

30　『百人女郎品定』, 일본국립국회도서관 디지털컬렉션.

한편 고가의 귀갑이나 학의 다리뼈로 만든 계를 구입할 수 없는 사람들을 위해서는 소뿔이나 말 발톱을 소재로 한 계도 만들어졌다. 또 '대나무에 은박을 붙인 계'도 출현하였다.

그런데 원래 머리카락을 말아 붙여 마게를 만들기 위해 사용되는 계는 그 중심 부분을 머리카락으로 가리게 되므로 바깥에 보이는 봉의 양 끝부분에만 장식을 더하기도 한다. 혹은 중앙 부분과 소재를 바꿔서 변화를 주기도 한다.

에도 시대 말기의 계는 양 끝이 벌어진 것도 있다. 이것들은 복잡해진 발형에 대응해서 고안된 것으로 마게를 먼저 맺고 계를 뒤에서부터 마게에 어긋나게 꽂고 최후로 그 양 끝을 끼우는데, 이는 원래의 쓰임과 달리 장식성과 실용성을 추구하면서 나타난 결과이다.


### (6) 가쓰라(鬘), 가모지(髢)

가쓰라나 가모지를 장신구로 분류하는 것에 대해서는 의견이 분분하지만 헤이안 시대에는 여성의 몸을 장식하는 것으로 중요한 의미를 지녔다. 나라 시대에 6위 이하의 여자가 조복을 착용할 때 머리에 붙였던 의계(義髻)도 가쓰라의 중간 정도였다고 생각한다. 원순에 따르면 931~973년(승평 연간)에 편찬된 일본 최고의 백과사전 『왜명류취초』에는 "용식구"라고 해서 즐 등과 함께 피(髲), 가발(假髮)로 부르는 두 종류의 가쓰라가 기록되어 있다.

근세에도 공가 여성이나 무가 여성의 의례용, 정장용의 발형은 수발이지만 여기에서는 환체(丸髢: 옥체)와 함께 장체라고 하는 두 종류의 붙이는 발이 사용되었다. 정장할 때의 발형으로 통상 '오스베라카시(御垂髮)' 또는 '오다이'라고 하는 수발에는 환체와 옥체의 양방이 사용되었으며, 헤이안 시대의 부인 옷차림인 소규자를 입을 때에는 '오츄(おちゅう)'라고 부르는 장체만이 사용되었다.

장체의 길이는 긴 것은 2m에도 미쳤으
며, 본머리와 함께 모토유이(元結)로 맺고
머리 뒤에서부터 치마 근처까지 길게 내려
뜨렸다. 한편 환체는 전부두에 놓고 평평
한 이마를 채자로 찌르고 빗을 꽂았다(〈그
림 4-79〉).

그림 4-79 　체, 에도 시대(19세기), 도쿄
국립박물관 소장.

(7) 모토유이(元結)

모토유이는 모토도리(髷)나 마게를 만드
는 데 사용되는 끈으로 남녀가 함께 사용
하였다. 옛날에는 마사(麻絲)나 조뉴(組紐)를 사용하였지만 『원씨물어』 등에
는 여성의 모토유이로 하얀색 끈이 여러 차례 보이고, 이후 헤이안 시대 여
성은 이미 종이로 만든 모토유이를 사용했다.

헤이안 시대부터 무로마치 시대까지는 종이로 만든 모토유이를 한곳에서
결속하는 것이 일반적이었지만 무로마치 시대 이후 공가나 상류무가의 여
성이 대수발 등 체를 사용하여 발형을 만들 때에는 모토유이를 여러 곳에 사
용하는 것이 보통이었다.

근세 에도 시대에는 공가, 무가 여성이 종이를 말아서 가늘게 원통형으
로 만든 에모토유이(繪元結)를 사용했다. 공가 여성이 사용한 에모토유이에
는 홍색의 것과 금색의 것이 있고 홍색의 에모토유이는 담황색의 종이를 염
색한 것으로 28세까지의 여성이 사용했으며, 그 이상 연배의 여성은 금박을
둔 에모토유이를 사용했다(〈그림 4-80〉).[31]

〈그림 4-81〉의 고기모토유이(摎元結)는 마게를 묶기 위한 실용 본위의 방

---

31　長崎巖, 앞의 책, 16쪽.

그림 4-80　금박을 한 에모토유이, 에도 시대, 도쿄국립
박물관 소장.

그림 4-81　고기모토유이, 에도 시대, 도쿄
국립박물관 소장.

식이었지만 평본결이나 반원원결은 원래 장식적인 요소를 가진 모토유이에
서부터 시작되었으며 이후 다양한 변형을 만들어 냈다. 평본결은 머리카락
을 묶는 기능에 있어서는 고기모토유이를 능가했고 실용 면에서는 고기모
토유이 다음이라는 명성을 얻었지만 장식성을 앞세운 '장장(丈長) 또는 척장
(尺長)'이라고 부르는 모토유이가 탄생하는 계기가 되었다. 히라모토유이(平
元結)는 원래 머리카락을 묶는 기능을 갖고 있었지만 장장은 고기모토유이
로 머리카락을 묶는 부분 위에 걸어서
사용하는 순수한 장식이다. 히라모토유
이에 견주어 길이가 길기 때문에 생긴
이름이다.

　모토유이를 맺는 방법을 보자. 공가
에서는 대수발인 '오다이'를 하는데 이것
은 네 곳에 모토유이를 묶는 것이다(〈그
림 4-82〉). 첫 번째는 위에서부터 장체를
넣어서 히라모토유이로 아래를 맺은 다
음 연령에 따라서 에모토유이를 맺어서
구부린다. 두 번째에는 '백홍'을 사용해

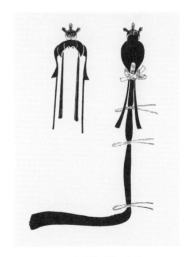

그림 4-82　모토유이를 맺는 방법

서 바퀴가 좌측으로 오도록 한쪽으로 묶는다. 세 번째와 네 번째에는 고빈사키(대수발의 약식인 '오츄')를 사용하여 모두 편이 되도록 묶는다. 이러한 각 모토유이의 간격은 대략 19cm 정도가 된다.

에모토유이, 백홍, 고빈사키는 중수발로 모토유이는 다섯 곳을 묶는다. 첫 번째 위에는 '장장(丈長)'이라고 부르는 화지를 세 번 접어서 만든 모토유이를 사용하고 두 번째에는 장체를 넣고 에모토유이를 맺는다. 이하 고빈사키를 세 번째에 묶는다.

궁궐에서 대례를 할 때 어태소나 상갈(上臈), 연기(年寄)라고 하는 사람들이 묶는 대수발은 다섯 곳에 모토유이를 사용한다. 첫 번째 위에는 에모토유이, 그다음에는 접결(蝶結)로 한다. 이하 세 번째에는 고빈사키를 한쪽으로 묶는다. 여기에서도 백홍과 고빈사키의 순서를 역으로 한다는 설명이 있다. 더욱이 '어차두'나 '어우필두'라고 하는 상갈보다 낮은 무가 여성의 경우에는 장체에서는 없는 중체를 맺고 에모토유이를 대신해서 장장을 사용한다. 〈그림 4-83〉의 장장의 성립 시기는 에도 시대 중기의 보력 전후라고 한다. 길이가 어느 정도 아래로 늘어지는 것에 대해서는 그 사용에 있어 주의를 요한다.

그림 4-83  장장(丈長), 에도 시대(19세기), 도쿄국립박물관 소장.

# 3  한·중·일 머리치장용 장신구의 비교

이상에서 살펴본 바와 같이 중국과 일본의 머리치장은 한국의 머리치장 과는 같은 듯하면서 확실히 다른 모습을 보인다. 특히 조선왕실에서 강조점 을 둔 것은 체발을 이용하여 머리를 높이 올리는 것이었다. 머리를 높이 올 리기 위해서는 머리를 고정할 수 있는 도구가 필요했고, 그 도구를 무엇으로 만들고 어떤 모양으로 했느냐에 따라 왕실의 권위와 위엄을 드러낸다. 따라 서 현전하는 조선왕실의 머리치장에 사용한 장신구를 중심에 놓고 중국의 명·청 시대와 일본의 무로마치에서 에도 시대까지의 머리장신구를 비교· 분석하고자 한다.

## 1) 조선왕실의 머리치장용 장신구

조선왕실 머리치장의 기본은 체(髢)와 잠(簪)이다. 체발을 몇 개 사용했느 냐에 따라 머리치장의 양감이 달라진다. 이는 곧 권위와 위엄을 드러낼 수 있는 최고의 수단이다. 높은 머리를 고정시키기 위해 필요한 잠은 처음에는 실용적인 목적으로 꽂기 시작했다. 그러나 조선 후기 머리수식을 볼 때 단 순히 실용적인 목적에만 머무르지는 않았다. 이에 조선왕실에서 사용한 구 체적인 머리치장용 장신구를 통해 조선왕실의 위상을 가늠해 보고자 한다.

■ 잠(簪)

잠은 머리 부분인 잠두의 모양과 잠을 만드는 소재에 따라 그 명칭을 달

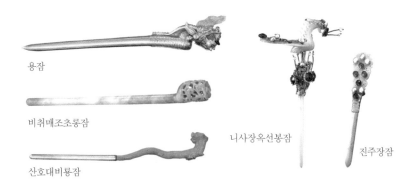

용잠

비취매조초롱잠

산호대비룡잠

니사장옥선봉잠

진주장잠

그림 4-84   다양한 잠, 국립고궁박물관 소장.

리한다. 잠두의 모양이 용인지 봉황인지에 따라 그 명칭도 용잠 또는 봉잠
으로 구분하고 소재에 따라 백옥잠, 비취잠, 산호잠으로 나눈다. 먼저 선봉
잠은 잠두에 날개를 펴고 날고 있는 듯한 정교한 봉황의 자태를 부각시킨 것
이다. 봉황은 덕, 의, 인, 신, 정을 지녔다고 하여 상서로움의 상징으로 장식
품에 많이 사용하였다. 특히 왕실에서는 왕비의 상징으로 봉황을 예복이나
장식물에 이용했다.

선봉잠은 왕비가 가례 시 법복인 적의를 착용하고 대수를 할 때 머리 뒤
쪽에 좌우로 꽂았던 수식품이다. 봉황의 머리 부분에는 각진 작은 홍색 파
리를, 눈 부분에는 각진 진주를 감입하여 사실처럼 아름다운 봉황의 형상을
나타냈다. 양쪽 날개 부분에는 2개의 큰 진주를, 꼬리 부분에는 양쪽에 2개
의 진주와 중간에 커다란 홍파리를 각각 감입하여 화려하게 꾸몄다. 동체와
잠두의 연결 부분에는 홍파리 1개와 청파리 2개를 감입했으며 그 바탕은 꽃
모양으로 하고 은파란을 입혀 입체적으로 만들어 예술적 가치가 높은 비녀
를 만들었다(〈그림 4-84〉).[32]

32   이민주, 『용을 그리고 봉황을 수놓다』, 한국학중앙연구원, 2013, 141~143쪽.

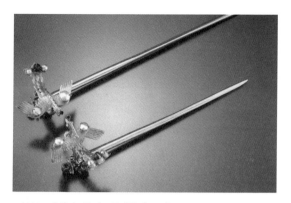

그림 4-85　후봉잠, 국립고궁박물관 소장.　　　　　그림 4-86　선봉잠, 국립고궁
박물관 소장.

다음은 〈그림 4-85〉의 후봉잠이다. 후봉잠은 대수머리의 하단 머리 둘레
를 둥글게 말아 올린 후 좌우에 가로로 꽂는 비녀이다. 봉황이 얼굴의 양쪽
으로 오게 꽂는다. 이 후봉잠은 비녀 중에서도 가장 화려하고 웅장한 비녀
이다. 긴 도금 동체에 봉 형태의 잠두를 웅장하게 장식했다. 봉의 주요 부분
을 금속으로 도금하고 군데군데 파란을 입혀 조화롭게 꾸몄다. 봉의 머리
위에 산호 1개, 목 부분에 산호 2개, 양 날개 좌우에 진주 1개씩, 등에 큰 진
주 1개를 각각 감입하여 신비스러운 분위기를 느끼게 한다.

〈그림 4-86〉의 봉황꽂이는 소담스럽게 펼치고 있는 꼬리 부분에는 중앙
에 홍파리 1개, 그 좌우에 각기 한 쌍의 진주와 홍파리를 아름답게 부착했는
데 꼬리 뒷부분을 옆으로 자유롭게 움직일 수 있게 했다. 마치 살아 있는 봉
황이 날아와 비녀 끝에 날개를 펴고 앉은 듯한 모양이어서 생동감을 느끼게
한다. 동체와 봉의 연결 부분에는 홍파리 1개와 청파리 2개를 장식했다. 정
교한 조각솜씨가 돋보이는 화려한 선봉잠이다.

이와 같이 조선왕실의 잠은 왕비를 상징하는 봉황을 다양한 모양과 다양
한 소재로 만들어 체발에 꽂음으로써 권위와 위엄을 드러내고자 했다.

■ 떨잠

떨잠은 반자라고도 한
다. 떨잠은 올림머리보다
는 의례용의 어여머리나 큰
머리에 장식했고 대례복인
적의에 사용했다. 떨은 '스
프링'에 해당하여 떨잠을
꽂고 걷거나 심지어 말만
해도 미세한 움직임이 떨에
전달되어 마치 나비나 꽃이

그림 4-87  백옥떨잠(왼쪽)과 나비떨잠(오른쪽), 국립고궁박
물관 소장.

움직이는 것과 같은 효과를 낸다. 〈그림 4-87〉은 백옥떨잠과 나비떨잠이다.
백옥떨잠은 둥근 백옥판에 꽃 모양을 투각하고 진주, 청·홍파리를 감입하
여 장식했고 금속으로 된 불로초문의 시문에 은파란을 입혀 화려하게 꾸몄
다. 떨잠에는 진주영락 떨새 등을 군데군데 배치하여 호화로운 느낌을 더해
주었다. 조화로운 보석의 색감과 정교한 장식 떨새의 움직임이 활동적이면
서도 화려한 느낌을 준다. 나비 떨잠은 나비 형태가 조각된 백옥판 위에 나
비의 주요 부분을 불로초 형태의 금속으로 장식하고 그 위에 은파란을 입히
고, 양 날개 부분에 4개의 진주를, 몸체 부분에 청·홍파리를 감입했다. 그리
고 눈 부분에는 2개의 작은 진주영락을 장식하여 움직일 때마다 파르르 떨
게 함으로써 입체적 아름다움을 배가시켰다.[33]


■ 대요와 수사지

대요는 수식을 할 때 정수리 위에 다리를 얹고 그 위에 다시 둥근 형태의


33  이민주, 앞의 책, 145쪽.

그림 4-88　대요, 국립고궁박물관 소장.

가발인 위체를 올리고, 위체의 하
단 부분을 감싼 머리띠이다. 〈그림
4-88〉은 현전하는 영친왕비의 대
요로 대홍색의 바탕에 모란무늬가
금직되었으며 그 위에 홍파리, 진
주, 비취 등이 장식된 옥판을 부착

그림 4-89　수사지, 국립고궁박물관 소장.

한다. 그리고 대요 뒤에는 여덟 가닥으로 만든 댕기를 드리우는데 이를 수
사지(首紗只)라고 한다(〈그림 4-89〉).

## 2) 명·청 시대의 머리치장용 장신구

　중국의 머리치장용 도구는 당나라까지는 빗과 함께 다양한 종류의 채와
잠이 발달하였다. 그러나 송나라 이후에는 관모가 등장하면서 머리치장을
위한 장신구는 줄어들고 가계가 발달하면서 가계를 꾸미기 위한 화려한 무
늬가 등장했다.

## 3) 무로마치~에도 시대의 머리치장용 장신구

　일본의 머리치장은 헤이안 시대의 길게 늘어뜨리는 머리에서 모모야마
시대 이후 머리를 묶기 시작하면서 머리치장을 위한 장신구에도 변화가 생

졌다. 더욱이 무로마치 시대에 들어와 묶었던 머리카락을 고리로 만든 당륜곡(가라와마게) 등 묶은 머리카락으로 만들면서 본격적인 머리치장을 위한 장신구가 부각되기 시작했다. 에도 시대 머리치장을 위한 장신구는 빗과 잠이 대표적이다. 특히 빗은 머리를 빗기 위한 실용적인 목적에서 벗어나 금, 은 등의 귀금속으로 만들어졌고, 빗과 잠을 연결하는 기술이 발달하면서 다양한 잠이 등장하였다.

■ 빗

조선왕실에서 빗은 머리를 청결히 유지하기 위한 실용적인 목적의 도구였다면, 일본에서의 빗은 더 이상 실용만을 위한 것은 아니었다. 빗은 〈그림 4-90〉이나 〈그림 4-91〉과 같이 나무, 귀갑, 상아 등에 시회나 나전, 상감 등을 사용하고 금속에는 투조를 하는 등 다양한 세공기법과 제작기술을 통해 장식욕구를 한층 높였다. 특히 〈그림 4-92〉와 같이 에도 시대 아름다움의 상징이 된 게이샤들의 꾸밈을 보면 빗의 장식기법을 한눈에 확인할 수 있다.

그림 4-90　나무로 만든 빗, 폴라문화연구소 소장.

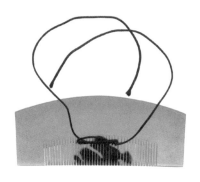

그림 4-91　귀갑으로 만든 빗, 폴라문화연구소 소장.

　　　　　　　　　　　　　　　제4장　머리치장의 문화

喜多川歌麿 畵, 1797년, 千葉市美術館 소장.

祇園井特 畵, 1815년, 京都部立総合資料館 소장.

그림 4-92   장신구로서의 빗을 꽂은 모습

■ 잠

일본에서 사용한 잠은 조선왕실
의 잠과는 차이가 있다. 그것은 잠
의 모양이 모두 귀이개의 모양을 하
고 있다는 점이다. 이것이 우리가
비녀라고 하는 계 또는 잠의 차이라
고도 할 수 있다. 특히 일본의 잠 중
에는 〈그림 4-93〉과 같이 비라비라
잠이라고 하여 걸을 때 흔들거리게
하는 보요의 미를 드러내고자 한 잠
도 있다. 특히 일본에서는 잠을 꽂

그림 4-93   비라비라잠을 꽂은 모습, 喜多川歌
麿 畵, 1794년, 山口県立美術館 소장.

는 방법이 독특하며 수없이 꽂은 귀이개 모양의 잠은 일본 여성의 화장과 함
께 과장의 미를 추구하는 데 사용된 것으로 이해된다.

# 4 조선왕실 머리치장의 미의식

조선왕실의 대표적인 머리치장인 비녀와 떨잠, 댕기 등의 형태 및 사용방법 등은 일본과 차이가 있다. 특히 조선왕실에서의 잠은 옥이나 금과 같은 고급의 보석에 상감, 투조 등을 통한 장식기법이 돋보인다. 물론 일본에서도 빗에 시회나 상감, 나전 등의 장식을 하였지만 조선과 잠의 형태나 꽂는 방법에서는 차이가 난다. 중국의 명·청 시대에는 잠의 사용이 그다지 활성화되지 않았으므로 여기에서는 일본과의 비교를 통해 조선왕실 머리치장의 미의식을 밝혀 보고자 한다.

■ 잠의 소재, 형태 및 세공기법

먼저 조선왕실과 일본에서 즐겨 사용했던 잠은 크게 떨잠과 일반 잠으로 구분할 수 있다. 물론 일반 잠에 떨을 달아 만든 잠도 있다. 떨잠과 잠의 기본적인 형태는 머리에 꽂을 수 있도록 꽂이 부분과 장식 부분으로 나눌 수 있다. 꽂이 부분은 금, 은, 동, 옥, 나무 등으로 구성되어 있으며, 장식 부분인 잠두는 그 모양과 소재가 다양하며 특히 신분에 따라 차이가 있다. 왕비의 경우는 용이나 봉황 무늬가 있는 잠을 꽂으며, 옥이나 금으로 만든다. 또 세공기법에 있어서는 진주, 마노, 산호 등을 감입한 상감기법이 주로 사용되었다. 그 외에 일반적으로 왕실에서 많이 사용한 잠두는 조두(鳥頭), 매죽(梅竹), 죽절(竹節), 호도(胡桃), 매조(梅鳥), 석류(石榴), 국화(菊花), 완두(豌豆), 연봉, 말뚝 모양을 사용했다. 떨잠 역시 잠두 부분은 나비나 원판, 사각판 위에 산호, 진주, 마노, 비취 등을 감입한 형태의 떨잠을 사용하였으며, 특히 떨

표 4-1　조선왕실 잠의 소재, 형태, 세공기법에 따른 잠두(국립고궁박물관 소장)

| 소재 | 형태 | 세공기법 |
|---|---|---|
| | | |
| 옥 | 봉황 | 조각 |
| | | |
| 산호 | 용 | 법랑 |
| | | |
| 마노 | 죽절 | 떨 |
| | | |
| 밀화 | 매죽 | 투조 |
| | | |
| 진주 | 버섯 | |

은 각각 다른 길이의 스프링을 만들고 그 끝에 나비, 새 등의 장식에 은파란
을 입히기도 하고 진주를 달기도 함으로써 걸음을 걸으면 떨이 흔들리게 만
든다. 이것을 '보요의 미'라고 하는데 중국이나 일본에서도 좋아했던 아름다

표 4-2  일본 잠의 소재, 형태, 세공기법(田村資料館, 東京國立博物館 소장)

| 소재 | 형태 | 세공기법 |
|---|---|---|
| | | |
| 대모 | 2본, 3본각잠 | 시회 |
| | | |
| 은 | | 보패류를 닮 |
| | | |
| 유리 | 걸개를 단 변화잠 | 조각을 붙임 |

움이다. 그러나 떨의 길이와 종류, 장식에 따라 느껴지는 아름다움은 각기 다르다. 여기서 각 민족마다 느끼는 아름다움의 포인트가 정해진다고 할 수 있다.

한편 일본에서는 계와 잠을 분명히 구분하고 있다. 계가 봉 모양 혹은 막대기 모양의 것이라면 잠은 귀이개 모양을 하고 있다는 특징이 있다. 조선왕실의 잠이 잠두의 형태가 다채로운 것에 비해 일본의 잠은 그 형태상에 있어서는 큰 변화가 없음을 확인하였다. 다만 잠을 만드는 소재로는 금, 은, 유리 등이 있으며 잠에 여러 가지 보패류를 달기도 하고 무늬를 넣기도 한다.

이렇게 볼 때 일본 잠은 조선왕실의 잠에 비해 상당히 소박해 보인다. 그

것은 잠의 형태가 모두 귀이개 모양을 하고 있다는 단순함뿐 아니라 세공기
술에 있어서도 시회(蒔繪)를 하거나 조각을 붙이는 정도에 지나지 않기 때문
이다. 그러나 실제 일본에서의 머리치장은 잠을 적게는 수 개에서 많게는
수십 개를 꽂아 화려함에 치중하고 있음을 알 수 있다.

■ 잠을 꽂는 방법

조선왕실에서 잠을 꽂는 방법은 횡으로 꽂는 방법과 종으로 꽂는 방법이
있으며, 떨잠과 같은 경우는 정면을 바라보게 꽂는다. 이때 조선왕실의 잠
은 잠두의 형태가 다양하며 그 크기도 종류에 따라 큰 것에서부터 작은 것까

표 4-3　완성된 형태의 조선왕실과 일본의 머리치장

| 조선왕실 |  |  |
| | 그림 4-94　윤 황후 머리치장 | 그림 4-95　영친왕비 머리치장 |
| 일본 |  |  |
| | 배우의 머리치장, 祇園井特 畵, 1815년, 京都府立総合資料館 소장. | 유녀의 머리치장, 江戸東京博物館 소장. |

지 다양하다. 조선왕실에서 사용한 잠은 그 장식이 상당히 화려할 뿐 아니라 길이도 길어 장잠을 꽂으면 키가 보통 20~30cm는 커 보이게 된다. 그야말로 더 이상 화려할 수 없다고 느낄 정도로 다양한 잠, 떨잠, 댕기, 가체를 사용해서 머리를 꾸민다. 〈그림 4-94〉는 다양한 잠과 떨잠으로 장식한 대수 위에 나무로 만든 큰머리를 올려놓은 윤 황후의 모습이고 〈그림 4-95〉는 화관을 올려놓은 영친왕비의 모습이다.

이처럼 조선왕실에서는 체발과 함께 잠을 이용하여 머리를 수직으로 높이 올림으로써 권위와 위엄을 드러내고자 하였으나 일본에서는 똑같은 소재로 된 귀이개 모양의 잠을 방사선 모양으로 수십 개를 꽂아 단순하지만 부피감을 드러냄으로써 역동적인 모습을 과시하고자 한 것으로 이해된다.

# 몸치장의 문화

몸치장은 신체 부위 중 머리와 손발을 제외한 몸통 부분의 치장으로 한정한다. 몸치장은 몸을 단장하고 옷의 맵시를 한층 돋보이게 하기 위해 착용한 장신구로서 시대마다 신분마다 큰 차이가 있다. 장신구들은 일반적으로 몸이나 옷에 부착하는 것이 대부분이므로 무엇을 입었느냐에 따라 몸치장의 종류는 물론 그 형태에 있어서도 차이가 있다.

그러나 몸치장을 위한 장신구는 각 민족마다 갖는 별도의 미의식이 있어 복잡한 소재와 화려한 문양이 있는 의복 위에 장신구를 더하기도 하며, 소박한 옷을 입었음에도 미적 기능보다는 실용적 기능에 목표를 둔 장신구를 하고 있어 민족마다 시대마다 장신구가 갖는 의미는 각기 다르다.

이 장에서는 각 시대에 따라 한·중·일에서 몸치장을 위해 어떤 장신구를 사용하였으며, 각각의 기능은 무엇이었는지 살펴보고자 한다. 한·중·일 몸치장의 비교·분석을 통해 조선왕실의 몸치장에 대한 독창적인 미의식과 함께 동아시아 삼국에 흐르는 보편적인 미의식을 찾아보고자 한다.

# 1 몸치장의 기원

이 장에서는 한국, 중국, 일본의 몸치장이 언제부터 시작되었으며 시대에 따라 어떤 차이를 보이는지 확인하기 위해 각 시대별 몸치장의 특징을 살펴보고자 한다.

## 1) 한국의 몸치장

우리나라의 몸치장은 삼국시대에는 귀고리나 목걸이, 팔찌 등 장신구의 착용이 몸치장을 대변하였다. 그러나 고려시대에는 우리나라 복식의 구성 상 주머니가 없는 점을 보완하여 별도의 주머니를 몸에 부착하거나 향기가 나는 노리개를 다는 등 몸치장의 대상이 바뀌었다. 이후 조선시대에는 여성의 치마저고리가 단순해지고 소박해지자 복식의 미적 기능을 보완하기 위해 장신구를 몸에 부착하였으며, 여기에 실용적인 목적까지도 추가하였다. 우리나라의 몸치장에 따른 시대별 차이를 구체적으로 살펴보자.

### (1) 삼국시대

삼국시대 여성의 대표적인 몸장식은 대(帶)를 비롯하여 귀고리[耳飾], 식옥(飾玉), 옥충식(玉虫飾) 등을 들 수 있다. 그러나 여성들의 경우 대는 대부분이 포백대(布帛帶)이다. 그러므로 장신구의 역할을 했다기보다는 실용적인 목적에 의해 사용했다고 생각한다. 더욱이 여성들은 신분을 드러내고자 하는 목적이 남성에 비해 덜했다.

삼국시대 저고리에 해당하는 유(襦)는 그 길이가 둔부선까지 내려온다. 그렇기 때문에 허리에서 대를 이용하여 옷을 여미지 않으면 저고리의 특성상 그대로 앞이 벌어진다.

다음은 귀고리인 이식이다. 『구당서』를 보면 고구려 무인(舞人)이 금당(金鐺)을 장식하였다고 하였으며,[1] 1921년 발굴된 경주 금관총, 1926년 조사된 서봉총 등의 고분에서 다량의 이식이 출토되었다.[2] 현전하는 이식의 구성을 살펴보면 귀에 닿는 접이(接耳) 부분과 수식(垂飾) 부분으로 크게 나눌 수 있다. 접이 부분은 세환·태환으로 구분할 수 있으며, 수식 부분은 입체형·평면형·혼합형으로 구분할 수 있다.

〈그림 5-1〉은 금제 태환식 이식이다. 보문동 부부총에서 출토된 이 귀고리는 태환의 속은 비어 있고 겉은 누금세공을 한 귀고리로 이러한 금립세공식 기법을 필리그리(filigree) 양식이라고 한다.[3] 이 귀고리는 2단의 심엽형수식을 달고 있으며 가장자리에 금립세공을 하고 있다. 세환식 이식은 귓볼을 뚫고 그 안에 삽입하는 형이거나 금속환이 마주 닿는 곳을 약간 벌려 끼우도록 했다. 세환은 안이 빈 것도 있고 비지 않은 것

그림 5-1　경주 보문동 합장분 출토, 태환식 이식, 6세기 중엽, 국립중앙박물관 소장.

도 있으며 단면은 둥글거나 5~6모로 되어 있는 것이 있다. 이 밖에도 세환식 이식은 중간에 화룡형, 화립형, 소심엽형 등이 달려 있으며, 곡옥에 금모(金帽)를 씌워 장식한 경우도 있다. 〈그림 5-2〉는 백제 무령왕릉에서 출토된 왕

1　『舊唐書』誌 제9, 音樂.
2　유희경, 『한국복식사연구』, 이화여자대학교출판부, 1983, 105쪽.
3　유송옥, 『한국복식사』, 수학사, 1998, 99~102쪽.

그림 5-2 무령왕비의 세환식 귀고리,
국립공주박물관 소장.

그림 5-3 경주 노서동 215번지 출토
금목걸이, 6세기, 길이 30.3cm, 국
립중앙박물관 소장.

비 귀고리로 역시 세환식 귀고리이다. 굵은 고리를 중심으로 작은 장식들을 연결하여 만들었는데 긴 가닥은 금 철사를 꼬아서 만든 사슬에 둥근 장식을 연결하였으며 맨 아래에는 작은 고리를 연결하여 8개의 둥근 장식을 달고 그 아래 탄환 모양의 장식을 달았다. 그 외에도 잎사귀 모양의 장식과 담록색의 둥근 옥을 달아 화려하게 장식했다.

귀고리 외에도 목걸이와 팔찌가 있다. 〈그림 5-3〉은 경주 노서동에서 출토된 것으로 금과 옥의 조화가 아름다운 목걸이이다. 삼국시대 목걸이는 옥으로 구성된 것이 많다. 옥은 장신구에 금은이 사용되기 전 이미 석기 시대부터 사용되었다. 옥의 형태에 따라 곡옥(曲玉), 환옥(丸玉), 다릉옥(多稜玉), 관옥(管玉), 조옥(棗玉) 등으로 구분한다. 또 색깔에 따라서는 취옥(翠玉), 홍옥(紅玉) 등으로 부르기도 한다. 〈그림 5-4〉는 9개의 금막대가 연결되어 '9절목걸이'라고 한다. 금막대의 양 끝에는 둥근 연결고리가 있어 간결하면서도 세련된 멋이 있다. 이 목걸이는 오직 백제에서만 볼 수 있다. 〈그림 5-5〉는 금팔찌로 신라의 최고지배층의 무덤에서 나온 장신구이다. 이 팔찌는 2개의 금판으로 제작되었으며 금실과 금알갱이로 여러 도형의 장식문대(裝飾文帶)와 보석류를 감입하고 금판을 덧댄 후 둥글게 말았다. 이처럼 금과 옥은 목걸이, 귀고

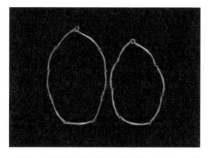

그림 5-4 무령왕비 목걸이, 6세기, 길이 6cm, 최대 지름 16cm, 국립공주박물관 소장.

그림 5-5 황남대총 북분 금제천, 너비 2.1cm, 지름 7.2cm, 국립중앙박물관 소장.

리, 팔찌, 반지를 비롯해 옷에도 붙이고 허리띠나 신발 등에도 장식을 했기 때문에 삼국시대 우리나라에서 가장 선호했던 장신구의 소재였음을 알 수 있다.

한편 신라의 몸치장에 사용했던 특별한 것으로 '옥충식'이 있다. 이는 비단딱지벌레의 일종으로서 길정충(吉丁虫) 또는 녹금선(綠金蟬)이라고 하여 옷 등에 붙이는 장식이다. 이 옥충식은 입체적인 장식으로 금녹색의 날개가 매우 아름답다. 채백(綵帛)이나 협힐, 자수 등으로 옷감을 장식하는 것보다 훨씬 박력 있고 입체적이면서 동적인 미를 갖게 하는 장식이다.[4]

(2) 고려시대

고려시대 여성의 몸치장에 대한 기록은 거의 남아 있지 않다. 다만 『고려도경』의 부인조 몸치장을 보면 감람(橄欖)빛 넓은 허리띠를 두르고 채색 끈에 금방울을 달고 비단으로 만든 향주머니를 차는데, 이것이 많을수록 귀하게 여겼다고 했다.[5] 결국 삼국시대와 같이 허리띠가 몸치장 물품 중 하나였

4    유희경, 『한국복식사연구』, 이화여자대학교출판부, 1983, 116~117쪽.
5    서긍, 한국고전번역원 역, 『고려도경 ─ 송나라 사신, 고려를 그리다』, 서해문집, 2005, 159쪽.

으며, 삼국시대와 다른 것은 금방울을 달고 향주머니를 찼다는 것이다. 금방울은 먼저 금이 귀한 시대이므로 금방울 자체도 귀중한 물건이지만 방울을 달았다는 것은 미적 효과만을 노린 것은 아니라고 본다. 방울은 일단 걸거나 움직이면 동시에 소리가 나는 물건이므로 주의를 환기시키기 좋은 물건이다. 향낭은 우리 옷에 주머니가 없기 때문에 별도의 주머니를 차고 다님으로써 장식적인 효과와 실용적인 효과를 갖게 했을 것이다. 특히 '향'이라고 하는 것이 귀한 물건이므로 후각을 자극하여 권위를 드러내고자 하는 목적도 갖고 있었다. 결국 시각, 청각, 후각까지도 만족시킬 수 있는 장신구를 패용했던 것으로 이해된다.

### (3) 조선시대

조선시대 복식은 인공을 배제한 자연스러움을 추구했고 복식이나 신체에 직접 부착하는 장식물을 최소화했다. 의복의 색채와 문양도 절제하고 장식물의 부착도 삼가는 등 최소한의 구조적인 요소만을 활용하여 아름다움을 표현하고자 했다.[6] 이는 검박함과 수수함을 이상적인 생활규범으로 삼았던 유교사상에 기인한 것으로 본다. 그러나 본능이라고 할 수 있는 아름다움에 대한 욕구를 피해 갈 수는 없다.

조선시대 여성들은 화려한 몸치장은 하지 않았다 할지라도 우선순위를 의복과의 조화에 두고, 길상의 우의(寓意)나 주술적인 목적을 담아내고자 했다. 그 대표적인 예로 박쥐 모양의 노리개를 들 수 있다. 박쥐는 한자어로 쓰면 편복(蝙蝠)이다. 이때 사용한 복 자를 복(福) 자로 차운해서 오복의 상징으로서 경사와 행운을 나타내는 뜻으로 이용하였다. 또 박쥐는 번식력이 좋기 때문에 자손번창의 의미를 담고 있어 박쥐 모양의 노리개를 만들기도 하고,

---

6 　금기숙, 『조선복식미술』, 열화당, 1993, 1쪽.

배갯모에 박쥐문을 수놓기도 하며, 복건에 박쥐문으로 금박을 찍기도 하는 등 다양한 기법으로 박쥐를 응용하였다.

한편 시대가 바뀜에 따라 장식품을 표현하는 방식에 차이가 생겼다. 예를 들어 고려시대 귀부인들이 많이 차고 다녔다는 향주머니는 조선시대에는 그 역할이 두 가지로 구분되었다. 즉 방향의 기능은 향갑노리개를 만들어 앞가슴에 차고, 주머니 기능은 별도의 주머니를 만들어 차고 다녔다. 이와 같이 고려시대에는 두 가지의 기능을 하나에 담았다면 조선시대에는 각각의 기능을 갖도록 사용함으로써 몸치장을 위한 기능을 확장시켰다고 할 수 있다.

## 2) 중국의 몸치장

중국 사람들은 남녀를 불문하고 모두 자기치장을 중시한 사람들이다. 중국은 머리를 포함해서 목걸이, 팔찌, 반지까지를 습관적으로 수식(修飾)으로 통칭하고 몸에 달거나 차는 것을 패식(佩飾)이라고 한다. 『시경』「정풍」,「여왈계명」에는 "그대가 오는 줄 알고서 잡패를 그대에게 주노라"라는 구절이 있는데 여기서 잡패는 바로 각양각색의 옥, 즉 벽(璧), 황(璜), 결(玦), 형(珩), 거(琚) 등을 조합해서 꿰어 몸에 걸고 다니던 것이다. 보기에도 아름다울 뿐 아니라 걸음을 걸으면 댕그랑댕그랑 소리를 낸다. 이는 원래 신분을 표시하기 위한 물건이었으나 사치가 심해지자 일부 지식인들은 이를 못마땅하게 여겼다.

사람들이 자기치장을 하는 이유는 복합적이다. 치장은 미를 추구하기 위한 것도 있지만 허영심을 채우고 재산을 드러내고 권세를 획득하기 위한 욕망의 표현이기도 하다.[7]

---

7    왕유제, 김하림·이상호 역,『중국의 옷문화』, 에디터, 2005, 309~312쪽.

이처럼 장식이 중국인들에게 오래된 치장임에도 불구하고 여성들에 있어서는 그것이 주로 두식(頭飾)에 치중되어 있었기 때문에 몸치장이 그렇게 발달하지는 않았다. 그럼에도 불구하고 아름답게 꾸미고자 하는 욕망은 늘 존재하고 있었다. 다만 시대에 따라 치장에 힘썼던 부위가 달랐을 뿐이다. 이에 시대별 강조점을 찾아 그 부분을 집중적으로 살펴보고자 한다.

### (1) 진·한 시대

진·한 시대 부녀들은 심의를 입고 그 위에 대를 띠었다. 이는 심의의 앞자락이 비대해져 허리를 꼭 붙들어 매야만 했기 때문이다. 따라서 깃 가장자리에 한 가닥의 실크띠를 꿰매 허리 또는 둔부에 매었던 것에서부터 몸치장이 시작되었다.[8]

### (2) 수·당 시대

수·당 시대 가장 대표적인 몸치장은 피백이다. 피백은 폭이 좁고 긴 피자(披子)에서 변화한 것으로 양어깨에 걸쳐 아래로 길게 늘어뜨려 너풀거리게 하여 율동감을 더해 주었다. 중국의 피백은 우리나라와 일본에도 전해져 우리나라에서는 신라시대 '표(裱)'라고 하여 착용되었으며, 일본에서는 '영건(領巾)'이라고 했다.

〈그림 5-6, 5-7〉은 수·당 시대 유행했던 피백으로 어깨에 둘러 하늘거리는 모습을 드러내기도 하고 우아한 멋을 풍기기도 했다. 피백 외에 〈그림 5-7〉의 여인들은 모두 금으로 보이는 목걸이를 하고 있다. 수·당 시대 금목걸이는 여성들이 가장 선호한 몸치장 중 하나였다.

---

8   화매, 박성실·이수웅 역, 『중국복식사』, 경춘사, 1992, 37쪽.

<u>그림 5-6</u>  수·당대의 피백, 新疆 吐魯番 阿斯塔那 唐描 出土 泥頭木身俑.

<u>그림 5-7</u>  수·당대의 피백, 陝西 乾縣 唐永泰公主 墓 壁畵.

### (3) 명·청 시대

명과 청대에는 복색이 복잡하고 더욱 화려해졌다. 여전히 대를 둘렀으며, 대에 거는 요패도 착용하였다. 또한 〈그림 5-8〉의 명대 하피와 〈그림 5-9〉 청대의 운견 역시 수·당 시대 피백이 발전한 형태로 보인다.

수·당과 명·청대의 차이는 귀고리, 목걸이 등에 사용한 보석의 종류가 다르다는 것이다. 즉 수·당 시대에는 금 또는 옥을 선호한 반면 명·청대에는 진주장식을 선호한 것으로 보인다(〈그림 5-10, 5-11, 5-12〉). 더욱이 귀고리를 하는 방법에 있어서는 〈그림 5-10〉과 같이 귀를 뚫는 천이(穿耳)나 〈그림

<u>그림 5-8</u>  명대 하피

<u>그림 5-9</u>  청대 운견

그림 5-10 천이를 한 명대 황후— 『歷代帝后像』.

그림 5-11 이추를 한 청대 부녀, 淸無款人物堂幅.

그림 5-12 조주를 한 청대 황후— 〈淸代帝后畫像〉, 중국 고궁박물원 소장.

5-11)과 같이 관에 걸어 길게 늘어뜨린 이추(耳墜)양식이 등장한다. 또 청대에는 조복 위에 조주를 걸어 장식하였다.

### 3) 일본의 몸치장

일본에서 몸치장은 인간에게만 있는 고유한 문화로 여겨져 인간의 경영을 해명하기 위해서뿐만 아니라 일본인의 장식의식이나 신체관을 이해하기위해 필수적이다. 일본에서 식문화(飾文化)의 탄생은 구석기 시대로 거슬러올라간다.

일본에서는 인간과 동물이 다른 이유로 인간은 직립보행을 하여 두 발로걷고 도구를 사용하며 언어를 구사하는 것 등을 들지 않는다. 직립보행이나도구를 사용하는 것 등은 일부 유인원에서 확인되고 있으며, 근년에는 돌을사용해서 식료를 발굴해 내기도 하고 돌을 망치로 사용한 경우도 있고 씨나나무의 뿌리, 기술을 이용해서 곤충을 잡아먹은 예가 영국 케임브리지 연구팀에 의해서 확인되었기 때문이다. 또 언어도 인간만이 할 수 있는 것은 아니다. 다양한 동물들이 자기들끼리 독자적인 언어로 대화를 하고 있다. 특히 고래는 수천 킬로미터 떨어진 곳에서도 교신을 한다.

그렇다면 동물과 다르다고 할 수 있는 인간만의 행위는 무엇일까? 스스로를 구별하기 위한 장식이라고 한다. 동물이 자신의 신체를 구별하기 위해 특별한 것을 사용해서 자주적으로 장식하는 행위는 아직까지 확인되지 않고 있다. '장신구'는 인간을 꾸미는 중요한 아이템으로, 인간을 표현하는 상징으로 사용되고 있다. 어떤 관점에서는 장신구를 바라보는 것이 인간을 보는 것과 같다고 하여 장신구사의 연구는 사실 인류 역사의 끈을 푸는 단서가 된다. 여기서는 일본의 시대별 몸치장의 역사를 살펴보고자 한다.


(1) 고훈~나라 시대

귀고리는 고훈 시대의 오래된 장식품 중 하나였으며, 금이나 은을 고리로 만든 것이나 쇠사슬로 가공한 것 등이 많이 남아 있다. 목걸이도 귀고리와 같이 오래된 장식품이지만 고훈 시대에는 유리나 옥으로 된 만곡형의 구옥(勾玉)이나 관(管) 형태의 관옥, 육각형으로 깎은 절자옥(切子玉)을 이용해서 화려하게 만들었다.

팔찌인 완륜은 목걸이와 같이 옥을 연속해서 만든 것도 있지만 일반적으로는 천(釧)이라고 부르는 것을 사용했다. 천은 패각이나 동(銅), 석, 옥, 유리 등으로 만든 완륜으로 바깥쪽에 방울 같은 장식을 달았거나 톱니바퀴 형태로 깎은 특이한 원형의 것도 있다.

영건은 헤이안 시대까지 여성이 정장을 입을 때 사용한 것으로 사(紗)나 나(羅), 능(綾) 등의 호화로운 직물을 사용한 솔 형태의 것으로 길이가 길고 뒤가 끌린다. 이 외에도 여성은 안경, 주머니 등을 허리에 차고 다녔는데, 다양한 물품을 넣기 위한 것이었다고 하지만 복장에 일종의 색채를 담는 효과를 주었다.

(2) 헤이안~에도 시대

일본에는 장식품이 많았지만 헤이안 시대에 접어들면서 그 자취를 감추게 되었다. 이것은 복식기술이 향상되었다기보다 복장 그 자체가 장식적 의미를 가졌기 때문이다. 그러나 몇 가지는 장속의 구성요소로 남아 있었다.

무로마치 시대 이후 일본에서 장식품이라고 하는 것은 가이츄모노(懷中物: 회중물)와 허리에 다는 물건 두 가지가 있었다. 이러한 것은 본래 장식품이라기보다는 실용품의 일종이었다. 또 지륜이나 팔찌 등도 적잖이 사용되었다. 회중물로서 주된 것은 편지를 넣거나 여자들이 품에 지니던 상자 모양의 지갑인 하코세코(箱迫: 상박)와 담배를 넣는 지갑이 있었다.

이후 정세가 안정되고 사람들의 일상도 풍요로워진 에도 시대에는 신분의 상하나 남녀의 구별 없이 다양한 장식품을 몸에 둘렀다. 일본의 독자적인 장식품은 에도 시대에 이르러 꽃피게 되었다. 여성들의 회중물 중 주된 것은 〈그림 5-13〉과 같이 휴지를 넣는 상박이라고 하는 하코세코와 〈그림 5-14〉와 같은 담배주머니 등이 있었다. 종이를 넣어 무가 여성이 비스듬하게 넣은 것에서 타괘자(打掛子)가 장식품으로 사용되었다. 형태적으로는 세번을 접은 비단에 돈제를 붙여 더한 것으로 화려한 색지에 화조(花鳥)로 모양을 붙였다.

에도 시대 후기에는 상박에 향대(香袋)나 잠(簪)을 붙여 장식성을 높임으

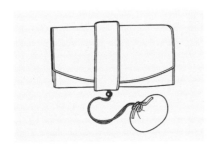

그림 5-13    상박

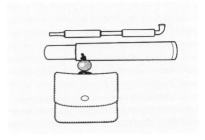

그림 5-14    위에서부터 담배와 담뱃대, 담뱃대통

근부

인롱

그림 5-15  근부와 인롱

그림 5-16  긴착

로써 여성들에게 널리 확산되었다. 허리 아래에 다는 주된 것으로는 〈그림
5-15〉의 인롱(印籠)과 〈그림 5-16〉의 건착(巾着)이 있다. 인롱은 근부(根付)를
대 아래부터 끼워 대를 누르기 위한 것으로 근부 자체도 상아나 귀중한 재
목을 사용하고 조각을 하여 3단부터 5단까지 나누어 사용했다. 본래는 약
을 넣는 것이었지만 나중에는 장식화되었다. 또 칠을 하고 금박을 한 후 채
색을 하는 시회(蒔繪)나 패각의 안에 채색을 한 나전(螺鈿)으로 화려하게 장식
했다. 시대극 등에서는 신분을 구분하기 위한 소도구로 이용되었다. 건착은
입구를 끈으로 묶어 만든 주머니로 나사(羅紗)나 축면(縮綿), 다양한 견직물로
만들었다. 안에는 약이나 돈, 휴지 등을 넣고 허리부터 달기도 하고 손에 들
고 다니기도 했다.

# 2 몸치장의 종류

## 1) 한국의 몸치장

한국의 몸치장을 대표하는 것은 이식, 식옥과 옥충식, 대, 패물 등을 들 수 있다. 이들 각각의 장신구는 시대에 따라 사라지기도 하고 새로 등장하기도 하는 등 형태를 달리하며 발전하고 있음을 알 수 있다. 각각의 종류에 대해 살펴보자.

### (1) 이식(耳飾)

이식은 이당(耳璫)이라고도 하며, 귀고리를 말한다. 『구당서』에는 고구려 무인(舞人)이 금당을 장식하였다고 하였으며,[9] 『한원』의 고려조에는 귀에 금환을 꿰었다는 기록이 있다.[10] 특히 일본인 학자 후지타 료사쿠(藤田良作)는 "고대에서 황금세공이 현저하게 발달되고 또 이것을 애용한 점에 있어서 조선은 세계에 자랑할 만하다"고 함으로써 일찍이 우리나라 귀고리에 대한 제작기술이나 미적 효과에 대해 찬사를 보냈다.

제작기술의 특징을 보면 영락식, 세금세공, 누금세공, 소원배식, 보옥식, 도금, 첩금 등을 사용하고 있어 당시 최고 수준의 귀고리 세공기술을 보유하고 있었다. 그러나 신라 법흥왕 때 사치를 금지하고자 귀고리의 사용을 억제한 이후 고려를 통해 조선왕조까지 귀고리의 주된 소재였던 금, 은의 사용이 극히 제한되었다.

9    『舊唐書』誌 제9, 音樂.
10   『한원』, 번이부, 고려조.

은파란귀고리, 단국대학교 석주선기념박물관 소장.

조선시대에 들어와서는 여성들의 수식으로 사용되기는 하였으나 그다지 활성화되지는 못했다. 이규경의 『오주연문장전산고』에서 확인해 보면 부인의 용식은 매우 많은데 우리나라에는 이당이 있다고 했으며, 사대부가의 초례에는 이당을 사용하는데 이타(耳朶)에 걸 뿐이라고 한 것으로 보아 귀에 거는 귀고리를 주로 사용한 것으로 보인다. 이는 현전하는 귀고리에서도 확인할 수 있다. 〈그림 5-17〉의 은파란귀고리는 귀에 걸 수 있도록 은으로 둥글려진 수식부에 천도형의 은파란 주체를 연결하고, 그 아래에 견사로 된 홍색 술을 길게 늘어뜨려 장식하였다. 이러한 귀고리는 상류층에서 결혼식이나 특별한 행사가 있을 때 착용했다고 한다.[11]

한편 송도(松都)에서 양서(兩西)에 이르기까지 반드시 이수를 뚫고 작은 동환을 꿰었는데 이는 오랑캐의 풍습이 아직 남아 있는 까닭이며 다만 여항의 천녀가 그렇게 하고 있을 뿐이라고 했다. 그러나 명의 사신 충월의 『조선부』

11   단국대학교 석주선기념박물관, 『명선』 하, 단국대학교출판부, 2005, 78~79쪽.

에서는 상류계급이나 하류계급이 똑같이 하고 있다고 한 것으로 보아 이식은 조선시대까지 여성들의 장신구로 남아 있었음을 알 수 있다. 다만 신분에 따라 이식의 양식이 다르게 표현되었던 것으로 이해된다.[12]

한편 장서각에 소장된 왕실발기에도 이식 또는 이당으로 금, 은이 사용되었음이 확인되고 있어 사대부뿐 아니라 왕실에서도 중요한 몸치장용 장신구였음을 알 수 있다.

### (2) 식옥(飾玉)과 옥충식(玉虫飾)

옥은 상대 사회 장신구에 사용되었던 대표적인 보패류이다. 옥은 그 활용이 다양하여 금, 은을 사용하기 이전부터 장신구에 사용되었다. 특히 옥충식이라고 하는 '비단딱지벌레'의 일종인 취초는 '길정충(吉丁虫)' 또는 '녹금선(綠金蟬)'이라고도 부르는데, 금녹색 또는 금남색을 띠며 취초의 중앙에는 각한 줄기의 금자색 종선(縱線)이 있어 매우 아름답다.[13] 이 옥충식은 경주 금관총을 발굴할 때 발견되었으며, 고구려 중화군 진파리 제7호분 고분에서도 발견되었다. 처음 옥충식은 완상용으로 사용되었다가 의복장식에 사용함으로써 단순히 금은채색 또는 수를 놓고 채금 등을 직성(織成)하던 것에서 더 나아가 화려한 장신구를 만들고자 했던 선조들의 의지를 찾아볼 수 있다.

### (3) 대(帶)

대는 원래 가죽이나 포로 만들어 옷을 여미기 위한 결대(結帶)였다. 후세에 와서 여기에 교구(鉸具)가 연결되고 여러 가지 필수품을 패용하기 위하여 환을 붙이게 되었다. 그리고 대 위에 과판(銙板)을 붙여 장식함으로써 실용적인 목적뿐 아니라 신분을 드러내기 위한 사회적 요소까지 반영한 형태로

---

12  이규경, 『오주연문장전산고』, 인사편, 복식류, 수식, 珥璫辨證說.
13  유희경, 『한국복식사연구』, 이화여자대학교출판부, 1983, 116~117쪽.

발전하였다. 과판과 환상물이 필요 이상으로 붙은 과대 및 요패 장식은 대체로 남성들이 많이 사용하였지만 그렇다고 해서 남성들의 전용물은 아니었다. 양산의 부부총에서 발견된 여자 시신의 허리에는 은으로 만든 과대와 그 밑에 크고 작은 은으로 만든 요패가 달려 있었다.[14]

조선시대 왕실여성인 왕비와 왕세자빈의 대를 보면 크게 두 가지로 구분된다. 하나는 옥으로 만든 〈그림 5-18〉의 혁대(革帶)이며, 다른 하나는 단(緞)으로 만든 〈그림 5-19〉의 대대(大帶)이다. 『국조속오례의보서례』에는 왕비의 대대는 홍단으로 겉을 하고 백릉으로 안을 하되 가장자리에는 녹색으로 연을 두른다고 하였으며, 왕세자빈의 것도 같다고 했다. 다음으로 왕비의 옥대는 조각한 옥을 사용하되 청단으로 싸고 금으로 봉황을 그렸으며, 왕세자빈의 경우에는 조각하지 않은 옥을 쓰되 청단으로 안을 싸고, 금으로 봉황을 그렸다고 하였으니[15] 왕비와 왕세자빈의 옥대는 옥을 조각했느냐 안 했느냐에서 차이가 난다. 〈그림 5-18〉은 현전하는 영친왕비의 옥대로 허리에 두르는 요(繞) 부분은 흰색으로 되었으며, 아래로 늘어뜨리는 신(紳)의 가장자리

그림 5-18 영친왕비 옥대, 국립고궁박물관 소장.

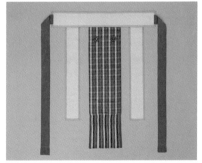

그림 5-19 대대에 후수가 연결된 모습, 국립고궁박물관 소장.

---

14 유희경, 앞의 책, 111~112쪽.
15 『국조속오례의보서례』권 1, 길례, 왕비예복제도.

에는 녹색 선을 대고 다홍색 안감을 사용했다. 양옆에 달린 청색 끈을 배 앞에서 묶어 고정한다.[16]

여성들이 일상적으로 사용했던 대는 저고리의 길이가 짧아져 상의를 여밀 필요가 없어지면서 남성들의 것에 비해 그 종류가 극히 소략해졌다.

### (4) 패물(佩物)

패물의 역사는 인류가 의생활을 영위하면서 시작되었다고 볼 수 있다. 특히 실용적인 목적뿐 아니라 자신의 몸을 장식하여 미화하려는 욕구에서 생겨난 것으로 조선왕조 이전에는 의복구조상 흔히 허리띠에 찼기 때문에 '요패'라고도 불렀다.

『고려도경』 귀부조에 따르면 삼국시대 이후 고려시대에는 금탁(金鐸)과 금향낭(錦香囊)을 패용하였으며, 주머니 안에 향을 넣어 구급약 또는 향수 역할도 했다.[17] 조선시대에는 술과 보패류로 장식하는 각종 노리개가 등장하였다. 주머니도 각진 귀주머니와 둥근 두루주머니에 여러 가지 문양의 수를 놓거나 금박을 찍는 등의 방법으로 장식을 하고 끈목을 달아 몸에 차고 다녔다. 특히 조선시대에는 패물을 허리에만 차는 것이 아니라 옷고름에 차는 등 착용법을 달리하며 장식의 효과를 더욱 드러내고자 했다.

### 2) 중국의 몸치장

중국의 대표적인 몸치장은 대(帶)·패옥(佩玉)·주머니·수건이다. 각각의 종류에 대해 살펴보자.

---

16  국립고궁박물관, 『왕실문화도감』, 2012, 111쪽.
17  『고려도경』 권 20, 부인, 귀부.

## (1) 대

요대의 명칭은 다양하고 형태도 복잡하지만 크게 두 가지로 구분한다. 하나는 피혁으로 만든 반대(鞶帶)이고, 다른 하나는 실로 짜서 만든 대대(大帶) 또는 사조(絲條)다. 이러한 종류의 대를 총칭해서 대대라고 한다.

진·한 시대 이전 혁대는 주로 남자들이 사용했고 부녀들은 일반적으로 사대를 맸다. 『설문(說文)』「혁부(革部)」에도 남자의 대는 혁대이고 여자의 대는 사대라고 했다. 또한 남자는 가죽으로 대를 매는 것 외에도 각종의 사대로도 맸다. 기록에 의하면 당시의 사대는 그 형태가 복잡하고 색상도 다양하여 장식이 서로 같지 않았다. 따라서 천자에서부터 사서에 이르기까지 등급의 차별이 현저했고 심지어 대를 이어서 묶은 후에 내려뜨리는 장단의 척촌(尺寸)에 따라서도 엄격한 규정이 있었다. 『예기』「옥조」에는 신장(紳長)을 사(士)는 3척, 유사는 2척 5촌을 대의 말단에 늘어뜨렸는데, 『정의(正義)』에서는 대로 허리를 묶고 나머지 아래로 내려뜨린 부분을 소위 신(紳)이라고 한다고 했다. 한편 홀(笏)을 사용하지 않을 때에는 허리 사이에 끼워 놓았는데 나중에 가볍게 잡아 내려뜨린 신에 홀을 꽂기 시작하였다. 『진서』「여복지」에서는 유사가 요대에 꽂은 것을 소위 '搢紳士者'라고 하여 홀을 꽂고 신대를 늘어뜨려 일종의 신분과 지위를 나타냈다.

부인들은 비록 홀을 꽂지는 않는다 해도 요대를 매서 뒤로 묶었고 일부분을 아래로 늘어뜨렸다. 이 아래로 늘어뜨린 부분을 신이라고는 하지 않았다. 대신 『단연속록(丹鉛續錄)』에서는 옛날 부인의 장대를 묶은 것을 주무(綢繆)라 하고 내려뜨려진 것을 섬리(襳褵)라고 했다. 맺고 푸는 것을 뉴(紐)라고 하고 맺고 풀 수 없는 것을 체(締)라고 하여 둥근 형태로 묶어 풀 수 있는 것은 '뉴'이고 단단하게 빼서 묶은 것은 '체'이다.

요대와 관련해서 묶는 부위는 옛날에도 엄격하게 정해져 있었다. 『예기』「심의」에는 대는 아래로는 넓적다리를 넘기지 않아야 하고 위로는 옆구리

그림 5-20　심의요대를 묶는 법, 湖南 長沙 楚墓 出土 彩繪木俑.

그림 5-21　심의요대를 묶는 법, 湖南 長沙 馬王堆 1號漢墓 出土 彩繪木俑.

갈비뼈 위로 올라가지 않아야 하며, 뼈가 없는 곳에 닿아야 한다고 했다. 공영달(孔穎達)이 말하길, 대가 만일 뼈로 된 것이라면 뼈 없는 곳에 닿아야 하기 때문이라고 했다(〈그림 5-20, 5-21〉).

그러나 혁대를 묶는 방법은 이것과는 다르다. 혁대의 끝이 접하는 부분에는 일반적으로 모두 한 개의 고정된 장치가 있고 사용할 때에는 서로 고리를 걸어서 묶는다. 대의 머리를 고정하기 위한 장치는 대체로 두 종류가 있는데 한 종류는 고리 형태를 만들어 대구(帶鉤)라고 하며 구(鉤)라고도 한다(〈그림 5-22〉). 다른 한 종은 환의 형태로 대휼(帶鐍)이라고 하며 혹은 휼이라고 한

그림 5-22　대구, 陝西 神木 匈奴墓에서 출토된 것을 그림.

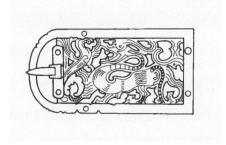

그림 5-23　대휼, 廣州 大刀山 晉墓에서 출토된 것을 그림.

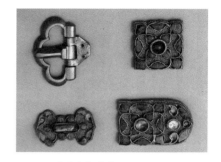

그림 5-24  소환이 있는 금동대식, 吉林 集安 高句麗墓에서 출토된 것을 그림.

그림 5-25  접섭대의 장식 4종, 吉林 和龍 八家子 渤海遺址 出土.

그림 5-26  접섭대의 장식 1조, 吉林 和龍 八家子 渤海遺址 出土.

다. 대휼은 둥근형의 대구(大扣)이다(〈그림 5-23〉). 그 형태는 원형이거나 혹은 방형이며 그 위에 구침을 붙인다.

대휼이 있는 요대를 구락대라고 한다. 구락은 곽락(郭洛)으로 만드는데, 이는 북방소수민족들이 사용한 요대이다. 구락대 위에 장식을 하는 탑구가 있는 것을 제외하면 금속패 장식을 하고 누공문양이나 동물문, 기하문 등이 있어 금루대라고도 한다.

금루대보다 진일보한 것이 바로 접섭대이다. 접섭대는 접섭(䩞鞢)과 첩섭(䩞鞢)으로 만든다. 접섭대와 금루대의 차이는 장식하는 패 위에 있다. 금루대 위의 장식패는 일반적으로 장식적이다. 접섭대 위의 식패는 실용을 겸하는 뜻이 있다. 이러한 종류의 식패의 하단에는 연결해서 묶을 수 있는 한 개의 교련(鉸鏈)이 있다. 교련 위에 균형을 잡는 소환(小環)을 금속으로 만든다. 소환은 전적으로 여러 가지 잡물을 매고 차기 위한 것이다(〈그림 5-24, 5-25, 5-26〉).

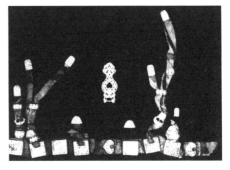

그림 5-28　요대 접섭대, 內蒙古 赤峯 大營子 遼墓 出土.

그림 5-27　접섭대를 묶은 당대 부녀,
陝西 乾縣 永泰公主墓 出土 陶俑.

　　이는 북방소수민족이 정해진 곳 없이 지나치게 많은 유목생활을 하기 때문에 평시에 사용할 기구들을 모두 몸에 매달고 다닌 데 기인한다. 무릇 대형 기물은 말 위에 올려놓고 다니지만 소형의 물건인 칼, 검, 침통, 수건, 마도석 등은 허리 언저리에 차고 다닌다. 이러한 종류의 요패 기물의 습속은 위진남북조 시기에 중원에 들어와 한인들이 받아들였으며, 이것을 무사들이 받아들여 요대를 장식해서 매달기 시작했다. 당대에 이르러서는 이에 대한 일정한 제도가 생겨 문관과 무장을 불문하고 모두 매고 묶는 일종의 요대를 하게 되었다. 당시 이것을 부녀들도 본받았다(〈그림 5-27〉). 모두 아래로 내려뜨려서 좁고 작은 혁대 위에 다시 대고, 대구 등의 장치를 꿰매어 가지고 다녔다(〈그림 5-28〉).

　　금대와 옥대 같은 것은 모두 대두, 대과, 대정, 대미 등 몇 개의 부분으로 만들어진다. 정(鞓)이 바로 피대(皮帶)이다. 그것은 위에 언급한 요대의 기초가 되는 것이다. 그렇기 때문에 이러한 종류의 대식은 모두 필수적으로 꿰매어 정 위에 있게 된다. 정의 외표는 일반적으로 여러 가지 색의 주견으로 싸기 때문에 청정, 홍정, 흑정이라고 한다. 정의 모양은 일반적으로 두 가닥

그림 5-29　1개의 대두가 있는 옥대, 吉林 扶餘 西山屯 遼金墓 出土.

그림 5-30　국화문이 있는 대두, 安徽 安慶 棋盤山 元墓 出土.

으로 나뉘어져 앞뒤가 각각 하나이다. 앞쪽은 비교적 간단하여 한쪽 끝에는 한 개의 대미가 있고 다른 쪽에는 여러 개의 구멍이 있다. 후면에는 대과가 있고 양쪽 끝단은 각각 대두가 있어 사용할 때 양쪽을 맞춘다.

대두는 보통 두 개를 사용한다. 좌우 각 1개인데 한 개만을 사용할 때도 있다. 쓰촨성 성도 오대묘와 안후이성 안경 원묘에서 출토된 옥대는 모두 2개의 대두를 사용한다. 지린성 부여 금묘와 장쑤성 소주 호구 원묘에서 출토된 옥대 위에는 모두 1개의 대두를 사용했다(〈그림 5-29〉).

이러한 대두는 통상 금속으로 만드는데 그 제도는 번잡하고 간단하지 않아 어떤 때는 두드리는 방식을 사용하기도 하고 위에 구침을 연결하기도 한다. 또 구침을 사용하지 않는 경우에는 '卡'식으로 만들기도 한다. 요녕성 안산 아가대 명묘와 안후이성 방조 명묘에서 출토된 대장식은 이러한 종류의 유형에 속한다. 대두 위의 장식도 매우 특색이 있어 안후이성 안경 기반산 원묘에서 출토된 1건은 동편(銅片)으로 대척을 만들고 외표를 유금(鎏金)으로 만들었으며 양면에 모두 화문이 있다. 한 면은 목단이고 다른 한쪽은 국화문이다. 화문의 네 주변에는 가장자리에 선을 둘렀고 모두 안쪽에 '모구(毛口)'를 꺾고 좁은 대정을 둔다(〈그림 5-30〉). 대미는 타미(鉈尾), 달미(撻尾), 어미(魚尾)라고도 하며 원래 정두에 있는 못을 보호하는 혁대에 사용한 일종의 장

그림 5-31　여지대식, 安徽 蚌埠市 東
郊 明墓 出土.

치이고 나중에 이것이 장식으로 발전했다. 그 재료와 장식은 대과에 근거해서 정해졌는데 한쪽은 방형이고 다른 끝은 활형으로 만들어져 있다. 규정에 비추어 보면 요대를 묶은 후에 대미는 반드시 아래로 내려오는데 이는 자신이 조정에 순순히 복종한다는 의미를 갖는다.

　　대과의 재료와 장식에 따라, 수량과 방법 및 배열에 따라 모두 복잡한 규정이 있고, 이러한 모든 것은 남자에 한정된 것이 아니고 부녀들도 때에 따라서는 사용이 가능했다. 『무림구사』를 보면 공주의 장식 중에 '금혁대 일조'를 갖춘다고 했으며, 『명사』 「여복지」에도 각급 명부의 요대제도가 있는데, 3, 4품은 금혁대, 5품 이하는 오각대이다 (〈그림 5-31〉).

(2) 패옥(佩玉)

　　옛날 사람들에게 있어 중요하게 인식되었던 패식 중 하나는 패옥이다.

그림 5-32　앵무(鸚鵡)패옥, 河南 安陽 殷墟婦好墓
出土.

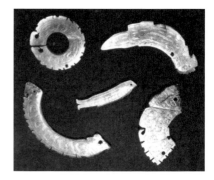

그림 5-33　여러 가지 형식의 패옥, 河南 安陽 殷
墟婦好墓 出土.

『시경』과 『주풍(奏風)』「위양」에 패옥은 고대 귀족예복에 반드시 해야 하는 장식이라고 하였으며, 『예기』「옥조」를 보면 군자는 반드시 "패옥으로 예를 표한다"고 했다. 고대 패옥은 그 종류가 매우 다양한데 물고기, 벌레, 새, 길짐승, 호랑이, 코끼리, 곰, 사슴, 원숭이, 말, 소, 개, 토끼, 자라, 매미, 누에, 학, 기러기, 매, 비둘기, 거위, 오리, 물고기, 개구리, 거북이 등이 있다. 여기에 작은 구멍을 뚫고 줄로 패를 연결하였다(〈그림 5-32, 5-33〉).

서주 이후 패옥이 다량으로 출토되었는데 원형으로 가운데 구멍이 있는 것을 옥벽이라고 하였으며, 반원형으로 만들어서 벽의 반이 된 것을 옥황이라고 하였다. 또 인형을 만들거나 각종의 동물 모양을 만드는 등 그 모양도 일정하지 않았다.

전국 시대 이후에는 옥벽의 형태에 변화가 생겨 부가적으로 조각한 장식을 두기 시작하였는데 이상하게도 용무늬, 구름무늬, 동물무늬 등이 많다. 어떤 것은 장식이 원벽의 중간에도 있고 가장자리에도 있다(〈그림 5-34〉).

허베이성 만성 서한묘에서 출토된 패옥도 매우 특색이 있는데 아랫부분에는 옥벽이 있고 옥벽의 위에는 쌍용과 구름이 말려 투조된 장식으로 이루어져 있다. 그리고 위쪽에는 하나의 작은 구멍이 있어 줄을 엮을 수 있도록

그림 5-34  변형 옥벽, 전국 시대, 河北 滿城 一號 西漢墓 出土.

그림 5-35  변형 옥벽, 河北 滿城 一號 西漢墓 出土.

그림 5-36　옥형, 河南 輝縣 戰
國墓 出土.

그림 5-37　옥황, 河南 安陽 殷
墟婦好墓 出土.

그림 5-38　백옥충아, 중국 고궁
박물원 소장.

했다. 옥의 색이 윤택하고 조형이 아름답고 우아하며 고아한 예술품으로서
손색이 없었다(〈그림 5-35〉).

　이상의 패옥은 대부분 단독으로 사용되었다. 단건의 패옥을 제외하고 나
면 옛날에는 끈이 있는 패를 달았다. 소위 조패(組佩)는 다채로운 실로 꿰어
허리 사이에 건다. 조패의 가운데에는 가장 귀중한 것을 달아 대패를 만드
는데 이를 잡패라고 한다. 잡패는 옥형, 옥황, 옥거, 옥우 및 충아 등 옥기를
합하여 일체로 꿰어 패식을 만든다.

　형(珩)은 형(衡)을 뜻하는 것으로 대패의 상부에 가로로 놓는 장식이다(〈그
림 5-36〉). 황(璜)은 벽의 반을 자른 모양이고 찰 때는 좌우로 각각 하나를 건
다(〈그림 5-37〉). 거(琚)와 우(瑀)에 이르면 작은 모양의 옥을 단다. 충아는 짐승
의 이빨과 같은 형상에서 나와 개발되었다(〈그림 5-38〉). 공영달은 "패옥의 위
에는 반드시 충(형)을 매단다고 하고 아래로 세 줄을 내려뜨리는데 빈주로
꿴다고 했다. 하단의 앞뒤로는 황을 매달고 중앙의 아랫단에는 충아를 매단
다고 하였으며, 움직이는 충아의 앞뒤로는 황이 부딪쳐서 소리가 나는데 소
위 옥 부딪치는 소리라고 하고 그 형태가 어금니 같다 하여 충아라고 한다"
고 했다.

　이러한 패옥은 걸어서 움직이면 각각의 종류에서 소리를 낸다. 정상적인
소리는 완급의 정도가 있고 경중이 있다.

　원·명 시대 대패는 통상적으로 능형, 황형, 장방형 및 타원형 등 옥 조각

으로 구성되었으며, 옥구
슬로 연결되었다. 위에
는 금속으로 갈고리를 걸
고 있다. 이러한 종류의
대패는 장쑤성 소주 원묘
에서 출토된 것과 베이징
정릉 명묘, 안후이성 방
주 명묘 및 장시성 남성
명묘 등에서 출토된 것
으로 상당히 좋은 상태를
유지하고 있다(〈그림 5-39, 5-40〉).

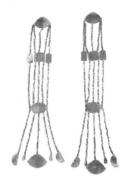

그림 5-39  원대 대패, 江蘇
蘇州 吳門橋 元墓 出土.

그림 5-40  명대 대패, 江西 南
城 明益端王妃 彭氏墓 出土.

### (3) 주머니

하포(荷包)는 일종의 허리장식이다. 하포의 전신은 하낭으로 자질구레한
것을 넣어 다니는 작은 주머니였다. 고대 사람들의 의복에는 주머니가 없었
다. 그러나 몸에 반드시
휴대해야 하는 수건이나
인장, 돈 등이 있었기 때
문에 그것을 넣어 다닐
주머니가 필요했다. 하
낭을 만드는 재료는 일반
적으로 피혁이 가장 많기
때문에 반낭이라고 한다.
그러나 전적으로 가죽으
로 만든 것이 아니며, 사

그림 5-41  호복을 입고 반낭
을 한 당대 여인, 陝西 乾縣
唐李賢墓 壁畫.

그림 5-42  호복을 입고 반낭
을 한 부녀, 湖北 武昌 唐墓
出土 陶俑.

직품으로 만든 것도 있다. 당대 부녀들이 차고 다닌 반낭은 벽화, 석각, 도용 등에 나타나며 패의 대부분은 호복을 입고 그 위에 거는 것으로 허리는 혁대로 묶는다(〈그림 5-41, 5-42〉).

하포의 명칭은 송대 이후 원나라의 잡극과 명·청 시대 소설 등에 많이 등장하며, 청대 하포가 많이 전해진다. 이들은 직물로 만들었으며 위에는 수를 놓은 것들이 많다. 그중에서 원형 하포가 특히 특색이 있는데 위가 작고 아래가 크며 가운데 허리를 만들어 마치 호리병과 같은 형태가 되기 때문에 호로하포라고도 했다. 이러한 형태의 하포는 처음에는 남자들이 담뱃잎을 담아 갖고 다니면서 유행하였다가 후에는 그 조형의 아름다움을 알게 되어 서로 모방했으며, 남녀 모두 애용했다.

향낭도 포로 만든 작은 주머니이다. 방향제를 넣어 보관하였기 때문에 향낭이라고 하였으며, 때로는 향대라고도 했다. 향낭을 다는 풍습은 선진 시기까지 소급된다.『예기』「내측」을 보면 "남녀가 아직 관례나 계례를 하지 않은 경우 모두 … 용취를 건다"고 했는데 여기서 용취가 바로 향이며 후에 향낭이 된 것이다. 향낭에 넣는 향료는 식물이 주를 이루었으며 가장 귀한 것은 향초로 훈(薰) 또는 혜초(蕙草)라고 했다.

향료를 담은 주머니 안에서는 자연적으로 향기가 발산되었다. 더러움을

그림 5-43  은향구의 내부, 陝西 西安 沙坡村 唐代遺趾 出土.

그림 5-44  은향구, 陝西 西安 沙坡村 唐代遺趾 出土.

　　　　　　　　　　　　　　　제5장 몸치장의 문화

없애거나 보건의 목적으로 중시했으며, 공 모양으로 만들어 차고 다니는데, 이를 '향구(香毬)'라고 했다. 향구는 은으로 만든 것이 많은데 몸에 누공을 하고 또 꽃무늬를 정치하게 장식하였다. 먼저 두 개의 반구를 만들어 반구의 정상 부분에 코끝을 만들고 작은 고리를 연결해서 매달아 장식한다. 구체의 내부는 두 개의 동심원 환으로 장식하고 환 위에는 축을 연결하여 대환의 활축과 구체의 내벽을 서로 연결한다. 소환의 활축은 대환의 활축으로 상하 양 끝에 장식한다. 소환 활축 위에 있는 장식은 반구형의 작은 바리이다. 사용할 때에는 가운데 있는 작은 바리 가운데에서 연기가 나게 한다(〈그림 5-43, 5-44〉).

### (4) 수건

장식용 수건의 대표적인 것이 분세(粉帨)다. 고대에는 남녀 모두 통용하는 것으로 몸에 걸고 다니며 손 또는 물건을 닦을 때 사용하였다. 후에는 그릇을 닦는 것은 '분'이고 손을 문지르는 것은 '세'라고 하였으며, 한 이후에는 수건이라고 칭했다. 수건의 재료는 나, 견, 면포 등을 쓴다. 현전하는 고대 수건으로는 두 종류가 있는데, 하나는 전국 중기의 유물로 사로 만들어졌으며 단층 평문이다. 위에는 네모난 구멍이 있다. 다른 하나는 동한 시대의 것으로 면포로 만들어졌다. 장사 초묘에서 나온 사라 수건(〈그림 5-45〉)과 같다.

그림 5-45  사로 만든 수건, 湖南 長沙 左家塘 楚墓 出土.

그림 5-46  면포 수건(차고 다니는 수건), 新疆 民豊 東漢墓 出土.

얇은 매듭이 있고 연속해서 포대가 있는 것으로 확실히 차고 다닌 것으로 보인다 (〈그림 5-46〉).

송대 이후의 수건은 비교적 넓고 크다. 손을 닦기도 하고 요대를 대신할 수도 있다. 청대 부녀들이 집에 있을 때 수건을 달고 있는 것을 좋아했는데 지위에 따라 의금에 매달고 다녔다. 명부가 예복을 입을 때에는 일종의 화려한 수건을 걸기도 했는데, 그 제도가 신분을 정하였기 때문에 황태후와 황후는 녹색을 사용했고 위에 수를 놓았다(〈그림 5-47〉).

그림 5-47　채세를 한 청조 황후-〈清代帝后像〉, 중국 고궁박물원 소장.

### 3) 일본의 몸치장

일본의 대표적인 몸치장은 이식과 수식(首飾), 영건(領巾)을 비롯하여 거울, 부채, 현수, 회중물, 요식(腰飾) 등이 있다. 각각의 장신구를 구체적으로 살펴보자.

### (1) 이식

이식은 조몬 시대 이전부터 사용되어 온 장신구로 금이나 은을 고리 모양이나 사슬 형태로 가공하여 사용하였다. 가장 오래된 형태는 〈그림 5-48〉과 같은 돌로 만든 '결상이식(玦狀耳飾)'이다. 조몬 시대 전기 동쪽에서부터 중부지방에 걸쳐 발달했다. '결'은 한쪽으로 절단된 눈이 있는 원을 의미한다. 〈그림 5-49〉와 같은 '이전(耳栓)'은 중부지방에서 특히 발달했고 후기에는 서

그림 5-48　결상이식, 오사카 關西大學博物館 소장.　그림 5-49　이전, 樓東村耳食制館 소장.

일본으로까지 확장되었다. 또 동일본의 동
쪽 지방을 중심으로는 〈그림 5-50〉의 '활차
(滑車)형 이식'이라고 부르는 흙으로 만든 귀
고리가 발달했다. 이는 아름다움을 뽐내는
공예품으로서 존재했다.

　야요이 시대에는 이식이 없었다는 견해도
있지만 근래 두개골의 양측에서 관옥, 유리
소옥 등이 있었던 예나 애지현 구총유적에서
발견된 항아리(壺) 배 부분에 침선으로 묘사
된 인물의 얼굴에 이식을 표현한 것으로 보
이는 것이 발견되고 있다. 또 얼굴에 달라붙
은 병의 귀에는 몇 개의 구멍이 뚫려 있는 것
도 있다(〈그림 5-51〉). 더욱이 고훈 시대의 식
륜(埴輪)에는 귀에 소옥을 여러 개 달고 있는
경우도 있다.

　5세기부터 6세기에 걸쳐서는 금, 은, 동,
연(鉛), 금동제의 귀고리가 있다. 금제로 귀에
끼우는 가늘고 둥근 쇠사슬 모양의 수식(垂

그림 5-50　활차형 이식, 千綱谷戸
遺跡 出土.

그림 5-51　병의 귀에 구멍을 뚫은
모습, 도쿄국립박물관 소장.

그림 5-53　심엽형 귀고리, 도쿄국립박물관 소장.

그림 5-52　쇠사슬형 귀고리, 도쿄국립박물관 소장.

그림 5-54　유리소옥 귀고리, 오사카시립미술관 소장.

飾)이 붙은 형태가 주류를 차지했다. 이 쇠사슬의 수식은 한 줄에서부터 여러 줄을 사용한 것이 있고 또 그 길이도 긴 것과 짧은 것이 있고, 긴 것과 짧은 것이 같이 있는 것도 있다. 각각의 앞쪽에는 하트형의 장식이 붙어 있다(〈그림 5-52〉). 이에 비해서 6세기 중반 이후에는 구리로 된 지금(地金)에 금 또는 금박, 은박을 붙인 것이나 금칠을 한 신라계의 큰 원환 형태가 주류를 이룬다(〈그림 5-53〉). 또 〈그림 5-54〉와 같이 원환의 유리소옥을 조합한 것도 출토되었다.

　이후 아스카 시대에는 장신구의 착용이 쇠퇴했다. 그러나 장신구를 전혀 하지 않았다고 말할 수는 없을 것 같다. 예를 들면 고송총 고분에는 장신구를 했을 것으로 보이는 구멍이 있는가 하면 유리나 고하쿠제(호박류)로 된 옥류가 남아 있기 때문이다. 옥침(玉枕)이라고 부르는 장식적인 베개에 사용한

그림 5-56　잠자리옥, 도쿄국립박물관 소장.

그림 5-55　산반옥, 요코하마 宮山古墳 第三主　　그림 5-57　공옥, 도쿄국립박물관 소장.
体 出土.

것도 있지만 목걸이나 팔찌 등에 사용했을 가능성도 배제할 수는 없다.


　(2) 목걸이

　목걸이는 구옥(勾玉), 관옥(管玉), 환옥(丸玉), 소옥(小玉), 조옥(棗玉), 절자옥(切子玉)은 물론 〈그림 5-55〉와 같은 산반옥(算盤玉)이라고 하는 단독의 옥류나 각종의 옥을 조합한 것이 있다. 재질은 경옥(硬玉), 벽옥(碧玉), 마노, 수정(水晶), 호박, 활석(滑石)이라고 하는 귀한 돌과 함께 유리, 금, 은, 금동제 등이 있다. 유리옥 중에는 서아시아를 기원으로 하는 잠자리옥 즉 〈그림 5-56〉과 같은 돈보(トンボ)옥도 포함되어 있다. 잠자리옥은 일본에서는 야요이 시대부터 보인다. 금속제로 된 옥류가 많은 5세기 후반부터 6세기의 것으로 금은을 두드려서 만든 공옥(空玉)도 있다(〈그림 5-57〉).

　옥류 중에 이 시대를 상징하는 것은 확실히 〈그림 5-58〉의 구옥이다. 구옥은 조몬 시대에서부터 보이지만 그 기원은 회색늑대·곰·멧돼지 등의 용맹한 동물의 어금니에서 구했다는 설이 유력하다. 형태적으로는 야요이 시

그림 5-58　구옥, 和歌山 車
駕之古趾古墳 出土.

그림 5-59　정자두식 구옥,
도쿄국립박물관 소장.

대에 C자형이 정착되었다.

고훈 시대에는 C자형에 머리 부분을 뚫어서
2~4조의 구(溝)가 조각된 정자두식이라고 부르는
구옥(〈그림 5-59〉)이 상징적으로 보이고 특별한 주
술의 힘을 가진 친옥(親玉, 중심이 되는 옥)을 사용하
게 되었다.

나라 시대에는 〈길상천녀상〉에 보이는 것처럼
예복을 입을 때에는 황금제로 생각되는 호화로운
목걸이와 팔찌를 한 것으로 보인다. 당풍을 적극
적으로 수용한 시대이니 만큼 당의 장신구 풍속을
따랐을 것이다. 특히 팔찌가 성행한 것으로 보아
신분이 높은 여성은 특별한 경우에 호화로운 장신
구로 몸을 꾸몄을 것으로 생각된다.


(3) 부채

부채는 헤이안 시대에 새로 등장한 장신구로서 이 시대에 최고로 주목을
받았다. 본래는 바람을 보내거나 해충을 퇴치하기 위한 도구이지만 얼굴을
분명하게 보이지 않게 하거나 물건을 가리킬 때 사용했다. 그 외에 우아한
움직임으로 상대의 주의를 끌기 위한 소도구로도 사용했다. 노송나무로 만
든 얇은 판으로 철을 하여 합친 쥘부채와 대나무 뼈대에 일본 종이를 붙인
편복이라고 하는 지선(紙扇)이 인기가 있었으며, 편복은 여름에 사용했다.

쥘부채의 원형은 나라 시대에 있었지만 성행한 것은 헤이안 시대부터이
다. 처음에는 흰 나무로 만든 쥘부채를 남성이 사용했지만 점차 귀족여성에
게 퍼졌고 극채색의 장식적인 부채로 발전했다.

〈그림 5-60〉과 같은 화려한 쥘부채가 엄도신사(嚴島神社)에 전해진다. 하

그림 5-60　쥘부채[檜扇], 헤이안 시대(12세기), 히로시마 嚴島神社 소장.

얇은 판에 운모(雲母)를 긁고 그 위에 금은을 잘게 썰거나 가루를 붙이고 겉에는 인물, 안에는 매화가 핀 들판을 농후한 암회구(岩繪具)로 채색한다. 중요한 것은 새와 나비 모양의 쇠장식이다.

### (4) 현수(縣垂)

현수는 본래 몸의 안전을 기원하기 위해 호부(護符)를 넣어서 몸에 달았던 것으로 호신을 위한 것이었다. 그 후 장식용으로 만들면서 외출할 때 목에 매달고 다녔다. 오사카에 있는 사천왕사(四天王寺)에는 〈그림 5-61〉과 같이 길이가 7cm 전후의 화려한 현수가 7개 전한다. 타원형, 상자형, 앵두꽃형 등의 통 모양으로 된 상자의 위를 아름다운 비단으로 휘감고 꽃, 새 등을 투조하거나 두드려서 가공한 은 또는 은에 금을 도금한 쇠고리 등으로 화려하게

그림 5-61　현수, 오사카 四天王寺 소장.　　그림 5-62　현수를 달고 있는 모습―〈석산사연기회〉 부분, 滋賀 石山寺 소장.

장식하였다.

현수는 헤이안 시대에 많이 사용했는데, 무녀 외에 가무를 직업으로 하는 유녀들에게서 현수를 매단 모습이 많이 보인다. 헤이안 시대부터 있었던 이 신앙적인 장신구가 가마쿠라 말기에도 계속 사용되고 있음을 〈그림 5-62〉의 절에 온 여성에게서 볼 수 있다.

### (5) 인롱(印籠)과 건착(巾着)

허리에 차는 물건 중 대표적인 것이 인롱과 건착이다. 인롱은 처음에 약을 넣는 휴대용 용기였으나 얼마 안 있어 무사의 격식을 보이는 실용적인 장신구가 되었다. 또 입구를 끈으로 묶어 만든 주머니로 건착이 있다.

# 3 한·중·일 몸치장의 비교

## 1) 조선왕실의 몸치장

조선의 대표적인 몸치장은 의례복과 평상복에 따라 확연하게 달라진다. 왕실여성의 대례복인 적의의 몸치장으로는 옥대, 패옥, 노리개 등을 들 수 있으며, 평상복에 하는 몸치장으로는 노리개와 토시, 주머니 등이 있다. 또 몸에 직접 하는 장신구로는 귀고리가 있다. 이들은 모두 소박한 우리 옷과 조화를 이루도록 다양한 소재와 색상으로 만들어져 우리 옷을 돋보이게 하는 최고의 장식품으로서의 역할을 했다. 몸치장을 위한 장신구를 구체적으로 찾아보자.

### ■ 노리개

노리개는 조선시대 여성들이 저고리 고름이나 치마허리에 달던 장신구로서 궁중을 비롯한 상류층에서 일반 평민에 이르기까지 널리 패용하였다. 노리개의 기원에 대해서는 신라의 요패(腰佩)에서 비롯되었다는 설과 고려시대의 여성들이 허리에 찬 금방울과 비단으로 만든 향낭(香囊)에서 비롯되었다는 설이 있다. 노리개는 조선시대에 들어와 보다 폭넓게 사용되었다. 노리개는 띳돈, 주체(主體), 매듭장식과 술, 끈목으로 구성된다. 여기서 띳돈은 노리개를 걸 때 사용하는 걸개장식이며, 주된 장식물인 주체와 매듭을 끈목으로 연결

그림 5-63  노리개의 구조

하고, 그 아래에 술을 단다(〈그림 5-63〉).

노리개의 핵심은 주체이다. 주체의 모양과 재료에 따라 명칭이 정해지기 때문이다. 주체에 주로 사용되는 재료는 은을 비롯한 여러 가지 보석류이다. 은은 은만 사용하는 것, 은에 파란을 올려 장식한 것, 은을 도금한 것 등으로 가공하여 사용하였으며, 보석류로는 옥, 비취, 산호, 호박, 진주, 금 등을 사용했다. 주체의 모양은 편복, 불수(佛手), 매미, 호로병, 투호, 호랑이 발톱 등으로 이들은 모두 길상의 의미나 악을 물리치고자 하는 의미를 담고 있다. 원석이나 금속 외에 비단으로 만들기도 하는데 이때에는 수를 놓기도 하고 무늬를 새기기도 한다.

여기에 다양한 종류의 매듭과 술을 달아 노리개의 아름다움이 완성된다. 이때 사용한 매듭의 종류는 〈그림 5-64〉의 딸기매듭과 〈그림 5-65〉의 세벌감개매듭을 비롯해서 도래매듭, 생쪽매듭, 나비매듭, 국화매듭, 장고매듭, 병아리매듭 등이 있으며 술의 형태도 〈그림 5-66〉과 같이 딸기술, 봉술, 낙지발술 등이 있다. 술과 끈목은 같은 색을 사용하기도 하고 보색이 되는 것을 사용하기도 하지만 천연염색을 하기 때문에 서로 조화를 이룬다. 이렇게 만들어진 노리개는 하나씩 단작(單作)으로 쓸 수 있으며, 세 개를 하나에 묶어 삼작으로도 쓸 수 있다.

그림 5-64  딸기매듭, 담인복식미술관 소장.

그림 5-65  세벌감개매듭, 담인복식미술관 소장.

그림 5-66 딸기술, 쌍봉술, 낙지발술, 담인복식미술관 소장.

한편 노리개는 실용적인 목적뿐 아니라 액을 물리치거나 복을 불러오는 길상의 의미도 갖고 있다. 실용적인 목적으로 사용된 노리개는 귀이개를 단 것, 은장도를 단 것, 향을 넣어 단 것, 바늘을 넣을 수 있도록 만든 것 등이 있다. 또한 길상의 의미로는 장수, 부귀, 다남, 강녕 등의 글자를 새긴 것도 있고 노리개의 주체 자체가 길상을 의미하는 모양을 가진 것도 많다. 〈그림 5-67〉의 흑각바늘집노리개는 바늘을 담아 다닐 수 있도록 만든 노리개로 실용성이 돋보인다. 여기에 을자형의 은장도와 표주박, 벌, 귀면(鬼面), 향갑

그림 5-67 흑각바늘집노리개, 태평양박물관 소장.

그림 5-68 투호삼작노리개, 태평양박물관 소장.

그림 5-69 수괴불노리개, 태평양박물관 소장.

도 같이 걸어 상징성을 극대화한 단작노리개이다. 〈그림 5-68〉은 남성들의 대표적인 놀이인 투호를 매단 노리개로 다남을 상징한다. 〈그림 5-69〉는 헝 겊에 여러 가지 문양의 수를 놓은 수노리개로 괴불, 장도, 원앙, 바늘집 등과 함께 장식하였다.[18] 금속보패류의 노리개와는 다른 정스러움이 있다.

노리개를 차는 데도 격식이 있어 대삼작노리개는 가장 호화롭고 큰 것으로 주로 왕실에서 사용하였고 중삼작노리개는 왕실과 상류계급에서, 소삼작노리개는 젊은 부인이나 어린이들이 찼다. 삼작노리개는 홍·황·남색을 기본으로 사용하였으며, 분홍, 연두, 보라, 자주, 옥색 등을 쓰기도 한다. 대는 대끼리, 중은 중끼리 쓰되 큰머리 정장에는 대삼작을 차고 당의에는 중삼작 또는 소삼작을 차기도 하며, 평상시에는 소삼작을 찬다.[19]

한국학중앙연구원 장서각에는 왕실에서 사용한 노리개의 실체를 확인할 수 있는 왕실발기가 여러 점 있다. 〈그림 5-70〉은 1882년 임오년에 거행된 순종의 가례 때 빈궁마누라(세자빈)에게 주기 위해 장만한 비녀와 노리개 발기 중 노리개 부분에 해당하는 자료이다. 여기에는 순금으로 만든 투호 삼차(三次)가 있다. 그중 중(中)이 2, 소(小)가 1이며, 순금으로 만든 편복 삼차 중에는 중 2, 소 1이 있고, 낭자 삼차 중에는 중 2, 소 1이 있다. 또 도금편복 오차에는 대(大) 3, 중 2가 있으며 낭자 오차 중에는 대 3, 중 2가 있고, 투호 오

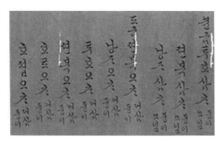

그림 5-70 「임오천만세 동궁마마 가례시 빈궁마누라 빈혀 노리개 볼긔」, 한국학중앙연구원 장서각 소장.

---

18  전완길, 『한국화장문화사』, 열화당, 1999, 130~136쪽.
19  문화재청, 『조선조왕실복식』, 2007, 291쪽.

그림 5-71　낭자노리개,
국립고궁박물관 소장.

그림 5-72　산호가지, 쌍나비, 밀화불수를 주체로 하는 노리개, 국립고궁
박물관 소장.

차 중에는 대 3, 중 2가 있고 호접 오차 중에는 대 3, 중 2가 있다. 주체의 종
류를 보면 투호, 편복, 낭자, 호로, 호접 등 다양하다(〈그림 5-71〉).

　한편 왕실에서 사용했던 노리개 중 산호노리개는 자연스러운 모양대로의
산호가지가 이중으로 되어 있어 동적인 느낌을 준다. 산호의 상부에는 금속
으로 매미 두 마리를 감입했다. 끈은 남색의 낙지발술을 늘이고 술의 끝부
분에는 금사로 구슬 하나씩을 꿰었다. 쌍나비노리개는 나비 형태가 조각된
백옥판 두 개를 상하로 연결하고 양쪽 날개 부분에 천연 대진주 2개와 소진
주 2개를 부착하였다. 눈 부분에는 작은 진주 2개를 부착하였으며, 몸체는
산호와 공작석으로 감입하여 입체감을 살렸다. 여기에도 낙지발술을 늘이
고 술의 끝에 금사로 구슬을 만들어 달았다. 불수노리개는 부처님의 자비를
상징하는 것으로 떳돈은 장미석영을 둥글게 조각하여 만들었으며, 밀화로
불수 형태를 조각하고 화문을 새겼다. 상부에는 금속으로 된 잎사귀와 국화
문 등에 은파란으로 장식하였고 산호를 상감하였다. 두록색 끈목으로 도래
매듭과 장고매듭을 맺고 낙지발술을 늘어뜨렸다(〈그림 5-72〉). 최고의 보패류
를 사용하였음을 알 수 있다.

그림 5-73　삼작노리개

그림 5-74　덕온공주의 자라줌치노리개, 단국대학교 석주선기념박물관 소장.

그림 5-75　화유옹주의 산호가지노리개, 화유공주 묘 출토.

다음은 영왕(英王)의 형 이강(李堈)의 부인 효영 씨가 1941년 12월 5일 영왕비에게 대삼작노리개를 선물하면서 보낸 편지다. 편지봉투에는 "왕비전하전 진상 소화(昭和) 16년 12월 물증(物贈)"이라고 씌어 있으며 편지지에는 "이번 환궁하옵신 일 전일보다 더욱 경축하와 축하 기념으로 바치오니 고물(古物)로나 감(感)하옵심 바라옵나이다"라고 씌어 있다. 이때 올린 대삼작 한 벌의 주체가 구체적으로 무엇인지는 언급하지 않았으나, 영왕비의 대삼작노리개로 불수, 쌍나비, 산호가지를 한데 모은 노리개가 현전한다.

〈그림 5-73〉은 산호노리개와 백옥쌍룡문노리개, 니사향갑박쥐노리개 등 삼작노리개를 패용한 순정효황후와 의친왕비의 모습으로, 당의에도 삼작노리개를 하고 있음을 알 수 있다.

다음은 현전하는 공주와 옹주의 노리개이다. 〈그림 5-74〉는 덕온공주의 자라줌치노리개로, 백색 공단에 십장생을 수놓아 주머니 형태로 만들고 홍색 술을 달아 유년기에 찼던 것이다. 〈그림 5-75〉는 산호가지노리개로, 1991년에 화유옹주묘에서 출토되었다. 가지는 다남을 의미하는 것으로 조선 여인들의 노리개에 많이 보인다.

이와 같이 노리개의 형태는 다양하지만 어느 것이나 수명장수와 부귀영화, 다복다남의 상징성을 지니고 있다. 『사절복색자장요람』을 보면, 왕실에서는 탄일이나 정초 문안에 녹색의 금박 당의에 스란치마를 입고 삼작노리개를 차고 큰머리에는 칠보로 단장하였다. 동지 문안에는 녹색 직금수복자 당의에 대란치마를 입고 삼작노리개를 차고 큰머리에는 화려한 장식을 하였으므로 문안을 드릴 때 삼작노리개를 하고 단장을 하였음을 알 수 있다. 그런데 8월 1일에는 백광사당의에 진주나 옥 노리개를 하고 매죽잠과 옥모란잠을 함으로써 탄일, 정초, 동지 때 문안이 8월보다는 큰 의례였음을 알 수 있다.

이처럼 노리개는 아름다움과 소망을 담아 차는 장신구이지만 이 역시 보패로 장식하는 것이므로 사치로 흐르는 것을 막기 위해 1502년(연산군 8) 노리개로 사용되는 공작우, 대산호, 백옥의 무역을 줄이자고 했다.[20]

지금 무역하는 물건 가운데 사탕, 용안, 여지 같은 것은 어선(御膳)으로서 진상하는 것이니 이것들은 무역해도 오히려 옳지마는 공작우, 대산호, 백옥 같은 것은 모두 노리개요 나라의 소용에 관계되는 것이 아니니 어찌 이를 무역할 필요가 있겠습니까?

그러나 노리개는 기이한 물건으로 다른 사람을 현혹하고자 할 때에는 늘 다투어 만들어 총애와 칭찬을 구하는 물건으로 이용되었기 때문에[21] 영조는 진귀한 노리개를 혹시 다른 사람이 볼까 봐 부끄러워하였으며, 검소함을 실천하고자 했다.

---

20  『연산군일기』 연산군 8년 7월 6일(병자).
21  『광해군일기』 광해군 5년 1월 13일(신미).

내가 평일에 능히 몸소 본보기가 되지 못하였으니 참으로 부끄럽다. 그러나 내가 일찍이 사치로 인도한 것이 아니라 단지 습속이 이미 고질이 되어 창졸간에 바꾸기 어려울 뿐이다. 내가 어려서부터 사치스럽고 화려한 것을 좋아하지 않아 문채 나는 옷이나 진귀한 노리개는 언제나 다른 사람이 혹시 볼 것을 부끄러워하였으니 대개 또한 성벽(性癖)이 마침 꼭 그러했던 것이다.[22]

이처럼 조선시대 왕실여성의 노리개는 사치의 상징인 동시에 검소함의 상징이기도 하여 노리개를 멀리하는 인물일수록 검소함을 실천한 사람으로 인정하였다.

■ 주머니

주머니는 돈이나 소지품을 넣기 위해 만든 물건으로 실용성과 장식성을 겸한다. 우리나라는 특히 의복에 주머니가 없기 때문에 별도의 주머니를 차게 되었으며, 이 때문에 장식적 목적과 실용적 목적이 더욱 강조되었다. 주머니는 주로 비단이나 무명을 사용하여 만들지만 경우에 따라서는 소가죽, 양가죽, 사슴가죽, 종이 등을 이용하기도 한다. 주머니를 만들기 위해 사용한 재료에 사치가 더해지자 1446년(세종 28) 유품조사(流品朝士)와 유음자제 외에는 사라능단과 채견으로 만드는 주머니를 쓰지 못하게 하자는 상소가 의정부에서 올라왔고,[23] 비단주머니의 사용을 금했다.[24]

주머니의 용도도 다양하여, 1398년(태조 7) 문익점은 계품사(計稟使)인 좌시중(左侍中) 이공수(李公遂)가 서장관(書狀官)이 되어 원(元)나라 조정에 갔다가 돌아오려고 할 때 길가의 목면나무를 보고 그 씨 100여 개를 따서 주머니에

<hr />

22  『영조실록』영조 5년 1월 14일(기미).
23  『세종실록』세종 28년 5월 25일(임진).
24  『세종실록』세종 31년 1월 25일(병오).

그림 5-76  두루주머니, 국립고궁박물관 소장.

그림 5-77  귀주머니, 국립고궁박
물관 소장.

담아 왔다.[25] 또 1417년(태종 17)에는 중국의 사신이 금(錦) 2필, 단(段) 2필, 침(針), 분(粉), 주머니[囊] 등을 궁주(宮主)에게 주고자 하였다는 기록이 있어 주머니가 귀한 선물로 사용되었음을 알 수 있다. 1425년(세종 7)에도 제현이 임금, 중궁, 동궁에게 비단 등을 바치면서 중궁에게는 흰 비단, 바늘, 면지, 분, 경대 등을 바쳤으며, 동궁에게는 아청단자, 남라(藍羅), 백견(白絹), 생초 각 1필, 수를 놓은 비단주머니, 향관토환다회 하나를 보냈다.[26]

　주머니의 형태는 〈그림 5-76〉과 같이 둥근형과 〈그림 5-77〉과 같은 각형이 있는데 둥근형은 두루주머니, 협낭(夾囊) 또는 염낭이라고 하였으며, 각형은 귀주머니 또는 각낭(角囊)이라고 했다. 또한 궁중의 수방(繡房) 상궁들에 의해 만들어진 주머니는 특별히 궁낭(宮囊)이라고 하였다. 궁중에서는 새해 첫 쥐날과 돼지날에 궁내는 물론 종친들이 한 해 동안 액을 면하고 복을 기원하는 뜻으로 볶은 콩 서너 알씩을 붉은 종이에 싸서 주머니에 넣어 찼다고 한다.[27]

25　『태조실록』 태조 7년 6월 13일(정사).
26　『세종실록』 세종 7년 윤7월 26일(계해). … 中宮白絹·白羅各一匹, 針縣脂粉鏡帒, 東宮鴉靑段子, 藍羅白絹生絹各一匹, 繡囊一, 香串吐環多繪一.
27　단국대학교 석주선기념박물관, 『명선』 하, 단국대학교출판부, 2005, 192쪽.

그림 5-78　길상어문과 십장생자수, 국립　　그림 5-79　쌍학자수, 국립고궁박　　그림 5-80　길상어문과 십장
고궁박물관 소장.　　　　　　　　　　　물관 소장.　　　　　　　　　　　　생자수, 국립고궁박물관
　　　　　　　　　　　　　　　　　　　　　　　　　　　　　　　　　소장.

　주머니 역시 노리개와 마찬가지로 부귀, 강녕, 장수, 다남 등 길상의 의미
를 담은 무늬를 수놓거나 금박을 찍어 표현하였다. 이 외에는 주머니 끈에
다남을 기원하는 뜻의 연밥이나 괴불 등을 달아 장식했다. 〈그림 5-78〉은
홍색 화문단에 오색실로 바위, 파도, 연꽃, 불로초, 원앙새를 수놓고 금사를
이용해 가장자리를 징금수로 마무리하였으며, 수자문(壽字文)에도 징금수를
놓았다. 또한 두 개의 봉술을 하나로 묶은 7개의 봉술에 거북, 해태, 천도, 괴
불, 고두쇠 등을 부착하였다. 또 〈그림 5-79〉는 쌍학문을 수놓은 두루주머
니다. 순종비 윤 황후가 영친왕비에게 하사한 것으로 두 마리 학이 서로 목
을 감고 대칭으로 놓여 있으며, 주변에는 구름을 수놓았다. 매듭의 끝에는
붉은색으로 가락지를 끼워 마무리했다. 〈그림 5-80〉은 자색과 옥색의 문단
을 이어 만든 귀주머니로 앞뒷면에 수(壽) 자와 복(福) 자를 수놓고 산, 물결,
불로초 등의 수를 놓았다. 귀주머니는 두루주머니와는 달리 맞주름을 잡아
가운데에서 끈목을 잡은 후 매듭을 지어 마무리했다.
　이 외에 〈그림 5-81〉과 같이 금박을 놓은 귀주머니도 있다. 옥색의 단 앞면
에는 복(福) 자와 영(寧) 자를 금박하고 꽃병에 담은 불로초를 금박했으며, 뒷
면에는 수(壽) 자를 금박했다. 자주색 단에는 편복과 석류문을 금박하였는데,
모두 부귀, 다남 등을 상징한다. 이는 영친왕비가 사용했던 귀주머니이다.

　　　　　　　　　　　　　　　　　　　　　제5장　몸치장의 문화

그림 5-81　금박 귀주머니, 국립고궁박물관 소장.

그림 5-82　오방낭, 국립고궁박물관 소장.

　한편 왕실에서는 귀중한 주머니를 다양한 곳에 활용했다. 그 예를 보면 왕의 곤룡포가 낡으면 그 옷감으로 붉은색 주머니를 만들어 대신들에게 나누어 주었다. 〈그림 5-82〉의 오방낭은 수방 나인들이 만들었다고 하는데 동서남북과 중앙을 상징하는 청, 백, 홍, 흑, 황의 다섯 가지 색으로 이루어져 있다.[28] 또 왕실에서 사용한 주머니의 구체적인 내용은 왕실발기에서 낭자, 향낭, 오색낭, 수낭, 협낭 등의 명칭으로 확인된다. 조선에서는 왜국의 사신에게 약낭을 내려 주기도 하였다.[29] 1593년(연산군 26)에는 임금이 직접 사용하던 도자와 약낭을 윤근수에게 주었다는 기록[30]이 있어 주머니를 통해 신하의 노고를 위로하고자 했던 의미가 담겨 있음을 알 수 있다.

　1417년(태종 17)의 일이다. 세간에 곽선의 첩인 '어리'라는 계집이 자색과 재예가 모두 뛰어나다고 칭찬을 하니 세자인 효령대군이 즉시 어리를 보고자 했다. 그러나 어리는 이미 남편이 있으니 그 청을 받을 수 없다고 했다. 이에 악공 이법화가 어리를 만나고 싶다면 신물(信物)을 보내는 게 좋다고 하니 소환(小宦)을 시켜 수낭(繡囊)을 징표로 보냈다.[31] 이처럼 남녀 간의 정표로

---

28　이경자·홍나영·장숙환, 『우리 옷과 장신구』, 열화당, 2003, 152쪽.
29　『세조실록』 세조 2년 2월 3일(임인).
30　『연산군일기』 연산군 26년 1월 19일(갑술).
31　『태종실록』 태종 17년 2월 15일(임신).

보내는 것이 주머니이기도 하지만 임금이 활을 잘 쏜 신하에게 내리는 포상으로도 주머니를 주었다. 1457년(세조 3) 후원에서 활쏘기가 이루어졌다. 이를 구경하는 대신들에게 임금이 수낭을 내놓으며 "경들 중에서 표적을 맞히는 자가 이를 얻으리라"고 하였다.[32]

이 외에 수낭은 중국의 사신이 가져가는 진헌물 속에도 들어 있다. 진헌물은 모두가 귀중한 물건들로 여러 가지 모양의 수낭 30개가 들어 있으며,[33] 1481년(성종 12) 성절사 한치형이 가져온 칙서에도 조선에서 제조한 것과 생산되는 기물로서 진어해야 할 물목에 수낭이 포함되어 있어[34] 수낭의 가치를 짐작하게 한다.

■ 부채

부채는 단오를 즈음하여 선물로 주고받던 실용품이다. 따라서 더위를 쫓기 위한 물건이었으나 혼례식 때는 신랑, 신부의 얼굴을 가리기 위한 용도로도 사용되었다. 〈그림 5-83〉은 신부의 혼례용 부채로 단선(團扇)이다. 붉은 바탕의 비단에 모란꽃을 수놓고 그 위에 산호, 호박 등의 각종 보석과 어자문기법(魚子紋技法)으로 부채 중간을 장식하고 부채 끝부분에는 금사와 색사로 장식한 매듭과 술을 달아 화려함을 더했다. 〈그림 5-84〉도 혼례용 단선으로 흥선대원군의 따님이 사용한 것이다. 두 개의 모란문을 수놓았으며 부채의 테두리는 은으로 두르고 부채의 중간에는 진주를 장식하였으나 현재는 진주가 소실되었다.[35]

〈그림 5-85〉는 정조의 비인 효의왕후가 사용한 것으로 전해지는 초충선이다. 이 부채는 고운 명주에 화조무늬를 넣고 한지로 배접하였다. 테두리

32  『세조실록』 세조 3년 9월 27일(무자).
33  『성종실록』 성종 9년 8월 13일(임인).
34  『성종실록』 성종 12년 12월 22일(임술).
35  국립고궁박물관, 『아름다운 궁중자수』, 2013, 82~83쪽.

그림 5-83 혼례용 부채, 동아대 학교박물관 소장.

그림 5-84 혼례용 부채, 오륜대 한국순교자박물관 소장.

그림 5-85 초충선, 단국대학교 석주선기념박물관 소장.

는 대나무에 만(卍) 자를 새겼으며, 중심대에는 참죽나무를 사용하였다. 손 잡이 끝은 상아로 장식했다.[36]

부채는 실용적인 목적이 강했으나 부채에 그림을 그리거나 금속패물로 장 식을 하여 권위나 재산 정도를 드러내기 위한 치장의 용도로도 활용되었다.

■ 토수(吐手)

토수는 투수(套手) 또는 토시라고도 하며, 더위나 추위를 가리기 위해 팔목 에 끼는 것이다. 여름에는 등나무, 대나무 등을 가늘게 오려서 엮어 만들기 도 하고 말총, 고래뼈, 지승(紙繩) 등으로 만들기도 한다. 옷감으로는 모시나 항라, 비단, 무명, 교직 등을 이용해서 겹토시로 만들기도 하고,[37] 명주를 안 팎으로 대고 얇게 솜을 두기도 하고, 솜을 둔 위를 누벼 누비토시를 만들기 도 한다. 겨울에는 가장자리에 서피·초피 등의 털을 둘러 보온과 장식의 기 능을 더했다(〈그림 5-86〉).

토시의 형태는 저고리 소매와 비슷하게 생겼는데 한쪽은 좁고 다른 한쪽

36 단국대학교 석주선기념박물관, 『조선 마지막 공주 덕온가의 유물』, 단국대학교출판부, 2012, 127쪽.
37 국사편찬위원회, 『옷차림과 치장의 변천』, 두산동아, 2006, 325쪽.

<u>그림 5-86</u>　누비토시, 솜토시, 털을 댄 마제굽형 토시, 단국대학교 석주선기념박물관 소장.

은 넓게 된 직사각형의 모양과 좁은 쪽이 말발굽 모양으로 된 마제굽 소매가 있다. 마제굽 소매는 소맷부리를 둥글게 만들어서 손등을 덮게 만든 것이다. 토시는 좁은 쪽이 팔목 쪽이고 넓은 쪽이 팔뚝 쪽으로 올라가게 착용하는 것으로 팔뚝 쪽에는 트임이 있는 것도 있다. 토시는 버선과 같이 네 겹 박음질을 하고 좌우가 구분되게 만들어 착용한다.

작은 것은 팔목을 가릴 정도의 길이이지만 긴 것은 저고리 위로 덧끼워서 어깨까지 닿도록 되어 있어 팔 전체를 감싸도록 한다. 〈그림 5-87〉은 작은 토시에 해당하는 것으로 자주색 비단에 가장자리에 토끼털로 보이는 흰색 털을 대어 한껏 멋을 부렸다. 당시 여성의 저고리나 토시의 가장자리에 털을 댄다는 것은 모든 여성들의 로망이기도 했다.

<u>그림 5-87</u>　털이 달린 토수―신윤복, 〈야금모행〉.

## 2) 명·청 시대의 몸치장

■ 패옥

원·명 시대 대패는 통상적으로 능형, 황형, 장방형 및 타원형 등 옥 조각으로 구성되었으며, 옥구슬로 연결되었다. 위에는 금속으로 갈고리를 걸고 있다. 이러한 종류의 대패는 장쑤성 소주 원묘에서 출토된 것과 베이징 정릉 명묘, 안후이성 방주 명묘 및 장시성 남성 명묘 등에서 출토된 것으로 그 상태가 상당히 좋다.

출토 당시에는 패를 요대의 양쪽 좌우에 걸고 있었으며 이는 남녀 모두에게서 보인다. 『명사』「여복지」를 보면 황후의 예복에는 패옥이 2개인데 각각 옥형 1개, 우 1개, 거 2개, 충아 1개, 황 2개, 그리고 우 아래에 옥화 1개, 옥적 2개가 있으며 운용문을 새긴다고 하였다. 그리고 형에서부터 아래로 다섯 줄을 매는데 이것을 옥주로 꿰고 행으로는 충아와 적 2개, 황 2개가 서로 부딪쳐 소리가 난다고 했다.

청 이후에는 대대적인 복장제도의 개혁이 있었고 대패의 제도도 폐지되어 차지 않게 되었다. 부녀자들이 패를 하는 것도 매우 특색이 있는데 뿔송곳, 칼, 하포, 향낭, 향구, 수건 등의 물건이 있다. 이러한 패를 허리 사이에 걸고 다니는 것은 순수한 장식은 아니며 실용적인 가치가 높았다. 휴(觿)는 뼈나 뿔로 만든 원추형의 장식물로 머리가 뾰족하고 끝이 정교하며 소뿔과 같이 생겼고 묶인 것을 푸는 데 사용하는 작은 실용품이다. 『예기』「내측」에는 며느리는 시아버지와 시어머니를 자기 부모처럼 생각하고 왼쪽에는 수건, 칼, 숫돌(돌을 다듬어서 만든 칼), 소휴, 금부싯돌을 차고 오른쪽에는 바늘, 관, 실, 솜, 대휴, 나무부싯돌을 찬다. 정현의 주를 보면 소휴는 작은 매듭을 푸는 것이고 휴는 모양이 원추형인데 상아뼈로 만든다고 하였다. 후에는 이것이 일종의 패식으로 변해 남녀를 불문하고 모두 걸었다. 처음에 휴는 상아로 만들었는데 나중에는 상아가 부족하여 모두 옥으로 만들었다.

『예기』에 의하면 당시 부녀자들은 일반적으로 허리에 작은 칼을 차는데 작은 칼과 숫돌을 함께 차는 것은 순전히 실용적인 목적이라고 했다. 그러나 고대 부녀들은 실용적인 목적이 아닌 가짜 칼을 차고 다녔는데 이는 '용

그림 5-88   허리장식으로 착용한 하포, 국립역사박물관 소장.

도(容刀)'라고 하여 화장용이라고 할 수 있다.


■ 주머니

중국 부녀들이 차고 다녔던 많은 패식 중 하나인 하포(荷包)는 일종의 허리
장식이다. 이것의 전신은 하낭(荷囊)으로, 작은 주머니에서 발전했다. 원래
옛사람들의 옷에는 주머니가 없었기 때문에 휴대해야 하는 물품을 가지고
다니기 위해 필요했다(〈그림 5-88〉).


## 3) 무로마치~에도 시대의 몸치장

일본의 무로마치에서 에도 시대의 몸장식을 보면 실용적인 목적이었던
'대'가 장식적인 효과가 증대되면서 그 매듭방법이 다양해졌다. 이 외에 장
신구로는 인롱, 담배집, 종이집, 상박, 대류, 지류, 완수(우데마모리) 등이 발달
하는 것을 볼 수 있다. 특히 대류나 지류가 장신구의 주류가 되는 것은 메이
지 이후이지만 그 발생은 에도 후기이다. 구체적인 내용을 살펴보면 다음과
같다.

■ 대

대는 모모야마 시대나 에도 초기경에는 폭이 좁은 끈 같은 것이었지만 점점 폭이 넓어지고 길이도 길어졌다. 대를 묶는 방법도 초기에는 극히 단순했다. 현재와 같이 다양한 방법이 생기게 된 것은 에도 시대에 들어서면서부터이다. 더욱이 대가 일본 복장에 있어서 큰 의미를 지니게 된 것은 근세 이후의 일이다. 고소데의 지위가 상승하면서, 앞이 열린 고소데를 묶기 위해 사용된 대 역시 그 가치가 상승하게 되었다. 특히 에도 시대 초기까지만 해도 대는 어디까지나 고소데를 묶기 위한 것이었고 묶는 방법도 정해진 것은 없었다. 허리의 앞에서 가로로 묶는 정도의 매듭이나 대의 끝을 둘러 감은 다음 대 사이에 좁은 돌기를 넣는 등의 단순한 방법이 사용되었으며, 남성과 여성이 모두 같은 방법을 사용했다.

그러나 에도 시대에 들어와 여성의 대가 커지면서 배우나 유녀들 사이에서는 대를 다양하게 묶기 위한 방법이 고안되었다. 주된 것으로는 가루타 세 장이 나란히 늘어선 것과 같은 모양으로 대를 묶는 가루타매듭, 대의 양 끝을 가지런히 한 후 한쪽으로 고리를 만들어 한쪽으로 묶고 양 끝을 늘어뜨린 무스비(菱結び)매듭, 대의 끝을 무스비매듭보다 더 길게 늘어뜨린 수목결 등을 둘둘 만 매듭 등이 있다. 더욱이 이즈음에 여성의 대는 앞에서 묶는 것이 보통이었으나 에도 중기에는 젊은 여성이나 소녀 등이 대를 뒤로 묶기 시작했다.

에도 후기가 되면 여성의 대는 폭이 거의 현재와 같아졌고, 대를 묶는 방법도 태고(太鼓)묶기를 처음으로 하여 다양한 묶기방법이 등장하였다. 더욱이 이때에는 연령에 관계없이 대를 뒤로 묶기 시작했다. 시대가 내려가 다이쇼 시대가 되면 이 태고묶기가 일반적인 여성의 대 묶기방법이 되었다. 그러나 이 외의 방법도 자연히 인기가 있어 현재는 두르는 사람의 취향에 따라서 다양한 방식으로 대를 묶게 되었다.

 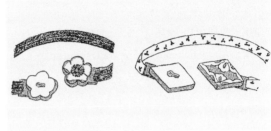

그림 5-89  매화문의 대류, 도쿄 　그림 5-90　금구의 대류
靜嘉堂文庫 소장.

이 외에는 대 즉 오비를 묶고 나서 오비를 누르기 위해 사용한 대류도 중요한 몸장식의 하나가 되었다. 대류가 크게 유행하는 것은 메이지 시대부터지만 그 발생은 에도 후기이다. 최초로 대류가 등장하고 곧이어 금구의 대류가 탄생했다.

대류가 장식성을 띠고 실용성을 겸한 소도구가 되어 젊은 여성들이 사용하게 된 것은 문정(文政, 1818~1830)경부터이다. 문정 말에 만들어졌다고 하는 우타가와 쿠니야스(歌川國安)나 막부 말의 우타가와 쿠니사다(歌川國貞)의 미인화에는 꽃 모양의 은으로 된 대류가 묘사되고 있다(〈그림 5-89〉). 매화무늬 외에 가문을 표현하는 것도 있다.

당시 대류의 구조는 꼭두각시 인형사의 견문록인『제진사쌍지(鵜眞似双紙)』에 묘사된 〈그림 5-90〉과 같이 상하의 금구는 같은 형태이고 아래 금구의 안으로 들어간 부분에 위 금구의 돌기 부분을 삽입해서 고정하는 것처럼 되었다. 삽입한 때에 '빠친'이라는 소리가 나기 때문에 이러한 타입의 대류는 메이지 시대가 되면 빠친류 또는 빠친의 대류라고 부르기도 했다.

■ 인롱과 근부(根付)

인롱은 '인장을 넣는 용기'에서 유래되었지만 약을 넣는 휴대용 용기로 발

　　　　　　　　　　　　제5장  몸치장의 문화

달했다가 얼마 안 있어 무사
의 격식을 보이는 실용적인
장신구로 자리 잡았다. 인롱
은 부유한 상인들이 사용했지
만 무사가 들고 다니기 시작
하면서 발달했다. 무사는 장
식적인 외장의 칼과 함께 인
롱을 허리에 달아 장식했다
(〈그림 5-91, 5-92〉).

그림 5-91　홍엽앵시회인롱(좌)
과 목장시회인롱(우), 도쿄국
립박물관 소장.

그림 5-92　괘축상감
초형인롱(掛軸象嵌鞘
形印籠), 도쿄국립박
물관 소장.

형태는 3단에서 5단까지 나누어졌으며, 재료로는 나무, 뿔, 금속 등이 사
용되고, 시회나 나전(螺鈿), 조금(彫金) 등으로 가식했다. 모양은 풍경, 고사,
동식물, 가문 등 다양하지만 무사가 드는 물건으로는 전체적으로 기품이 높
은 도병(圖柄)이 많다.

근부는 대(帶)에 삽입하는 것이 쉽도록 둥글고 평평한 형이 기본이지만 인
물이나 동물을 표현하고 있는 입체적인 것도 많다. 재료로는 상아, 뿔, 아
(牙), 나무, 대나무, 도자 외에 수정, 마노, 호박 등의 보석류나 은이나 색금
등이 사용되었다. 근부는 인롱과 관련이 있는 것도 있지만 일상적인 것을
소재로 한 독특한 작품도 많다. 그것이 또 근부의 매력이다(〈그림 5-93〉).

그림 5-93　다양한 근부, 도쿄국립박물관 소장.

■ 상박(箱迫)과 담뱃대

상박은 거박(筥迫)이라고도 하며 종이나 휴지를 넣는 것은 비지대(鼻紙袋)라고 한다. 처음에는 남성이 주로 실용품을 휴대하기 위해 사용했으나 에도 후기에 장신구로서 색조가 강해지자 여성이 허리띠에 비스듬하게 차기 시작했다. 에도 후기 문화·문정(1804~1830)경부터는 〈그림 5-94〉와 같이 구금이나 장식쇠로 은, 적동, 사분일 등의 지금을 사용한 장식적인 종이도 사용되었다.

그림 5-94  휴지 넣는 지갑, 도쿄국립박물관 소장.

〈그림 5-95〉의 상박은 에도 후기에 종이를 넣는 것에서부터 발달했지만 점차 종이나 회중경, 홍판이라고 하는 화장도구 등을 넣었으며 박래포(舶來布)나 자수를 베푼 것 등 화려하게 만든 것이 많다. 에도 말기경에는 작은 향주머니를 늘어뜨렸고 납작한 끈과 펄럭펄럭하는 잠을 꽂고 늘어뜨려서 장식의 효과를 더욱 높였다.

그림 5-95  상박, 도쿄국립박물관 소장.

끽연의 습관은 모모야마부터 에도 초기에 시작되었다. 여성용 담뱃대는 작은 흔들림이 있는 허리장식 타입에 담배를 집어넣는 것도 있지만 주머니 같은 모양의 포로 만든 담배통에 넣어 다니는 일이 많았다.

# 4 조선왕실 몸치장의 미의식

한·중·일 삼국이 모두 몸치장으로 사용한 대표적인 것은 대와 주머니류
였다. 그런데 대에 다는 여러 가지 패물 중 중국에서는 '패옥'이 발전하였는
데, 이는 의례복에 착용할 수밖에 없는 구조적 한계를 갖고 있다. 조선왕실
에서도 의례복을 입을 때에는 여전히 패옥을 옆구리에 차고 있었다. 다만
조선왕실에서는 의례복과 평상복에 모두 패용할 수 있는 '노리개'라고 하는
새로운 장식물을 고안했으며, 일본은 기모노 위에 '오비'라고 하는 대가 발
전하면서 대를 묶는 방법과 소재 등을 고안해 냈다. 여기에 실용적인 목적
과 장식적인 목적으로 패용된 주머니도 한·중·일 삼국의 미의식에 맞는 스
타일로 변화·발전되었다. 여기서는 삼국이 공통적으로 패용한 주머니와 대
에 늘어뜨렸던 장식물이 어떻게 변했으며, 결국 어떠한 형태로 표출되었는
지를 비교함으로써 조선왕실 몸치장의 미의식을 확인해 보고자 한다.

■ 패물의 형태

조선왕실의 대표적인 패물은 노리개와 주머니이고, 명나라에는 유군 위
에 대를 띠고 그 위에 끈목에 건 요패가 있으며, 청나라에서 가장 대표적인
패물은 주머니이지만 중국에서는 요패가 크게 발전하지는 못했다. 한편 일
본에서는 무로마치에 이어 에도 시대에 이르기까지 대표적인 패물류로 인
롱과 상박 등을 들 수 있다. 패물의 형태는 조선왕실이나 중국, 일본 모두 끈
목에 걸어 장식하는 것이었는데 조선왕실에서 가장 다양한 형태로 발전했
다. 특히 조선왕실에서는 다양한 보패류를 걸어 장식효과를 높였는데 각 형

태가 갖고 있는 상징성으로 인해 노리개마다 각기 다른 의미를 부여했다. 노리개는 단순히 장식만을 위한 것이 아니라 인간의 염원을 담고 마음을 전하고자 하는 소통의 매개체로서의 역할도 겸했으며, 특히 실용성도 높았다. 예를 들어 향갑노리개에는 사향이나 녹향을 넣어 위급 시 구급약으로서의 역할과 방향의 역할을 했다. 일본에서도 인롱은 무가 시대부터 패용하기 시작했으며, 약을 담는 약통에서 출발하여 도장을 넣고 다니는 인롱으로 발전했고, 더 나아가 실생활에 편리한 것을 담아 다닐 수 있도록 보완되었다. 인롱 역시 시회장식을 넣거나 인롱의 끝에 또 다른 근부 등의 장신구를 달아 대에 차고 다녔다.

표 5-1 **한·중·일 패물류의 형태**

| 패물류 | 조선왕실 | 중국(명·청) | 일본(무로마치~에도) |
|---|---|---|---|
| 노리개 | | | |
| 주머니 | | | |

■ 패물을 다는 위치

패물은 허리를 묶는 대에 거는 것에서부터 시작했다. 그러나 조선왕실에서는 노리개를 저고리의 고름에 다는 것이 더 일반적이었다. 허리에 다는 것과 달리 가슴에 다는 노리개는 시선을 허리에서 가슴으로 이동시켜 여성성을 더욱 느끼게 한다. 또 일본에서는 직접 손에 들고 다니는 모습도 보여 필요에 따라 위치를 변경하였던 듯하다. 패물을 어디에 걸고 차느냐에 따라 장신구로서의 느낌이 확연히 달라짐을 느낄 수 있다.

표 5-2 **패물을 차고 있는 모습**

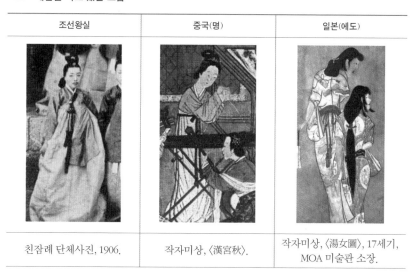

| 조선왕실 | 중국(명) | 일본(에도) |
|---|---|---|
| 친잠례 단체사진, 1906. | 작자미상, 〈漢宮秋〉. | 작자미상, 〈湯女圖〉, 17세기, MOA 미술관 소장. |

■ 패물에 표현된 장식기법

패물은 직물이나 보패류로 만드는 것이 일반적이다. 그러나 각 나라마다 선호하는 보패류가 달랐다. 조선왕실에서는 주로 옥과 금, 은을 비롯한 보옥류를 원석으로 사용하였다. 노리개를 비롯해 잠이나 비녀에서도 보옥을 그대로 사용하였으며 세공기술에 있어서도 상감을 통해 보옥을 감입하는 기술이 발달했다. 그러나 일본은 주로 거북이 등딱지인 대모나 산호, 호박을 좋아했으며 특히 진주를 가장 선호했던 것으로 보인다. 중국은 다양한 형태의 옥을 거는 것을 좋아했다.

여기에 각 민족마다 선호한 세공기법이 다르다. 조선왕실에서는 투조나 상감기법을 선호하였다면, 일본에서는 시회나 상감을 선호했다. 또 중국에서는 투조를 선호했던 것으로 보인다.

다음으로 주머니는 한·중·일 삼국이 모두 좋아했으며, 직물에 베푼 장식도 다채로웠다. 그중 대표적인 것으로 조선왕실에서는 자수장식, 금박, 여

표 5-3 **주머니에 표현된 장식기법**

| 장식기법 | 자수 | 금박 | 패치워크 |
|---|---|---|---|
| 조선<br>왕실 | | | |
| 중국 | | | |
| 일본 | | | |

러 가지 조각을 이은 패치워크를 선호했으며, 금박과 수가 같이 놓이기도 하고 패치워크와 수가 같이 있기도 했다. 또 주머니를 여러 개 연결하면서 다양한 조형미를 연출했다.

중국 역시 자수장식이 돋보이며, 주머니 두 개를 연결하는 등의 조형미도 탁월했다. 일본은 시회장식이 모든 장신구에 베풀어졌으나 현전하는 주머니에 상박을 달고 있는 모습은 그리 많지 않다.

제 6 장

# 손발치장의 문화

손발치장을 대표하는 것으로 손은 반지와 팔찌가 있으며, 발은 버선과 신발이 있다. 손발치장은 기본적으로는 몸치장보다는 손과 발을 보호하기 위한 목적이 더 컸다. 상고 시대에 손과 발은 드러나지 않는 부분으로서 굳이 치장에 신경 쓸 이유가 없었기 때문이다. 그럼에도 불구하고 한·중·일 삼국이 모두 상고 시대부터 반지와 팔찌를 착용하고 있었던 점은 또 어떻게 생각해야 할까? 손가락에 낀 반지를 통해 약속의 의미를 담기 시작하면서부터 반지에 대한 의미가 새롭게 정의되기 시작했으며, 이를 드러내기 위해 반지를 착용했던 것으로 보인다. 그 후 반지에 대한 미의식이 바뀌면서 다양한 반지가 등장한 것으로 보인다.

한편 발은 손에 비해 치장의 목적이 더 약했다. 다만 신발의 형태에 따라 발치장의 대표라 할 수 있는 버선의 모양이나 소재가 달라졌을 뿐이다. 발치장과 관련해서는 한·중·일 삼국의 복식이 각 민족의 특성을 드러내기 시작하면서 현격한 차이를 보이게 되었다. 예를 들어 명나라에서는 전족이 발달하면서 걸을 수 없을 정도로 작은 신발을 비단으로 만들고, 이에 따라 버선의 형태도 변하게 되었다. 또 조선왕실에서도 발이 드러나기 시작하면서 다양한 혜(鞋)와 어울리는 단아한 흰색 버선이 등장했다. 일본에서는 헤이안 시대부터 새롭게 등장한 버선으로 엄지발가락이 갈라진 다비(たび)를 신기 시작했는데, 이 역시 조리(ぞうり) 형식의 신발에 기인한 것이다. 즉 신발의 형태 및 기능에 따라 버선의 형태가 바뀌게 되었다.

이 장에서는 손과 발의 치장이 언제부터 시작되었으며 각각의 종류에 따라 어떻게 표현되었는지를 살펴보고자 한다. 또한 이 과정을 통해 한·중·일 삼국의 손발치장의 같고 다름을 살펴보자.

# 1 손발치장의 기원

## 1) 한국의 손발치장

### (1) 지환

여성들의 장신구 중 대표적인 손치장은 반지이다. 상고 시대에는 반지를 왼쪽, 오른쪽 구분 없이 1~2개 정도를 낀 것으로 확인된다.[1] 현전하는 지환 중 가장 뛰어난 〈그림 6-1〉의 경주 노서동에서 출토된 반지는 상부면에 꽃 잎을 사방에 배치하고 한가운데 원형좌(圓形座)를 두고 작은 금립을 박았으 며, 가장자리에도 같은 방법으로 금립을 박았다. 상부면의 금체형은 능각형 을 나타내어 신라시대의 금지환으로서는 가장 뛰어난 형태와 솜씨를 나타 낸다.

실용성에 근거했던 다른 장신구들과는 달리 지환은 계절에 따라 복식과 조화를 이루며 착용하였는데, 여기에도 상징성이 강조되었다. 가락지는 당 시 정표를 주고받는 풍습이 있었으며 부인이 기혼임을 상징하는 표시이기 도 했다. 남편이 죽으면 부인은 가락지 한 짝을 남편의 관에 묻고 한 짝은 옷

**그림 6-1** 금지환, 경주 노서동 금령총·서봉총 출토.

---

1    유송옥, 『한국복식사』, 수학사, 1998, 102쪽.

<u>그림 6-2</u>　은지환, 담인복식미술　<u>그림 6-3</u>　옥지환, 태평양박물관 소장.
관 소장.

고름에 동여맴으로써 수절을 표시했다. 〈그림 6-2, 6-3〉에서 특히 백옥가락
지는 희고 매끄러우며 여인의 정절을 상징한다 하여 즐겨 착용되었다.

　부유한 집안에서 주로 사용했던 지환은 점차 일반 서민층에까지 확대되
었다. 처음에는 원형의 단순한 형태였고 재료 면에서만 금지환, 은칠보지
환, 마노지환 등으로 변화를 보여 계절에 맞추어 착용되었다. 지환의 명칭
으로 미루어 보아 가락지의 미적 기준은 형태보다는 소재가 더 중요했던 듯
하다. 구하기 힘들고 값비싼 소재는 그 자체가 충분한 미적 가치를 지닌 선
망의 대상이었다.[2]

　지환은 조선왕실에서는 계지(戒指)라고 하여 월경 기간임을 알리는 하나
의 표지가 되기도 했다.


　(2) 팔찌

　팔찌는 고대사회에서 흔히 볼 수 있는 장신구였다. 그 종류도 다양해서
조개류로 만든 것은 구천이라고 했다. 옥으로 만든 것은 그 형태와 크기에
따라 환옥(丸玉), 소옥(小玉) 등이 있으며 동, 은으로 만든 것도 있다. 또 유리
로 만든 것도 있었다. 팔찌는 특히 팔뚝에 끼는 것으로, 밖으로부터 들어오
는 사악한 기운을 막아 준다고 생각했다(〈그림 6-4〉). 경주 노서동에서 출토

---

2　금기숙, 『조선복식미술』, 열화당, 2005, 137~138쪽.

된 용각천은 감주식으로 표면에 원형의 감주좌를 양각하였으며, 측면에 용을 각출하여 천의 미를 한층 높였다.

때로는 장의(葬儀) 때 명기(明器)로 시신에 끼우거나 관 부근에 넣어 주었다. 상고 시대에 착용했던 팔찌는 오히려 고려시대 이후 자취를 감추었다가 근대에 접어들면서 서양문물과 함께 다시 착용되기 시작했다.


(3) 버선

발에 신는 버선은 상고 시대에는 '말요'라고 하여 버선끈이 달려 있었다.[3] 이는 버선을 바짝 오므려 신을 수 있도록 한 것이다. 상고 시대부터 버선을 고급 비단류로 만들어 신었던 것으로 보아 발을 치장하는 풍습은 오래된 것으로 보인다.

조선왕실에는 버선의 발과 목 부분이 통으로 재단된 것과 따로 재단된 것 등 두 종류가 있다. 회목 옆이나 부리 뒤쪽에 끈을 달아 고정하는 방식은 삼국시대의 유속이 여전히 남아 있는 것이다. 특히 왕실에서는 적의를 입을 때 청색 버선을 신었으나, 일반적으로는 모두 흰색의 버선을 신었다.

버선은 구조에 따라 홑버선, 솜버선, 누비버선 등으로 구분했으며, 어린 아이들의 버선은 타래버선이라고 하여 특별히 끈과 술을 달아 꾸며 주었다.

---

3    유송옥, 『한국복식사』, 수학사, 1998, 90쪽.

(4) 혜(鞋)와 화(靴)

신발은 발목이 높이 올라온 화와 발목이 낮은 혜로 구분한다. 가죽으로 만든 것과 풀로 만든 것, 나무로 만든 것 등 소재에 따라 혜, 짚신, 나막신 등으로 구분할 수 있으며, 용도에 따라서도 목화, 수화자, 미투리, 나막신 등으로 구분하며, 신분에 따라서 석(舃), 혜(鞋), 리(履) 등으로 구분한다.

이러한 신발의 종류는 시대의 변화에 따라 크게 다르지 않지만 조선왕실에서는 왕과 왕비가 의례 때 신는 신을 특히 '석'이라고 했다. 석은 밖에서 오랫동안 서 있을 때 습기가 차지 않도록 2중 바닥을 대어 특별히 마련한 신발이다.

## 2) 중국의 손발치장

### (1) 계지

계지는 중국 고대 부녀들이 가장 좋아하는 장식물이었다. 원래는 지환(指環), 구환(彄環), 약지(約指), 수기(手記) 및 대지(代指)라고 하는데, 계지가 된 것은 역사가 깊다. 『삼여췌필(三餘贅筆)』에는 "세속에서는 금은으로 환을 만들어 부인의 손가락 사이에 끼는데 이것을 계지라고 한다"고 했다. 계지는 원래 궁정의 비빈이 하나의 표지로 사용하였다. 평상시에는 은환을 사용하지만 후비가 잉태를 했거나 월경이 있는 기간에는 군왕의 '어행(御幸)'을 입을 수 없으므로 왼손에 금환을 끼는 것으로 금하고 경계한다는 표시를 했다. 이는 얼굴에 붉은 점을 찍는 것과 같은 의미였다.

고대의 지환은 주로 골, 석, 동, 철, 금, 은 및 각종 보석으로 만들었다. 골지환은 동물의 정강이뼈로 만들었으며, 석지환은 보통 대리석이나 엽랍석(葉蠟石)이 주원료이다. 그 후 청동, 철, 금, 은, 보석 등의 지환이 시대별로 나왔다. 그중에서도 보석지환에는 두 가지 종류가 있는데, 하나는 순전히 보석으로만 이루어진 것이고 다른 하나는 금속의 지환 위에 보석을 상감한 것이다. 보석지환의 기록이 많으며, 실제 비취지환, 옥지환, 마노지환, 화재(火齊)지환, 금강지환 등이 남아 있다.

지환의 모양은 초기에는 대다수가 환형이었다. 환형 중에는 세 종류가 있는데 하나는 원고식(圓箍式)으로 골환에서 많이 보이며, 이후에는 금속편을 둥글게 만들어 고리를 높게 하여 관처럼 만들었다. 둘째는 원환식(圓環式)이다(〈그림 6-5〉). 금속으로 가는 관을 둥글게 만드는 것으로 단면이 원형, 방형, 반원형 및 타원형 등으로 다양하다. 서한 이전에는 용접을 하지 않아 끝이 벌어져 있으며, 서한 이후가 되어야 서로 붙게 되는데, 붙은 곳이 정교하여 찾을 수 없을 정도이다. 세 번째는 원황식(圓簧式)이다(〈그림 6-6〉). 이것은 비교적 조밀한 원형이나 방형으로 금속사를 구부려서 나선형으로 만든 것이다.

동한 이후에는 지환의 형태에 큰 변화가 생겼다. 새로운 형태의 지환은 보석을 상감한 것으로, 처음에는 그 형태가 비교적 간단하여 금속원환의 기본 위에 탁좌(托座)를 두고 보석을 탁좌 위에 양감하였다. 명·청 시대가 되면서 지환의 제작방법은 정교해졌다. 양감에 사용하는 보석도 나날이 귀해졌다. 대표적인 것이 묘안석(猫眼石)을 사용하는 것인데, 이는 광채가 마치 고

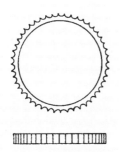

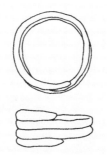

그림 6-5 圓環形, 貴州 平壩 馬場 南朝墓에서 출토된 것을 그림.

그림 6-6 圓簧形, 北京 房山 琉璃河 新石器時代遺趾에서 출토된 것을 그림.

그림 6-7 印章形, 湖南 資興 東漢墓에서 출토된 것을 그림.

양이의 눈과 같다고 하여 붙여진 이름이다. 이 외에도 동물 형상을 한 지환도 있고, 인장형의 지환도 볼 수 있다(〈그림 6-7〉).

### (2) 탁(鐲)과 천(釧)

중국 고대 여성의 손장식 중 계지를 제외하고는 팔찌의 일종인 탁과 천이 있다. 탁은 주로 손목에 하는 것이고 천은 주로 팔뚝에 한다. 양자는 명칭뿐 아니라 그 모양에서도 차이가 난다. 손목에 차는 팔찌는 그 기원이 오래되었다. 명·청 시기의 팔찌를 보면, 주요한 형태로 두 가지를 들 수 있다. 첫째, 원환형이다(〈그림 6-8〉). 환의 몸이 연주(聯珠)모양을 하고 있는 것으로 통상 명·청 시대에 주로 등장한다. 둘째, 금은으로 둥글게 만든 환형이다(〈그림 6-9〉). 양 끝을 용의 머리 모양으로 만들고 환의 몸은 간단한 양식이거나 연주식으로 된 종류이다. 어떤 때는 용의 머리 부분에 양감으로 둥근 옥을 상감함으로써 특별한 멋을 낸다.

팔찌를 사용하는 방법에 규정이 있었던 것은 아니다. 이미 왼손에도 오른손에도 했고, 양 손에 차는 사람도 있었다. 그중에서도 가장 특색이 있는 것은 손목에서 팔뚝까지 동시에 여러 개를 일직선으로 하는 것이다(〈그림 6-10〉).

이러한 종류의 장식이 갖는 풍습은 새로운 형태의 장식물이 탄생하는 계기가 되어 비천(臂釧)이라고 부르는 팔찌가 등장했다. 비천은 '도탈(跳脫)'이라고도 하는데, 이것을 손목에 차는 경우 소매의 끝으로 오인하는 경우도 있었

그림 6-8 鑿花銀手鐲, 江蘇 淮安 新社 淸墓 出土.

그림 6-9 龍首金手鐲, 江蘇 蘇州 吳門橋 元墓 出土.

그림 6-10  9개의 팔찌로 된 팔장식, 吉林 楡樹 大坡 老 河深 56號墓 出土.

그림 6-11  금팔찌를 한 부녀―閻立本,〈步 輦圖〉.

그림 6-12  銀跳脫, 安徽 安慶 棋盤山 元墓 出土.

그림 6-13  金素釧, 江蘇 蘇州 吳門橋 元 墓 出土.

그림 6-14  金花釧, 江西 南 城 明墓 出土.

다(〈그림 6-11〉). 도탈의 구체적인 형태는 통상 금은가지로 말아서 둥근 선의 형태로 만든다(〈그림 6-12〉). 선은 돌리는 횟수에 차이가 있어 적을 때는 세 번, 많을 때는 다섯 번에서 여덟 번까지 돌린다. 양 끝은 금은사를 사용해서 둥글게 마무리한다. 금은가지의 표면이 편평한 형태를 제외하면 다른 것은 활형으로 만든다(〈그림 6-13〉). 꽃 모양도 있고 단순한 모양을 만들기도 한다 (〈그림 6-14〉).

### (3) 전족(纏足)

중국 발치장 중 가장 대표적인 것은 전족이다. 전족은 중국 봉건 사회에 있었던 특별하고 천한 풍습이다. 한 장의 길고 좁은 포대를 여자의 발꿈치에서부터 아주 긴박하게 감아 묶어서 피부와 뼈를 변형시키고 다리의 모양을 구부러지게 하여 당시의 심미관에 부합되도록 했다. 전족 시대에 있어서는 절대다수의 여자가 대략 4~5세가 되면 그때부터 다리를 싸기 시작했다. 성년이 된 후에 골격이 정해지면 차차 포대를 제거한다. 또 종신토록 전족을 하는 사람들은 죽을 때까지 다리 위에 두 장의 포대를 묶는다.

전족은 전통적으로 봉건 예교와 세속사회에 편재해 있던 부녀자들의 신상을 종합적으로 반영한 것이다. 예로부터 중국 부녀들은 한편으로는 남자들의 지위에 종속되어 있었다. 결혼하지 않은 여자는 아버지를 따라야 하고 결혼한 여자는 남편을 따라야 하며 남편이 죽으면 아들을 따라야 한다는 '천조(天條)'를 뛰어넘을 수 없었다. 남존여비의 세속관념으로 인해 여자는 사회 저층으로서 억눌려 있을 뿐 아니라 여자를 남자의 노예와 노리개로 만들었다. 바로 이러한 배경하에서 출현한 것이 전족이다.

전족은 당나라 때에는 없었으며, 처음으로 생겨난 것은 송나라 때이다. 『묵장만록(墨莊漫錄)』에는 부인의 전족이 근세에 일어났으며, 전세에 전하는 글이 없는 것으로 보아 명확하게 여자 전족이 일어난 것은 송대라고 했다. 『송사』「오행지」에서는 궁비가 발을 작고 곧게 묶었는데 이를 '쾌상마(快上馬)'라고 한다고 했다. 그러나 송대 여성의 작은 발이 도상에서는 그렇게 많이 보이지는 않는다. 송에서부터 원을 거쳐 명·청에 이르기까지 각 시기의 여성들은 송대의 풍습을 따라하기 시작하면서 전족을 숭상하게 되었다.

청대의 정권을 장악한 만족의 부녀에게 전족의 풍속은 없었다. 따라서 전족은 한족(漢族)의 허물이고 죄이기에 여러 차례 금지령을 내렸으며, 1645년(순치 2) 당시 태어난 여성들은 전족을 못하도록 엄격하게 규제했다. 또 1662년(강희 원년)에는 원년의 조사 후에 태어난 여자가 전족을 했을 때에는 그 부모를 죄주었으며, 청나라 말 서양의 문화가 들어오자 국민들이 크게 깨닫고 마침내 전족의 풍습은 사라졌다.

### 3) 일본의 손발치장

(1) 지륜(指輪)

지륜은 조몬 시대 만기의 동북지방에서만 발견되었다. 〈그림 6-15〉는 궁성현 이월전 패총에서 발견된 골각제 지륜이다. 선천현 북총유적에서 발견된 것은 돌로 만들었으며, 그 조형은 현대적인 감각에 가깝다(〈그림 6-16〉).

이후 야요이 시대에는 권패제, 청동제, 은제, 골각제 지륜이 있으며, 권패제는 야마구치·나가사키, 청동제는 동해 관동지방에 편재해 있다. 그러나 어찌된 일인지 북부 가주나 근기 지방에서는 지륜을 거의 볼 수 없다. 〈그림 6-17〉의 권패제는 야요이 시대 전기에서부터 중기, 〈그림 6-18〉의 청동제는 중기 후반에서 후기에 걸쳐서 보인다. 희박하긴 하지만 야요이 시대 중기 후반에 위치한 좌하현 몰좌유적에서는 〈그림 6-19〉의 은제 지륜이 출토되었는데, 이것들은 대륙에서 수입된 것이다.

그림 6-15  조각을 한 골각제 지륜, 궁성현 이월전 패총 출토.　　그림 6-16  석제 지륜, 선천현 북총유적 출토.

그림 6-17  권패제 지륜, 오키나와 字堅 패총 출토.　　그림 6-18  청동제 지륜, 靜岡 登呂遺跡 出土.　　그림 6-19  은제 지륜, 佐賀 惣座遺跡 出土.

그림 6-20  상감한 지륜, 복강현 충도유적 출토.

그림 6-21  상감한 지륜, 도쿄국립박물관 소장.

그림 6-22  나선형 지륜, 사이타마 牛塚古墳 출토.

그림 6-23  나선형 지륜, 나라현 신택천총 126호분 출토, 도쿄국립박물관 소장.

〈그림 6-20〉의 복강현 충도유적이나 〈그림 6-21〉의 나라현 신택천총(新沢千塚) 126호분에서 출토된 금제의 지륜과 같이 보석을 온통 박아 넣은 흔적이 남아 있는 것도 있다. 이 외에 〈그림 6-22〉와 같이 띠 형태의 판을 단순하게 구부려서 만든 것도 있고, 또 각을 넣은 침선을 나선형으로 말아 넣은 것도 있다(〈그림 6-23〉).

현재 남아 있는 지륜은 5세기에서 6세기 초에 걸쳐 만들어진 것으로, 6세기 중반 이후의 것은 보이지 않는다. 아무래도 지륜은 당시 일본인의 취미와는 맞지 않았던 것 같다. 이후 불교의식에 의한 호부의식(護符意識)의 전환에 따라 통상적으로 사람들은 금색의 장신구를 붙이지 않게 되었다.

이후 서양문물의 도입이 시작된 에도 시대에는 지륜의 착용이 보다 분명해졌다. 특히 은으로 만든 지륜이 인기가 있었으며, 서양식 장신구 중에서도 지륜의 보급은 빠르게 확산되었다.

(2) 완륜(腕輪)

완륜은 조몬 시대부터 야요이 시대, 고훈 시대까지 재질이나 성격을 변화시키면서 계속 보인다. 완륜의 대표적인 소재는 조개이다. 사루보(サルボウ), 벤케이가이(ベンケイガイ), 이다보가키(イタボガキ), 아카가이(アカガイ) 등의 조개가 주체가 되지만 돼지 이빨로 만든 제품, 석제, 토제, 목제, 식물제 등의

제품도 있다. 형식적으로는 〈그림 6-24〉와 같이 패각의 꼭대기를 깎은 단순한 것과 〈그림 6-25〉와 같이 패각의 가장자리 부분을 복잡하게 만든 것도 있다. 조개로 만든 것은 패륜이나 패천(貝釧)이라고 하는 명칭으로도 불린다.

그림 6-24  조개로 만든 팔찌, 비조박물관 소장.

나무로 만든 팔찌는 만기부터 흑칠과 적칠을 한 것이 보인다. 야요이 시대 전기 후반에는 이러한 것들과 함께 당시 해외로부터 들여오기 어려웠던 것으로 생각되는 고보라, 이모가이라고 하는 남해산 대형 권패(卷貝: 소라, 멍게 등)로 팔찌를 만들었다. 그중에는 광전(曠田)에서 출토된 패륜과 같은 모양의 특수한 문양도 생겨났지만 곧이어 후기에 이르러서는 쇠퇴하게 되었다.

그림 6-25  조개껍데기를 복잡하게 만든 팔찌, 비조박물관 소장.

그러나 본래 완륜이라고 해서 사용된 패륜(〈그림 6-26〉)은 그 재질을 벽옥으로 바꾸었고, 석천(石釧)이나 차륜석(車輪石) 등이라고 하는 옥으로도 변했다.

금속제의 완륜은 〈그림 6-27〉과 같이 원환형의 것과 끈 모양으로 된 원환

그림 6-26  패제 완륜, 도쿄국립박물관 소장.

그림 6-27  원환형의 완륜, 도쿄국립박물관 소장.

그림 6-28  은제천 완륜, 도쿄국립박물관 소장.

형의 것으로 크게 구분되지만 동천(銅釧)과 관계되어서는 야요이 시대의 전통을 끌어낸 것으로 4세기의 묘에서 제한적으로 발견되고 있다. 금제, 은제의 것은 원환형이 대부분이지만 그중에는 시가현(滋賀県 田上羽慄町)에서 출토된 〈그림 6-28〉의 은제천과 같이 본체에 작은 금환을 붙인 특수한 것도 있다. 이것들은 5세기부터 6세기에 걸친 것이다. 이후 완륜 역시 여성들의 장신구로서 크게 활성화되지 못했다.

### (3) 발치장

일본의 발치장에 사용된 것은 대륙풍의 신발로, 공가나 무가의 장속에 착용하였으나 일본에서는 어울리지 않았는지 일반에게는 크게 확대되지 않았다.

일본의 신발이 조리 형태로 변하면서 버선 역시 엄지발가락이 갈라지는 다비로 발전하였다. 일본의 전통버선인 다비는 말(襪)에서부터 발전된 것으로, 헤이안 시대부터 착용하기 시작했다. 본래는 전쟁에서 발을 보호하기 위해 신던 것이었으나 점차 그 착용범위가 확대되었다. 에도 시대 중기에는 견으로 만든 것이 등장하면서 더욱 확산되었다. 다비에 작은 고리가 달리기 시작하는 것도 이즈음이다.

특히 에도 시대에는 하태(下駄)라고 하는 신발이 등장하였다. 헤이안 시대의 족태가 발전된 것으로, 나무판에 코줄을 끼워 만들었다. '치(齒)'라고 하는 부분이 있어 지면보다 약간 높아지므로 발이 더러워지는 것을 막았다(〈그림 6-29〉).

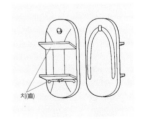

그림 6-29 하태의 구조

## 2 손발치장의 종류

여기서는 시대에 따라 새롭게 등장한 한·중·일 삼국의 손발치장의 종류에 대해 살펴보고자 한다.

### 1) 한국의 발치장

(1) 버선

버선은 족의(足衣), 족건(足巾), 말(襪)이라고 하며, 발을 보호하고 발의 모양을 예쁘게 만들기 위해 신는 것이다. 조선시대의 버선은 왕실에서 의례용으로 착용할 때를 제외하고는 흰색만을 신었다. 왕의 대례복에는 적말(赤襪)을 신었으며, 왕비는 청말(靑襪)을 신었다.

버선은 〈그림 6-30〉과 같이 목, 수눅, 회목, 볼, 홈, 코 등으로 이루어졌다. 구성에 따라 홑버선, 겹버선, 솜버선, 누비버선이 있으며, 한여름이라도 발의 모양을 예쁘게 만들기 위해서는 솜버선을 신고 그 위에 홑버선을 신는다.[4]

버선은 수눅 부분이 바깥쪽으로 간

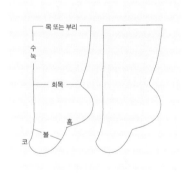

그림 6-30  버선의 구조

---

4    국립민속박물관, 『한민족역사문화도감 — 의생활』, 2012, 244쪽.

쪽에 맞춰 신는다. 버선의 종류는 형태에 따라 곧은 버선과 누인 버선이 있다. 곧은 버선은 수눅선이 곧게 내려오다 버선코를 향해 다소 곡선을 이루고 있어 신으면 회목에 여유가 있는 것으로, 서울을 중심으로 한 중부지방에서 주로 신었다. 누인 버선은 남부와 북부지방에서 주로 신었는데 수눅선을 어슷한 방향으로 재단한 것으로, 신기 편하지만 회목은 꼭 맞게 조이게 된다.[5]

〈그림 6-31〉의 버선은 순종의 계비 순정효황후(1894~1966)가 사용하고 남은 것이라고 한다. 겉은 흰 세목(細木)에 안은 광목을 넣어 만들었으며 뒤집기 전의 미완성품이다. 재봉틀을 사용하였으며, 안감과 겉감을 이은 버선목 부분이 가름솔로 되어 있고 수눅과 홈은 두 번 곱게 박았다. 트기를 수눅에 두고 뒷목 부분을 제외한 모든 부분의 시접을 0.7cm로 일정하게 재단하였다.[6]

버선을 지을 때에는 종이로 만든 본을 이용한다. 버선 모양은 집안마다 다르기 때문에 궁중에서도 본을 갖고 있었다. 한편 궁중에서는 많은 버선을 지어 놓고 신었으며, 한 번씩만 신었기 때문에 1년이면 730켤레의 버선이

그림 6-31 순정효황후의 버선

그림 6-32 타래버선, 단국대학교 석주선기념박물관 소장.

5   이경자·홍나영·장숙환, 『우리 옷과 치장』, 열화당, 2003, 294쪽.
6   단국대학교 석주선기념박물관, 『명선』 하, 단국대학교출판부, 2012, 207쪽.

필요했다고 한다.[7] 그리고는 한 번씩 신은 버선은 골방 같은 곳에 모아 의대 반사로 양반이나 나인들에게 나누어 주었다.

어린이용 버선은 특히 타래버선 또는 오목버선이라고 불렸으며, 누비를 한 후 각종 수를 놓아 아름답게 꾸몄다(〈그림 6-32〉). 버선코에 색실로 술을 달아 장식하고, 벗겨지는 것을 막기 위해 발목에 대님을 만들어 달았다.

### (2) 석(鳥)과 혜

운혜는 일명 꽃신이라고 하는 것으로, 마른 땅에 신는 신이다. 비단으로 울을 두르고 신코와 뒤축의 색을 달리한다. 앞부분 바닥에는 가장자리를 따라 징을 촘촘히 박아 미끄러지지 않도록 한다.

특히 신은 비 오는 날과 마른 날에 신는 것이 달라 징신은 물이 스며들지 않고 오래 견딜 수 있도록 밑창의 가죽을 들기름에 약 한 달쯤 절여 만든다. 모양은 여성용은 운혜나 당혜와 같이 만들고 남자는 태사혜 형태로 만든다. 신 밑바닥에 징을 박았기 때문에 징신이라고도 하며 기름을 먹였다 하여 유혜라고도 한다(〈그림 6-33〉). 이러한 징신에는 소, 말, 사슴, 개의 가죽을 사용한다. 왕실에서 주로 사용한 신은 흑웅피온혜로, 곰가죽을 사용하거나 사슴

그림 6-33  마른신과 징신, 담인복식미술관 소장.

7    김명길, 『낙선재 주변』, 중앙일보·동양방송, 1977, 119쪽.

그림 6-34　청석, 국립고궁박물관 소장.

그림 6-35　미투리, 단국대학교 석주선기념박물관 소장.

가죽을 사용했던 것으로 보인다.

가죽은 그 특성상 쓰임이 각각이기 때문에 소가죽은 두껍고 탄탄해서 신바닥의 겉을 만드는 데 사용하고, 흰말의 볼기가죽은 장식문양인 눈을 새기거나 도리를 두르는 데 사용한다. 또 두세 살 된 개의 가죽은 백짓장같이 얇아 도리를 돌리는 데 사용하였다고 하는 것으로 보아 가죽의 특성을 잘 살려 신발을 만들었음을 알 수 있다.

석은 왕실여성이 의례를 치를 때 신는 것으로, 왕비는 적말에 적석을 신었으나 국말이 되어 대한제국기에는 청석에 청말을 신었다(〈그림 6-34〉).

나막신은 신을 때 소리가 나고 굽이 있어 사람을 내려다보기 때문에 양반 어른이나 양반 앞에서는 신지 못했다고 한다. 이 외에 짚신과 미투리가 있다(〈그림 6-35〉).


## 2) 중국의 손발치장

### (1) 계지

중국에서의 계지는 치장보다는 오히려 약속의 의미로 더 강조되었으며, 남자로부터 계지를 받았다면 도의상 그 여자에게는 청혼하지 않았다. 장식 기법을 살펴보면, 원·명대를 거치면서 상감한 형태의 계지가 눈에 띈다. 상

그림 6-36 　금지환, 遼寧 北票房身 晋墓 出土.　　그림 6-37 　상감지환, 개인 소장.

감은 우의, 애정, 행복을 의미하는 것이었다.

　이 외에 중국 여성들의 손치장 중 하나는 손톱에 염색을 하는 풍습이었다. 옛날 부녀들은 매 7일에 만나 한꺼번에 염료를 만들어서 열 개의 지갑(指甲)에 통상적으로 붉은색 물을 들였다. 이러한 풍습은 유행이 되어 현대 부녀들에게까지 이어지면서 변화를 가져왔다.

　부녀들이 손톱을 염색하는 데 사용하는 재료는 봉선화(鳳仙花)였다. 봉선화는 부패하거나 좀먹는 것을 막아 주는 성질이 강하기 때문에 꽃과 잎을 따서 그릇에 담아 방망이로 찧은 다음 소량의 명반을 넣고 면포에 담아 손톱 위에 얇게 올려놓는다. 그 위에 꽃의 즙을 같이 넣은 후 밤새 묶어 놓는 것을 3회에서 5회까지 반복하면 그 색이 선명하고 진해져 수개월 내에는 지워지지 않는다. 봉선화 외에도 손톱에 물들이기 좋은 원료로 지갑화(指甲花)가 있다. 봉선화도 지갑화라고 하지만, 같은 것은 아니다.

　봉선화는 중국, 인도, 말레이시아 등에서 많이 생산된다. 명나라와 청나라 이후로 대외적인 외교활동이 많아지면서 손톱에 물들이는 풍속이 국외로까지 널리 퍼져 나갔으며, 전 세계적으로 유행하게 되었다.

　구미에서는 봉선화가 생산되지 않으므로 중국으로부터 수입을 했는데, 이것은 불편했으므로 나중에는 일종의 지갑유를 발명하게 되었다. 이를 구단(蔻丹) 또는 미조액(美爪液)이라고 한다. 이러한 것은 화학재료로 만들었기 때문에 침투력이 너무 강하고 색도 이상할 정도로 짙다. 그러나 붓을 경쾌하게 하여 한 번만 칠하면 되기 때문에 부녀자들에게 인기가 좋았다.

(2) 나말섭접(羅襪躡蹀)

말(襪)이라고 하는 것은 통상적으로 내의로 만들어 발에 신는 것이기 때문에 말이라고 했다. 일반적으로는 '말(襪)'과 같다. 가장 이른 시기의 말은 가죽으로 만들었기 때문에 위(韋) 자나 혁(革) 자가 들어갔다.

출토되는 유물을 보면 서한 시기의 버선은 비교적 재질이 질박하다. 후베이성 강릉 봉황산 서한묘에서 출토된 한 쌍의 여자 버선을 보면 마포(麻布)로 만들었으며 색깔도 없고 수도 놓지 않았다. 그러나 동한 시기의 버선은 재료에 관계없이 장식이 있고 개량한 것을 볼 수 있다. 가장 전형적인 신장 민풍 동한묘에서 출토된 한 쌍의 비단버선은 홍색 바탕에 금으로 비단을 짜서 만들었다. 비단의 가운데에는 세밀하게 짜여진 꽃무늬 외에도 오래 살게 한다는 의미의 "연년익수의자손(延年益壽宜子孫)"이라는 길상어문이 직조되어 있다. 버선의 입구 부분의 가장자리를 금으로 두르기도 하고 직금 자체를 이용해서 가장자리를 만들기도 한다. 그 흔적은 남아 있지 않지만, 사람들에게 정치한 아름다움을 느끼게 한다(〈그림 6-38〉).

계절과 관계된 버선은 두께에 따라 나뉜다. 옛날 버선의 모양은 약간의 특색이 있는데 첫째, 유가 있다. 유는 말통(襪統)으로, 길이는 정해져 있지 않

그림 6-38 글씨가 있는 비단버선, 新疆 民豊 大沙漠 一號 東漢墓 出土.

그림 6-39 말대가 있는 버선, 江蘇 泰州 明徐蕃妻 張氏墓 出土.

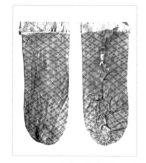

그림 6-40 발뒤꿈치가 없는 버선, 新疆 民豊 大沙漠 一號 東漢墓 出土.

아 어떤 것은 다리까지 올라오고 어떤 것은 복숭아뼈 사이까지 온다. 둘째, 계대(繫帶)가 있다. 고대에는 버선이 포백으로 된 것이 많은데, 포백은 탄력이 없기 때문에 신었을 때 쉽게 아래로 흘러내린다. 따라서 말통의 상단에 말대(襪帶)를 꿰매어 놓는다(〈그림 6-39〉). 셋째, 발꿈치가 없다. 옛날 버선은 넓고 커서 별도의 발꿈치가 있는 형태가 아니다. 그 제도는 상하 수직으로 되어 있으며, 다리의 끝에서 뾰족하게 수축되어 활과 같이 둥근형이다(〈그림 6-40〉).

넷째, 발가락이 나누어져 있다. 보통의 버선을 제외하고 특정 종류는 엄지발가락과 나머지 발가락이 나누어져 있다. 이러한 모양은 나막신을 신을 때 편하도록 만들어진 것으로, 속칭 아계형 두(頭) 버선이라고 한다. 다섯째, 첨두형으로 끝이 뾰족하다(〈그림 6-41〉). 전족 시대에 있어서는 부녀자 버선을 첨두형으로 제작하여 머리 부분이 위로 올라가듯 구부러져 있어 정교돌식(呈翹突式)이라고 했다(〈그림 6-42〉). 여섯 번째, 바닥이 없는 것이다. 이러한 종류의 버선은 전족 부녀들이 많이 사용하는 것으로, 발 부분이 이미 싸여 있기 때문에 버선의 바닥이 필요 없다. 신을 때 다리까지 싸매며 무릎을 넘지는 않는다. 또 아래로는 복숭아뼈까지 내려온다. 속칭 반양말에 해당된다.

그림 6-41　첨두형 버선, 山東 鄒縣 元李裕菴墓 出土.

그림 6-42　정교돌식 버선, 福建 福州 南宋黃昇墓 出土.

(3) 신발

고대에 사용된 혜나 리의 종류는 아주 많다. 일상적으로 볼 수 있는 것이
구(屨)·리(履)·석(舄)·극(屐)·비(扉)·도(跿)·교(屩)·탑(鞈)·제(鞮) 등이다. 이러
한 종류의 혜·리를 구별하는 기준은 재료와 조형 두 가지이다.

먼저 재료를 보면, 포백, 초갈, 피혁으로 구분한다. 무릇 마, 사, 능, 곡, 주,
단, 금 등으로 만들어진 혜리는 모두 포백리에 속하고 그중에서 마구, 사리,
금혜가 많다. 마구는 마포로 만들어진 혜로, 마혜(麻鞋)라고 한다. 구, 리, 혜
셋은 각기 지칭하는 바가 있으나 후대에는 혜리로 통칭하게 되었다. 주나라
때의 마구는 후베이성 의창의 초묘에서 발견되었는데 마포로 만들었으며,
비교적 이른 시기의 마구이다(〈그림 6-43〉).

사리는 한육조의 시문에서 많이 보인다. 한 이후의 사리로는 후난성 장사
마왕퇴 1호 서한묘에서 출토된 여자 시신의 발 위에 있었던 한 쌍의 사리가
남아 있다(〈그림 6-44〉).

다음 금혜(錦鞋)는 오채사로 짜서 만든 혜리다. 귀족부녀들이 착용했으며
그 유행은 위진 이후 계속되었다. 동진에서 발견된 유물은 신장 투르판 아
사탑나 묘구에서 나온 것이며(〈그림 6-45〉), 다른 한 쌍은 당대 유물로 신장 투
르판 아사탑나 북구 삼팔일호 당묘에서 출토된 것이다. 혜의 앞면은 전체가

그림 6-43　麻屨, 湖北 江陵 鳳凰山 一六七號 西漢
墓 出土.

그림 6-44　岐頭絲履, 湖南 長沙 馬王堆 一號 西漢
墓 出土.

　　　　　　　　　제6장 손발치장의 문화

그림 6-45　五彩錦鞋, 新疆 吐魯番 阿斯塔那 東晉　　　그림 6-46　錦鞋, 新疆 吐魯番 阿斯塔那 北區 三八
墓 出土.　　　　　　　　　　　　　　　　　　　　　日號 唐墓 出土.

보상화문으로 되어 있으며, 앞쪽 끝단에는 서로 마주 보는 교식의 운두가 있
다(〈그림 6-46〉). 이 외에 일상적으로 볼 수 있는 갈구(葛屨), 망교(芒屩), 포혜(蒲
鞋)가 있다.

　고대 혜리의 양식은 상당한 변화를 보인다. 이러한 변화를 집중적으로 반
영한 부분이 혜의 두 부분이다. 일반적으로는 원두(圓頭), 방두(方頭), 지두(岐
頭), 고두(高頭), 소두(小頭), 홀두(笏頭), 운두(雲頭), 총두(叢頭), 수두(獸頭), 봉두
(鳳頭) 등이 있다(〈그림 6-47〉). 또 혜두가 약간 갈라지면서 양각을 형성하는 양
식도 있다. 이를 기두(岐頭)라고 한다.

운두　　　　　　　　　　　　소두　　　　　　　　　　　　고두

홀두, 笏頭陶履, 安徽 亳縣 隋墓　　봉두, 鳳頭石鞋, 山東 鄒縣 四府　　첨두, 尖頭弓鞋, 江蘇 無錫 元墓
出土.　　　　　　　　　　　　廠村 明墓 出土.　　　　　　　出土.

그림 6-47　혜리의 다양한 두(頭) 양식

고두리는 당대 사람들에게서 많이 보이며, 소두리는 첨두리라고도 하는데, 일반적으로 위에 기교가 있는 형식을 말한다. 송대 이후에는 소혜, 궁혜 등의 신을 많이 신었다. 홀두와 운두 및 총두는 모두 고두혜에 속한다. 홀두리의 머리가 아주 높아 마치 홀판과 같다 하여 붙여진 이름이다. 수두리는 비교적 복잡한데, 일반적으로는 혜의 머리를 호랑이 머리 등의 조형물로 정치하게 만든 것이다.

또 여자 혜를 분별하는 종류로는 목극(木屐), 금화(錦靴), 선혜(綫鞋), 삽혜(靸鞋), 수혜(睡鞋), 궁혜(弓鞋)와 기혜(旗鞋)가 있다. 극은 신발 바닥에 이빨과 같은 것이 있는 신발이다. 신발 바닥에 있는 이빨이 신의 높이를 정하게 된다. 따라서 비가 올 때 신고, 비 온 후 진흙길을 걸을 때 신는다. 극을 만드는 재료는 주로 나무이기 때문에 목극이라고 한다. 목극은 통상 각목[楄], 줄[繫], 이빨[齒] 등 세 부분으로 구성된다. 각목은 혜의 바닥이고 혜 바닥의 상부에는 새끼줄이 있는데 이것이 줄이 된다. 그리고 극의 바닥에 있는 이빨은 앞뒤로 각 하나씩 있으며 아주 곧고 튼튼하다. 금화의 전신은 피화(皮靴)이다. 가장 오래된 피화는 소가죽으로 만들어졌다.

선혜는 아주 가는 사승(絲繩)으로 만든 것이다. 세마승 등으로 만든 혜자의 출현은 당대에 시작되었다. 삽혜는 일종의 뒤꿈치가 없는 신발로 오늘날의 타혜(拖鞋)가 그 유제이다. 동한 시대 이전에는 삽혜를 무녀들이 신었기 때문에 일종의 무혜로 사(躧)라고도 하고 사(屣)라고도 했다. 수혜는 부녀자가 잠잘 때 신는 것으로, 밝고 환한 주단으로 만들고 바닥이 부드러우며 가장자리에는 여러 가지 색으로 수를 놓았다. 주옥으로 장식을 하거나 향료를 넣기도 한다. 궁혜는 활등처럼 생긴 부분인 만(彎)이 낮은 신으로, 후에는 전족을 한 부녀들이 신었다.

이런 종류의 혜자는 네 가지의 큰 특징이 있는데 첫째는 작다는 것이다. 전족이 성행했던 시대에 여자의 발이 곧고 작아야 귀하다고 하였으므로 속

그림 6-48　高底弓鞋, 江西 南城 明益宣王朱翊鈏妃 孫氏墓 出土.

칭 '삼촌금련(三寸金蓮)'이라고 했다. 둘째는 뾰족하다는 것이다. 전족 부녀가 신었던 혜자는 일반적으로 모두 첨두였다. 셋째는 만이다. 신발 바닥 안에 요철이 마치 굴곡이 있다 하여 붙여진 이름이다. 넷째는 높이이다. 혜 아래에 일반적으로 두터운 바닥이 있어서 속칭 바닥이 높다고 한다(〈그림 6-48〉).

### 3) 일본의 손발치장

(1) 지륜

손치장인 지륜에 주로 사용한 보패류는 특히 에도 시대에 발달했다. 대표적인 것으로는 금, 동, 유리를 비롯하여 대모갑, 산호, 상아 등 생물에서 기원한 보석이다(〈그림 6-49〉). 모두 쇄국 이후의 유일한 대외무역항이 있는 나가사키를 통해 네덜란드나 중국으로부터 들여온 품목이다. 이국의 보석에 대한 동경을 갖는 사람도 있었지만, 일본제에 대한 자부심도 컸다. 일본에서 채취한 진주는 에도 중기의 관문 연간(1661~1673)부터 시작되었고, 나가사

그림 6-49　금, 동, 유리로 만든 지륜, 나가사키 築町遺跡 출토.

키의 대촌번(大村藩)에서는 1672년 이후 번의 정책에 따라 진주를 채취했다. 『화한삼재도회』(1712)에는 이세진주(아쿠아진주)에 대해 작은 것은 약용이 되고, 큰 것은 중국인이 좋아했다고 하는 것으로 보아 일본산 진주가 각광을 받기 시작한 것도 이즈음으로 보인다.

이 외에 적은 양이지만 다이아몬드도 일본에 들어왔고 비취는 메이지 후기에 버마에서 들어왔다. 이로써 보패류를 이용해 만든 지륜은 시대적으로 가감은 있었으나 여성들의 손치장 장신구로서 끊임없이 사랑받았다.


### (2) 우데마모리(腕守り)

우데마모리는 보통 팔에 붙인 주머니로, 향료대를 겸했다. 메이지 시대에 들어서 예기(藝妓)들이 염색한 것을 사용했다. 지금은 잊혀졌지만 에도 말기의 가영 연간(1848~1854)에 〈그림 6-50〉과 같이 향료를 겸한 우데마모리라고 하는 완부의 완륜이 사용되었다.

〈그림 6-51〉은 우데마모리를 팔에 말고 있는 모습이다. 우데마모리는 하다마모리(肌守)라고도 한다. 예기 등의 사이에서는 하얀 살에 이것을 보이게 하는 것이 순수함을 뜻한다고 하여 많이 사용했다. 우단 등의 천에 바퀴 모

그림 6-50　우데마모리, 도쿄국립박물관 소장.

그림 6-51　우데마모리를 차고 있는 모습, 三代 歌川豊國, 東京日本寶飾クラフト學院 소장.

양의 금구로 걸쇠를 만들었으며, 금구에는 은을 사용하고 문양을 조각한 것도 있다. 금구 부분에는 향료를 넣을 곳을 설치하기도 했다. 메이지 때에도 사용되었지만 문신에 대한 인식이 나빠지면서 메이지 10년(1877)경이 되면 사용이 줄어들고, 얼마 안 있어 없어지게 되었다.

### (3) 신발

헤이안 시대부터 착용했던 아시다(足駄)는 에도 시대 하태(下駄) 즉 게다(げた)로 발전하였다. 에도에서는 사각으로 된 것도 많이 신었지만 관서지방에서는 둥근 것이 사용되었다. 에도 시대 초기까지는 흰 나무로 만든 것을 사용하였지만, 시대가 내려가면서 칠을 한 게다를 선호했다. 또 보쿠리(木履)나 쓰마키리(つまきり) 등 다양한 형태의 신발이 있다.

## 3  한·중·일 손발치장의 비교

이제 조선왕실의 손발치장에 대한 미의식을 밝히기 위하여 조선왕실에서 손발치장을 위해 사용한 장신구를 중심에 놓고 중국과 일본의 장신구와 비교·분석해 보고자 한다. 이는 손과 발을 치장하기 위해 사용한 장신구를 통해 손발을 어떻게 꾸미고자 하였는지, 각 민족이 추구한 조형성이 무엇이 었는지를 밝히는 계기가 될 것이다. 특히 중국에서는 손톱을 보호하기 위한 호지(護指)가 발달했을 뿐 아니라 손톱에 염색을 해서 손톱을 가꾸고자 했다. 그러나 일본이나 조선왕실에서는 손톱을 길게 기르는 풍속은 없었던 것으로 보이며, 다만 손톱에 봉숭아 물을 들이는 것은 조선에서도 행해졌다.

한편 발을 치장하기 위한 버선과 신발은 신발이 밖으로 드러나기 시작하면서 더욱 신경을 썼을 것으로 판단된다. 특히 조선 후기에는 하의인 치마를 부풀리고 상의인 저고리를 긴박하게 줄여 입는 하후상박형의 새로운 패션스타일이 등장하면서 신발을 꾸미고자 하는 욕구도 더 커졌다.

### 1) 조선왕실의 손발치장

조선왕실의 손치장은 계절에 따라 달리 착용했던 반지와 새롭게 등장한 부채를 들 수 있다. 조선왕실에서는 여전히 보패류가 손치장에서도 가장 중요한 소재였다. 다만 계절에 따라 달리 착용한 반지는 조선왕실의 단아한 복식과 함께 가장 절제된 미를 보여 준 것으로 이해된다. 또 손에 든 부채는 이당시 새롭게 등장한 장신구이면서 동시에 실용적인 물품이다. 뿐만 아니라 부채는 단오에 주는 선물로서 인기가 높았다. 또 발치장은 신발의 형태에 따라 버선의 형태가 결정된다. 조선왕실에서 사용한 혜류에 어울리는 단아한 형태의 버선을 만들고, 또 발의 맵시를 돋보이게 하기 위해 착장법을 달리했던 것에서 조선왕실에서 추구한 손발치장의 미의식을 찾아보고자 한다.

■ 지환

지환은 한 짝만 끼는 것을 반지, 쌍으로 끼는 것을 가락지라고 한다. 조선에서는 반지보다는 가락지를 많이 끼었으며 재료는 금, 은, 구리, 옥, 비취, 호박, 마노, 밀화, 산호, 진주 등 다양했다. 특히 조선왕실에서는 계절에 따라 가락지의 소재를 달리하였으며, 문양을 넣은 것도 있고 넣지 않은 채 보패류의 느낌만을 살린 것도 있다(〈그림 6-52〉).

헌종의 후궁인 경빈 김씨가 거처했던 순화궁에서 궁체로 기록한 필첩인 『사절복색자장요람(四節服色自藏要覽)』[8]을 보면, 조선왕실에서는 겨울에는 금환, 봄에는 은칠보지환, 가을에는 칠보지환, 여름에는 옥·마노지환을 끼었다고 했다. 왕실에서 사용한 쌍가락지는 굵기가 굵었기 때문에 손가락에 끼지 않을 때에는 옷고름에 달아 노리개 대용으로도 착용하였다.

그림 6-52  보패류를 이용한 가락지, 담인복식미술관 소장.

---

8    『四節服色自藏要覽』, 숙명여자대학교박물관 소장.

■ 신발과 버선

조선왕실의 여성들이 주로 사용한 신발은 가죽이나 비단으로 만든 혜이다. 조선시대 여성들은 발이 작을수록 미인으로 이해했다. 거기다 혜의 특성상 발의 모양이 그대로 드러나게 되므로, 발이 작고 예쁘게 보일 수 있는 방법을 고안해 냈다. 이는 버선을 어떻게 신으면 더 발이 예뻐 보일까 하는 쪽으로 발전하게 되었다. 이에 버선을 한 켤레만 신지 않고 한여름에도 솜버선을 신고 그 위에 홑버선을 신음으로써 왕실여성들의 발을 작고 통통하게 보이도록 했다.

## 2) 명·청 시대의 손발치장

손톱을 기를 수 있다는 것은 전적으로 노동으로부터 자유롭다는 것을 의미한다. 중국에서 손톱을 기르고 호지를 끼는 것은 그 기원이 오래되었다. 그러나 호지가 극단으로 흐르게 된 것은 청대에 이르러서다. 발은 송대 이후 생긴 전족이 명대와 청대의 상류층에서 계속 유지되어 온 것으로 전족이야말로 중국 왕실여성들의 대표적인 발치장이라 할 수 있다. 구체적인 호지와 전족 풍습에 의한 발치장을 중심으로 중국의 달라진 미의식을 살펴보고자 한다.

■ 호지(護指)

부녀의 손가락이 섬세하고 우아하며 아름답기 위해서는 깨끗이 씻는 것이 최고이다. 이것을 제외하고 나면 손톱을 길게 기르는 것을 선호했다. 손톱을 감싸는 축갑(蓄甲)의 풍습은 그 기원이 오래되었다. 일찍이 1000년 전부터 이미 축갑의 현상이 있었다. 손톱을 길게 기르게 되면 그대로 있을 수가 없기 때문에 손톱을 보호하기 위한 갑이 필요하다. 사람들은 특히 손톱 위에

그림 6-53　금편으로 만든 호지, 吉林 楡樹 大坡　　그림 6-54　투금호지, 江蘇 揚州市郊 淸墓 出土.
老河深 漢墓 出土.

손톱 덮개를 했는데, 이를 호지라고 한
다. 호지를 만드는 재료로 가장 오래된
것은 죽관(竹管)이었으며, 후에는 금은보
석을 사용하였다.

　지린성박물관에 있는 호지는 금편
으로 만들었다. 호지를 간편하게 만들
기 위하여 금을 아주 얇게 편으로 만들
고 금편의 꼬리 부분을 다시 좁게 만든
다음 좁은 가닥을 구부려서 달팽이 형
상을 하도록 한다. 사용할 때에는 손가

그림 6-55　투금호지를 한 자희태후, 중국
고궁박물원 소장.

락의 굵기에 맞춰 간단하게 조절하여 실용적인 호갑투를 만든다(〈그림 6-53,
6-54〉).

　이 외에 청대 호지는 절대다수가 금은으로 만들어졌는데, 조형이 아주 복
잡하다. 〈그림 6-55〉는 투금호지를 한 자희(慈禧)의 모습이다.


　■ 신발과 버선

　명대 이후 더욱 본격화된 전족의 풍습은 발의 모양을 완전히 왜곡시켰다.
도저히 걸을 수 없는 지경에 이른 전족으로 신발의 모습도 기형적으로 변했

그림 6-56 발 모양의 왜곡

그림 6-57 청대 만족 부녀의 첨두형 궁혜

으며 발의 모양도 완전히 변하게 되었다(〈그림 6-56, 6-57〉).

### 3) 무로마치~에도 시대의 손발치장

일본의 손치장은 나라 시대 이후 잠시 주춤했던 지륜이 헤이안 시대 이후 다시 등장하기 시작했으며, 서양식 장신구의 도입과 함께 지륜의 착용도 활발해졌다. 또 일본의 발치장은 헤이안 시대에 '게다'가 나오면서 그동안 발싸개였던 버선은 엄지발가락이 갈라진 형태로 변했다. 여기서는 신발의 형태에 따라 달라진 버선의 형태를 살펴보고자 한다.

■ 지륜

지륜의 착용은 에도 시대에 보다 분명해졌다. 쇄국 전에도 기독교의 만남으로 지륜이 등장했지만, 에도 후기의 지륜은 기독교와는 관계없이 중국의 영향으로 시작되었다.

중국에서부터 수입된 지륜은 이미 1700년대 초기에 시작되었고, 안영 7년(1710), 정덕 원년(1711)에는 중국 영파로부터 배가 들어왔다고 한다. 처음에는 진귀한 물건으로 수입했지만 메이지 7년(1770)에는 1960개를 수입했다는 기록이 남아 있는 것으로 보아 상당히 인기가 있었던 것으로 보인다. 이런 지륜의 무역 창구는 나가사키뿐이 아니었다. 오사카나 에도(현재의 도쿄 지

역)에서도 지륜의 착용이 눈에
띄게 된다.

특히 지륜의 유행은 중국에서
시작되었다고 하지만 중국제 지
륜은 백동 등으로 만들어 허술
하고 나쁜 데 비하여 에도 지역
에서는 은으로 만들었다고 기록
되어 있다. 그뿐만 아니라 〈그림
6-58〉과 같이 기타가와 우타마
로(喜多川歌麿) 등의 미인도에서
도 지륜의 모습을 확인할 수 있다.

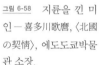

그림 6-58  지륜을 낀 미
인 ― 喜多川歌麿, 〈北國
の契情〉, 에도도쿄박물
관 소장.

그림 6-59  지륜을 낀 미
인 ― 渡辺崋山, 〈藝妓
圖〉, 静嘉堂文庫美術館
소장.

또 문화·문정기 이후에는 〈그림 6-59〉에서 보이듯 천보 9년(1838)의 와타
나베 가잔(渡辺崋山, 1793~1841)의 육필화인 〈예기도(藝妓圖)〉에 지륜 같은 것을
낀 예기가 묘사되고 있다. 이후 지륜이 새로운 전개를 보이는 것은 서양제
국과의 교섭이 시작된 1860년 전후부터이다.

■ 신발과 버선

목면의 다비가 등장한 것은 에도 시대 초기로, 에도 시대 중기에는 견으로
된 것이 등장하여 널리 사용되었
다. 작은 고리인 소구(小鉤, こはぜ)가
등장한 것도 이즈음으로, 고리가
긴 것은 발 머리까지가 된다. 에도
시대 중기에는 차(茶) 계통의 색을
좋아했지만 에도 시대 후기에는 감
색의 다비가 유행했다. 더욱이 통

그림 6-60  끈이 달린 다비와 소구(小鉤)가 달린
다비

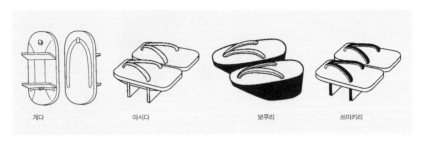

게다　　　　　아시다　　　　　보쿠리　　　　　쓰마키리

그림 6-61 다양한 종류의 게다

상적인 다비는 여름에 신는 것이며, 정장에는 흰색을 사용했다(〈그림 6-60〉).

게다는 헤이안 시대의 아시다(あしだ, 足駄, 왜나막신)에서 발전한 것으로, 나무판에 코끈을 달았다. 게다를 신으면 지면보다 약간 높게 되어 발이 더러워지지 않는다. 에도 지역에는 사각인 것이 많았지만, 관서에서는 둥근 것을 신었다. 에도 시대 초기경까지는 흰색 나무로 만들었지만 시대가 내려가면서 염색을 한 게다도 사용하게 되었다. 왜나막신이나 보쿠리, 쓰마키리 등 다양한 형상의 것이 있다(〈그림 6-61〉).

제6장　손발치장의 문화

# 4 조선왕실 손발치장의 미의식

조선왕실의 대표적인 손치장으로 여기서는 지환을 중심에 두고 중국과 일본은 어떻게 반지를 착용했으며 시대에 따라 그 반지가 어떻게 변화하였는지, 조형성을 중심으로 살펴보고자 한다. 발치장에 있어서도 대표적인 것은 신발에 의한 버선의 형태이다. 각 민족마다 독창적인 신발의 형태를 만들어 냄에 따라 그에 맞는 버선이 등장하였으며, 이를 통한 조형성이 드러난다. 반지와 버선을 중심으로 조선왕실의 미의식을 살펴보고자 한다.

### ■ 반지의 형태 및 조형성

조선왕실의 가락지는 대부분 아무런 무늬가 없이 보패류의 장점을 그대로 살리는 것이 선호되었다. 이에 따라 비취나 백옥, 옥 등은 그 보석 자체의 아름다움을 살렸으며, 은지환이나 은파란, 백동 가락지에는 무늬를 새겨 멋을 더하였다. 특히 무늬에는 박쥐문양을 음각하였다. 박쥐가 다산을 의미하므로 조선왕실에서는 반지뿐 아니라 보자기, 의복 등 다양한 곳에 사용하였다.

일본은 에도 시대에 다시 본격적으로 지륜을 끼기 시작하였으며, 일본제의 은반지, 진주반지 등을 비롯하여 세계 여러 나라의 보석인 비취, 다이아몬드, 산호, 호박 등을 무역해 옴에 따라 다양한 보패류가 사용되었다.

중국은 손톱을 가리는 것이 오랜 풍습이 되었으며, 특히 청대에는 손톱에 대한 미의식이 발달했다. 이에 따라 손톱에 염색을 하거나 긴 손톱이 부러지지 않도록 하기 위한 호지가 발달하게 되었다.

그 결과 조선왕실에서는 보패류의 특성을 제대로 살린 단아한 아름다움이 돋보이고 일본에서는 상감을 통한 화려한 장식을 추구했다. 또 중국은 손톱에 신경을 더 쓴 관계로 반지는 그다지 화려하지 않았음을 알 수 있다.

표 6-1  한·중·일 반지의 비교(단국대학교 석주선기념박물관, 담인복식미술관, 국립고궁박물관, 東京日本寶飾クラフト學院, 도쿄 丸嘉 등 소장)

| 조선왕실 | 중국(명·청) | 일본(에도) |
| --- | --- | --- |

■ 버선의 형태 및 조형성

버선은 앞에서 살펴본 바와 같이 신발과 가장 밀접한 관계가 있다. 조선왕실은 신발에서도 크게 두드러지지 않는 단아한 아름다움을 우선시했던 것으로 파악된다. 신발은 그대로 혜의 형태이며, 소재에 따라 다소 차이가 있을 뿐이다. 그렇기 때문에 버선에 있어서도 크게 바뀌지 않고 다만 흰 버선을 신었다. 흰 버선은 화려한 머리치장과 대비되는 효과를 가져왔다. 머리의 크고 화려한 장식에 비해 발은 가장 단순하면서 순수한 아름다움을 드러내고자 했다. 특히 조선왕실에서는 머리에서 발끝까지 화려하게 치장하지 않고 가장 신경을 쓴 머리를 돋보이게 하기 위한 미의식이 뚜렷이 드러난다. 이에 따라 머리를 제외하고는 최대한 절제된 아름다움을 추구한 것으로 확인된다.

중국의 신발은 명·청대에 왜곡이 최고조에 달했다. 전족의 영향은 신발의 형태는 물론 버선과 함께 발의 외형까지도 바꾸어 놓았다. 그 조형성을 표로 살펴보면 〈표 6-2〉와 같다. 특히 중국에서는 발이 작은 것을 선호했으

표 6-2 　한·중·일 신발과 버선의 비교

| | 조선왕실 | 중국(명·청) | 일본(무로마치~에도) |
|---|---|---|---|
| 신발 | | | |
| 버선 | | | |
| 착장 | | | |

며, 이는 극단적으로 작아지는 결과를 낳게 되었다. 이에 비정상적인 발 모양으로 발전하였으며, 한족의 전족은 청대에 이르기까지 그 풍습이 남아 있었다.

한편 일본은 신발의 변화에 따른 버선의 형태 변화가 가장 두드러진 국가이다. 헤이안 시대에 이르러 고소데라고 하는 기모노를 입으면서 신발은 조리 형태의 게다로 변했다. 이에 따라 발가락을 낄 수 있도록 버선은 엄지발가락이 갈라진 다비를 신게 되었다.

# 찾아보기